# A ESCRITA CIENTÍFICA NO DIVÃ

*CONSELHO EDITORIAL*
André Luiz V. da Costa e Silva
Cecilia Consolo
Dijon De Moraes
Jarbas Vargas Nascimento
Luís Augusto Barbosa Cortez
Marco Aurélio Cremasco
Rogerio Lerner

# Blucher

# A ESCRITA CIENTÍFICA NO DIVÃ

*Entre as possibilidades e as dificuldades para com o escrever*

3ª edição

Ana Cláudia dos Santos Meira

*A escrita científica no divã: entre as possibilidades e as dificuldades para com o escrever*
© 2007 Ana Cláudia dos Santos Meira
1ª Edição - Editora Edipucrs
2ª Edição - Editora Sulina, 2016
3ª Edição - Editora Blucher, 2023
Editora Edgard Blücher Ltda.

*Publisher* Edgard Blücher
*Editor* Eduardo Blücher
*Coordenação editorial* Jonatas Eliakim
*Produção editorial* Kedma Marques
*Diagramação* Erick Genaro
*Capa* Laércio Flenic
*Preparação de texto* Samira Panini
*Revisão de texto* Bárbara Waida
*Imagem da capa* Bruna Tais de Souza, @ateliedomato

# Blucher

Rua Pedroso Alvarenga, 1245, 4º andar
04531-934 – São Paulo – SP – Brasil
Tel.: 55 11 3078-5366
contato@blucher.com.br
www.blucher.com.br

Segundo o Novo Acordo Ortográfico, conforme
5. ed. do *Vocabulário Ortográfico da Língua
Portuguesa*, Academia Brasileira de Letras,
março de 2009.

É proibida a reprodução total ou parcial por
quaisquer meios sem autorização escrita da
editora.

Todos os direitos reservados pela Editora Edgard
Blücher Ltda.

Dados Internacionais de Catalogação
na Publicação (CIP)
Angélica Ilacqua CRB-8/7057

Meira, Ana Cláudia dos Santos

A escrita científica no divã: entre as
possibilidades e as dificuldades para com o
escrever / Ana Cláudia dos Santos Meira. – 3. ed.
- São Paulo: Blucher, 2023.

274 p.

Bibliografia

ISBN 978-65-5506-453-7 (impresso)

ISBN 978-65-5506-449-0 (eletrônico)

1. Escrita - Aspectos psicológicos 2. Psicanálise
e literatura I. Título

22-4984                                          CDD 150.195

Índices para catálogo sistemático:
1. Escrita - Aspectos psicológicos

*Ninguém o pode aconselhar ou ajudar – ninguém.*
*Não há senão um caminho.*
*Procure entrar em si mesmo.*
*Investigue o motivo que o manda escrever;*
*examine se estende suas raízes*
*pelos recantos mais profundos de sua alma;*
*confesse a si mesmo:*
*morreria se lhe fosse vedado escrever?*
*Isso acima de tudo:*
*pergunte a si mesmo na hora mais tranquila de sua noite:*
*"sou mesmo forçado a escrever?"*
*Escave dentro de si uma resposta profunda.*
*Se for afirmativa,*
*se puder contestar aquela pergunta severa*
*por um forte e simples "sou", então,*
*construa a sua vida de acordo com essa necessidade.*

Rainer Maria Rilke

# Prefácio

*Marina Massi*[1]

Caro leitor, você já deve ter passado pela experiência de produzir um trabalho escrito sobre algum tema para entregar na escola, na universidade ou mesmo no trabalho. Portanto, já esteve frente a frente com uma folha em branco, perguntando-se: o que faço agora? Como faço? Será que consigo realizar tal tarefa?

A escrita científica no divã é um verdadeiro achado, cuja leitura transforma o leitor. Fruto de uma investigação/exploração de Ana Cláudia Santos Meira no vasto território da produção escrita, o livro apresenta trilhas que ora se encontram, ora se afastam, e que podem

---

1 Psicanalista.

chegar a diferentes pontos, mas não ao ponto-final. Funciona como uma abertura para o mundo da escrita.

A autora teve, muitas vezes, a experiência de se ver diante de uma folha em branco com o objetivo de escrever, e resolveu estudar e compartilhar suas descobertas com os leitores, os que têm muita dificuldade para escrever, os que escrevem com facilidade e querem aprimorar sua aptidão, os estudiosos do assunto e, principalmente, os psicanalistas em formação ou formados, em plena fase de produção escrita voltada à publicação. É um livro para iniciantes e para iniciados, porque favorece o pensamento sobre as principais questões que envolvem a tessitura da escrita de trabalhos científicos, da escrita psicanalítica e da escrita em geral.

Não se trata de aprender fórmulas de como escrever de maneira científica ou psicanalítica, mas de aproximar-se das possibilidades e dificuldades da escrita à luz de conceitos psicanalíticos que ajudam a pensar a complexidade psíquica envolvida nessa atividade. A autora aborda o que nos impulsiona a escrever e também os motivos da resistência, do bloqueio, da sensação de não ter palavras para iniciar um trabalho, um estudo de caso, um ensaio – enfim, como ela diz, "tratarei o processo de escrita como tendo base exatamente nestes processos inconscientes, que engendram tanto sua produção, como a qualidade com que tal atividade será desenvolvida" (p. 36).

A obra transita por três tempos. No primeiro, há uma conversa com a autora sobre o seu processo pessoal de feitura deste livro – quase um metalivro. No segundo, há um diálogo reflexivo sobre a escrita para trabalhos científicos. E no terceiro, mais profundo e subterrâneo, a autora mostra como é significativa a contribuição da psicanálise no que se refere tanto ao processo subjetivo de escrever e criar, quanto às dificuldades que surgem quando estamos diante do desafio de escrever um trabalho científico ou psicanalítico.

# Conteúdo

| | |
|---|---|
| A escrita psicanalítica no divã: uma experiência estética... | 11 |
| Carta para o livro | 17 |
| Carta ao leitor em 2007 | 23 |
| Carta ao leitor alguns anos depois... | 29 |
| Carta ao leitor hoje | 33 |
| Sobre o percurso deste trabalho | 37 |
| | |
| **Parte I. Dificuldades e possibilidades para com o escrever** | **45** |
| 1. A escrita como um exercício do narcisismo | 47 |
| 2. A escrita como um exercício de autoria | 103 |
| | |
| **Parte II. A escrita psicanalítica: uma possibilidade** | **139** |
| 3. Qual a matéria-prima da escrita? | 141 |
| 4. Como produzimos a escrita? | 149 |
| 5. Quais os objetos de nossa escrita? | 181 |
| 6. Quais os objetivos da escrita? | 209 |
| 7. A escrita de casos clínicos em psicanálise: estudo de caso, descrição, história ou narrativa? | 249 |
| De volta ao café com algumas descobertas | 257 |
| Referências | 265 |

# A escrita psicanalítica no divã: uma experiência estética...

*Ignácio A. Paim Filho*[1]

*Quando escuto ou leio, as palavras não vêm sempre tocar significados preexistentes em mim. Têm o poder de lançar-me fora de meus pensamentos, criam no meu universo privado cesuras onde outros pensamentos podem irromper.*

M. Merleau-Ponty, 1960[2]

---

1 Psicanalista e escritor.
2 Merleau-Ponty, M. (1960). *Signos*. São Paulo: Martins Fontes, 1996.

Receber o convite da Ana Cláudia Meira para delinear algumas palavras sobre seu livro *A escrita científica no divã: entre as possibilidades e as dificuldades para com o escrever*, nessa reescritura, foi movedor de muita satisfação, mas também de inquietações. Um desafio estava lançado: escrever, e para quem? Para uma escritora que, entre outras coisas, dedica-se ao estudo da produção textual. Mas algo me tranquilizou, quando decidi escrever para a amiga e não para a escritora, acompanhado de sua proposição, explícita desde o título: *entre possibilidades e dificuldades* é que se faz acontecer a criação de um texto. Assim, vejamos o que é possível criar nesse *entre*.

Regressemos à questão da satisfação. Esta se dá por vários motivos. Entre eles, destaco dois: o tema instigante da escrita analítica – colocada no divã – e a prerrogativa de participar, via palavra escrita, dessa produção; produção que traz as marcas de seu persistente e contínuo investimento no processo de tornar-se analista. No decorrer desse transcurso, deu-se nosso encontro e foram desvelando-se afinidades, em particular, o encantamento pela psicanálise, pelo pensamento de Freud e pela importância do escrever, em seus mais variados vértices e, em especial, na constituição da formação do analista; o escrito marcando um acontecimento que faz a interface entre a clínica, a teoria e a análise pessoal. Quando pronuncio *importante*, tenho em mente a concepção de Eugéne Enriquez (1990): todo acontecimento importante é um acontecimento simultaneamente fundador e transgressor.[3]

Seguindo essa ideia de fundador e transgressor, penso que é uma bela metáfora para exteriorizar a relevância do ato de escrever, acontecimento com suas repercussões do individual ao coletivo. Toda aventura textual, em busca de algum nível de autoria, inscreve algo que é da ordem da repetição do mesmo, mas sempre traz

---

3 Enriquez, Eugène (1990). *Da horda ao estado: psicanálise do vínculo social*. Rio de Janeiro: Jorge Zahar.

o assinalamento do fator transgressão e, com ele, a fundação da repetição diferencial: motor da criação. Por esse caminho, vamos ao encontro da teoria pulsional freudiana, o perpétuo jogo entre Eros e Thanatos – construção e desconstrução e, nesse interjogo, a invenção: *quando escuto ou leio, as palavras não vêm sempre tocar significados preexistentes em mim.*

Portanto, nesse contexto foi estabelecendo-se nossa parceria com suas cumplicidades, compartilhando o prazer da escrita, exercitando a criação de produções coletivas. Prazer que repercute no transitar entre a magia da poética psicanalítica, a densidade de refletir e fantasiar – amparados na metapsicologia freudiana – sobre os enigmas da alma e a tolerância de conviver com as diferenças, propiciando-nos novos sentidos ao velho – e, por vezes, desconsiderado – complexo de castração. Este é figura incontornável, com seus contornos inebriantes, configuração fundamental para que ocorra a concepção, a execução e a publicação de uma ideia: *têm o poder de lançar-me fora de meus pensamentos.*

Isso posto, lancemos um olhar e uma escuta para a especificidade científica da escrita psicanalítica, objeto de estudo de Ana de longa data. Escrever em psicanálise – essa ciência *unheimlich* – tem suas particularidades. Envolve um alto grau de subjetividade e intimidade para consigo e seus referenciais teóricos, exigindo, ao mesmo tempo, uma certa abstinência – no sentido de um distanciamento que permita discriminar e fundamentar com rigor nossas proposições: nem a paixão que cega, nem a razão que esteriliza.

É nesse cenário do que pode ser conhecido e do eterno desconhecido, quando de sua efetivação por meio da tessitura do pensamento, que a autora guia-nos pelos diferentes caminhos percorridos por psicanalistas que escrevem sobre o seu ofício, na contínua busca de apropriar-se e reapropriar-se dos múltiplos sentidos gerados nos encontros e desencontros do fazer analítico. De posse dessa matéria-prima, a escritora convoca-nos para vivenciarmos a construção de seu *trabalho de autoria*, trabalho carregado de emoção, a transgressão gerando criação: sublimação – arte – fundação. Um jeito novo de propor o encontro entre o desejo pelo escrever e o escrever pelo desejo: *criam em meu universo privado cesuras onde outros pensamentos podem irromper.*

Acredito que a narrativa elaborada no decorrer do livro seja pródiga em nos propiciar os elementos necessários para desenvolver um pensar psicanalítico: indagações e edificações de hipóteses, estas à espera de leitores que possam ratificá-las ou retificá-las. O texto como um todo nos permite, simultaneamente, conhecer as nuanças que envolvem o escrever e o aprender a respeito de – observando o estilo, o que certamente não é pouco, mas acima de tudo a experiência estética, qualidades do sentir (Freud, 1919) – como aventurar-se pela arte/ciência de construir uma "prosa científica".

Lembrando que escrever implica sempre discorrermos sobre nós mesmos, da verdade do inconsciente que não cessa de querer expressar-se: fonte de *possibilidades*, como também de *dificuldades*. Fazendo jus à escritora e à analista, Ana Cláudia propõe e expõe, em sua análise, caminhos que fazem desse divã um instrumento facilitador para rupturas das inibições narcísicas advindas de nosso majestoso eu ideal: "O disparador da escrita são os contrastes de nossas experiências. É preciso haver uma lacuna a ser preenchida, algo desconhecido de nosso analisando que nos levou à teoria, ou algo inexistente na teoria que nos levou à elaboração escrita".

Por fim, este jovem rebento, a segunda edição, traz em si os fundamentos dos quais é originário. Entretanto, não é uma simples reprodução de seu antecessor. Tem sua singularidade, pondo em relevo um estilo que comtempla um maior grau de ousadia, que permite ressignificar as proposições anteriormente forjadas e construir novos aportes. Um estilo que me atrevi a chamar de uma "prosa científica": sensibilidade – fluidez – consistência. Sim, uma conversa que invita ao diálogo, uma maior liberdade pulsional, que permite dar palavra de forma textual e, em suas entrelinhas, a força propulsora do desejo, essa força que seduz e induz, no sentido de deixar-se levar pela *memória do inconsciente* (Freud, 1912) – memória ativa, governada pelo princípio do prazer, sempre disponível para condensações e deslocamentos. Nesse sentido, a escrita dessa jovem psicanalista e experiente escritora cumpre de maneira invejável a função de fomentar a curiosidade de nos havermos com nossas *possibilidades e dificuldades com o escrever*.

Desejo a todos uma ótima leitura, na expectativa de que possam vivenciar a experiência estética, produtora de trabalho psíquico que nos é concedido por essa autora que tem *a escrita inscrita na alma e na pele*, e que, em um processo de tradução banhado de vitalidade, se faz causador de turbulências, por vezes tempestuosas, mas seguramente instigadoras do sinergismo que impele o leitor a, também, se fazer escritor, quer seja em seus devaneios ou no exercício efetivo da escrita.

# Carta para o livro

*Celso Gutfreind*[1]

Há pouco menos de uma década, considerei-me apto para escrever um texto sobre a escrita psicanalítica. Gostei razoavelmente do arrazoado produzido, que virou capítulo de um livro sobre a infância. Chamava-se pontualmente e chama-se – textos tendem a permanecer – "Seis propostas soltas para uma escrita psicanalítica", em analogia às propostas (permanentes) para o próximo milênio (que já chegou) do brilhante autor italiano e universal Ítalo Calvino.[2]

---

1 Psicanalista e escritor.

2 *A infância através do espelho – a criança no adulto, a literatura na psicanálise* (Artmed, 2014).

Considerei-me apto, porque, maior ou menor, brilhante ou opaco (pouco importa), ser escritor havia se cristalizado como a essência de minha identidade. Havia já me tornado irremediavelmente um ser da palavra (escrita), fazendo dela o alimento principal de sua vida. Da minha vida, no encontro de outras vidas.

Ocorre-me agora rememorar o texto, pois ele em tese poderia resolver a minha necessidade imediata, que é na prática escrever uma carta para saudar a reedição do já clássico livro (sobre a escrita) da Ana Cláudia Meira. Um copiar-colar resolveria a questão, mas o faria tão somente no sentido burocrático. Já na prática da escrita, a coisa muda de figura (ou de palavras), vide a carta da própria autora, ainda na segunda edição, quando ela mesma passa a discordar de si própria. E, longe dos artifícios de uma vida ou de uma arte "falsas", "reescreve-se", no estilo sempre revisitado de autores do porte de um Walt Whitman ou de um Baudelaire.

É que Ana Cláudia Meira aborda o tema sob um ponto de vista pessoal e textual que abarca a sua própria experiência como autora e leitora da psicanálise. Tudo nasce de um trabalho acadêmico, alimenta-se dele no que pode oferecer de melhor e depois conquista o direito de encontrar outros públicos, menos especializados, mas com a mesma necessidade de escrever.

O grau de verdade, de ética ou de honestidade intelectual e vivente de sua abordagem é tamanho a ponto de expressar-nos que a escrita da psicanálise é como a psicanálise não escrita, ou seja, pouco afeita a mapas, fórmulas, protocolos.

Sobre essa difícil e inegável realidade, a própria autora encontra referências em sua filiação, escolhendo como epígrafe um punhado significativo de versos, verdadeira bíblia não dogmática no percurso de tantos escritores:

> *Ninguém o pode aconselhar ou ajudar – ninguém.*
> *Não há senão um caminho.*
> *Procure entrar em si mesmo.*
> *Investigue o motivo que o manda escrever;*
> *examine se entende suas raízes...* (Rainer Maria Rilke)

Escrever é, portanto, um ato criativo, que parte do quase nada de uma tela ou página em branco para, nos casos mais bem-sucedidos, chegar a algo e, especialmente, em alguém. E assim cada caso de escrita terá de reinventar a própria escrita de seu caso, ainda que embasado por tudo o que já leu até então. Nesse sentido, as minhas seis propostas não valem mais para essa carta, que precisa se reinventar, assim como a prática de cada encontro analítico reinventa a teoria que a sustenta até o momento. Mas quem disse que seria fácil viver e escrever o que está sendo vivido?

Eis a meu ver a humildade maior desse livro a que destino algumas palavras por escrito: a sua capacidade de acolhida, pois apresenta e revisa a psicanálise, sobretudo em sua raiz freudiana, no que se refere à escrita, mas não o faz com a arrogância de quem inventa que sabe. E propõe-se a inventar, justo por não saber. Escrevo porque não sei, escrevo para saber, escreveu mais ou menos assim o cronista e romancista Fernando Sabino.

Às vezes, Ana Cláudia coloca a escrita a serviço do narcisismo, às vezes como exercício de uma autoria, mas nunca fecha as questões trazidas, fiel à infidelidade de cada novo desafio em relação às soluções propostas no anterior. De certa forma, admite que uma obra é sempre aberta, no sentido atribuído pelo escritor Umberto Eco. E, por mais que a autora mergulhe na matéria-prima de um texto, demonstra a coragem artística de vir à tona sempre com mais perguntas do que respostas. Suspeito que isso seja a arte, que a psicanálise também o seja, e que Freud terá mais chances de sobreviver como escritor do que como autor de seus próprios construtos que ainda tanto nos dizem respeito. Afinal, se os conteúdos soam, a forma com seu ritmo e artesanato é que faz, eventualmente, ficar.[3]

Já aqui livro e autora demonstram ineditismo,[4] coragem, novidade. Sabemos que a psicanálise, desde os seus primórdios, nasceu e viveu da escrita, primeiro com Freud, um escritor premiado, depois com seus sucessores, reunidos e reunindo-se com a gente por meio da palavra (escrita). Nem Lacan, outro dos pioneiros, escapou dessa necessidade de verter a oralidade em texto. Lutamos, enfim, contra a nossa própria e inevitável transitoriedade (Freud), e deixar rastros em palavras é um dos recursos que mais utilizamos para sustentar a ilusão de que, de certa forma, ficaremos.

Paradoxalmente, escrever pode ser penoso, e sabemos o quanto penamos, desde os primórdios da nossa formação analítica, em transformar nossas ideias (e, sobretudo, nossos ideais) em escrita, seja formalmente chamada de relatório, monografia, dissertação, entrevista dialogada, artigo etc.

Um dos grandes méritos do livro a que me dirijo por intermédio desta carta é este de, ao mesmo tempo que revisa as suas bases, de forma pessoal e erudita, expressar que cada leitor terá de encontrar simplesmente os seus próprios meios para vencer as suas inibições, sempre únicas e pessoais, até tornar-se um autor. Tornar-se um autor – ensina-nos sem dogmas Ana Cláudia – é sempre difícil, na arte ou na vida.

---

3 Na primeira versão do texto, cometi um lapso e escrevi *fiar* em vez de *ficar*. Modifiquei o texto, sem muita convicção.

4 Outra marca inédita do livro é, a partir de relatos e de sua bibliografia, apresentar a escrita não como o famigerado hábito solitário, e sim como fruto de uma matriz de apoio, fruto de uma constante "interlocução", o que é, inclusive, apresentado como proposta maior do livro.

Parte disso, segundo ela, pode estar antecipado em Freud, que ela revisa com um jeito próprio. Se, segundo ele, o escritor é uma criança que permanece brincando, já não seria possível brincar – ou escrever, portanto – de uma forma que não fosse única e reinventada a cada escrita. Daí o fascínio, daí a dificuldade.

Se escrever é encontrar palavras para a coisa e a pessoa, a fim de poder separar-se delas (Freud, outra vez, no jogo da bobina), cada leitor, no processo de tornar-se autor, terá o seu próprio desafio, ligado às vicissitudes dos objetos (Klein) de quem se separa, se for realmente parte fundante do caso. Apegos, desapegos e textos verdadeiros não se repetem – eis a questão, renovada em permanência a cada amor e despedida (Neruda).

Nesse sentido, entre as minhas seis propostas daquela época, havia esta de enfrentar os ideais, abrir mão deles e aceitar fazer o que se pode e não o que esses ideais, desde o narcisismo inaugural de nossos pais, ordenam. Há certa atualidade nisso, retomada a seu jeito, aqui, por Ana Cláudia.

Sim, é preciso renunciar aos ideais, *dar a cara a tapa* (a eles), como fez Freud, que topou críticas e mesmo um grande isolamento, resultante dos efeitos produzidos pela sua própria escrita. Mitiga-se o tapa, talvez, com a fúria e o carinho das palavras. O texto talvez seja o que sobra, mesmo que essa sobra possa relançar e multiplicar o que a engendrou.

Localizo aí um dos grandes méritos deste livro para o qual agora endereço uma inédita carta. Não se encolher ante o abismo entre intenção e gesto (Pessoa, Caetano), entre o imaginado e o realizado. Lembro que quando, por contingências do destino e suas histórias ainda não escritas, vi-me alçado a escrever uma tese na França, meu orientador, Philippe Mazet, perguntava-me: é *faisable*?

Referia-se à possibilidade real de transformar em palavras as minhas próprias ideias fantasmáticas e, depois, emendava um "é preciso *faire avec*", que, se bem entendi, significava *faça o que for possível*, assim como Ana Cláudia, após apresentar leituras, reflexões, uma práxis e propostas sobre o tema da escrita, convida-nos a nos arriscar em nossas próprias palavras (escritas).

Brincar é arriscado, separar-se é arriscado, escrever é arriscado. Viver, enfim, é arriscado. Nem por isso, se realmente precisarmos, como atestou Rilke no começo desta obra, deixaremos de fazê-lo. De certa forma, a reedição de um livro como este ampara-nos na luta contra o silêncio da fala e o da escrita, encorajando-nos a segurar na crina de Eros, em sua luta constante contra Thanatos. A escrita é o que sobrevive a esse embate.

Que livros e cartas nos aguardem, enquanto estivermos vivos, lendo e escrevendo para continuar vivendo.

Que sejam transmitidos às novas gerações, sempre sedentas de prosa e poesia para serem o que são.

Que continuemos procurando e editando as palavras para as nossas coisas e pessoas.

Que adiemos, enquanto for possível, a última palavra.

# Carta ao leitor em 2007

*Pela autora, em sua primeira edição*

A escrita científica é uma atividade controvertida no meio acadêmico e profissional. Digo controvertida porque o que observo é que, desde a universidade até outros níveis de formação profissional, há um desconforto com a necessidade de realização de trabalhos. A relação é, no mínimo, ambivalente, e aparece por diversas reações: um leve desagrado, um aborrecimento mais sutil, até uma profunda rejeição com relação à escrita.

Mas o que, afinal de contas, está envolvido nesse processo? Angústia, desagrado, preguiça, resistência, contrariedade... Talvez o motivo de tanto sofrimento não seja exatamente o trabalho que temos de escrever, mas a briga que, amiúde, firmamos com ele. Ainda que muitas vezes uma exigência curricular, com entrega obrigatória e data marcada, cabe indagar: não poderia ser a produção criativa de um conteúdo interno, como algo para nós mesmos? A avaliação e a nota seriam detalhes concretos, da parte "mais burocrática" da coisa; o valor, realmente, seria a produção pessoal. A busca de referencial, o resumo dos textos, a síntese do material, o foco em um objeto de estudo, a revisão do texto, olhar para o trabalho ganhando forma e, depois, pronto seriam partes de uma construção e uma fonte de gratificação, em primeiro lugar, para nós, para logo em seguida chegar ao outro.

Dessa formalização até o leitor, um dos elementos que engendra a escrita é a interlocução. Escrevemos sempre para alguém. Como nas relações, nossos movimentos esperam encontrar o outro, com seu olhar e sua escuta. Minha proposta com este livro é formar esse espaço de interlocução. Nesse lugar – de escrita e leitura –, podemos buscar compreender quais os significados emocionais que envolvem o exercício da escrita, e quais as funções que cumpre a produção escrita em nossa formação e profissão.

Foram as inquietações em torno disso que me levaram a trabalhar, na tese de doutorado – concluída em 2004 –, o tema da escrita científica. Em minha pesquisa, focalizei o processo de elaboração de trabalhos na psicanálise, mas não é difícil constatar que as relações e as *incomodações* para com o escrever estão presentes da mesma forma e com igual intensidade em qualquer campo. Por isso, este livro não se restringe a uma área específica de conhecimento; ele fala de qualquer área que envolva estudantes e profissionais envolvidos na tarefa de realizar trabalhos escritos.

Agora, um pouco do início de meu percurso...

No primeiro ano de doutorado, antes mesmo de fazer a escolha do tema aqui desenvolvido, escrevi um texto em resposta à pergunta "que lugar me apraz escrever?", feita em uma disciplina do Programa de Pós-Graduação em Psicologia. Tomando esse material hoje, parece-me um daqueles acontecimentos que não tão misteriosamente marcam nosso caminho, como se eu já tivesse escolhido esse assunto internamente, sem tê-lo ainda descoberto... Reproduzo o texto na íntegra no início deste livro, para começar a pensar no lugar da escrita no psiquismo de quem escreve:

*Que ambiente me apraz escrever? Quando essa atividade nos foi dada, a proposta era de pensarmos nos recursos disponíveis e necessários para nossa produção científica. Pus-me a imaginar em que ambiente eu gostaria de estar para escrever. Com algum esforço, imaginei o Café da Usina do Gasômetro. Estranhamente, naquele dia, essa lembrança não me produziu qualquer interesse. Não tive vontade de prosseguir, pois me parecia uma lembrança artificial engendrada para cumprir uma tarefa de aula. Não escrevi, não entreguei e, depois, me dei conta de que poderia ter discorrido, justamente, sobre o não conseguir escrever.*

*Um dos motivos de meu bloqueio nessa ocasião foi ter me imaginado sentada diante do computador em uma sala branca, vazia, morta... Escrever é um ato solitário, não há dúvida; e esse aspecto veste com perfeito caimento algumas características minhas. Por isso escrevo, por isso fiz o mestrado e o doutorado. A surpresa foi quando descobri como o escrever inclui momentos preliminares ao próprio ato, preparatórios ao conteúdo a ser produzido; e um momento posterior. E ambos incluem gente. Falo de pessoas, colegas de aula, de grupo, de profissão, de trajetória.*

*O isolamento do escrever traz em si toda a alteridade, a troca do compartilhar e, para isso, é preciso relacionar-se. Dos fóruns oficiais de discussão ao bar do térreo, muita coisa acontece e não vai escrita no papel. Vai, outrossim, inscrita em quem participou.*

*Talvez agora possa voltar com mais ânimo ao Café da Usina! É um ambiente delicioso, aconchegante, com cara de inverno. As cadeiras e poltronas à frente de mesas de centro baixas são todas cobertas por capas brancas, conferindo ao café um clima ainda mais convidativo do que os muitos cafés de nossa prima de Buenos Aires: Porto Alegre. O chocolate quente traz o leite fervendo, e uma barra de chocolate maciço vai derretendo aos olhos do cliente, que se deleita inclusive com os quilos que ganhará. Não importa; há de haver um pouco de prazer nesta vida!*

*Uma porta do Café leva a um terraço que, apesar da vista não muito atraente – o centro da cidade –, traz o vento do rio (não é um rio, não é mesmo?). Mas, andares acima, outro, um terraço, este sim de frente para a água, para o pôr do sol mais famoso da região. E o vento...*

*No meio do prazer da carne, o prazer do espírito: o da escrita. Há quem diria o tormento de seu espírito, pois muitas pessoas não gostam de escrever. É, de fato, uma tarefa angustiante, e ainda não sei definir bem por quê.*

*Talvez sintamos que algo nos foge ou nos é arrancado, algo que quiséssemos guardar. Talvez seja um golpe narcísico nos depararmos com uma escrita não tão sofisticada como desejássemos. Não sei...*

*Estar no Café da Usina não ajudaria? Se todos pudéssemos estar lá, laptop em punho, a escrita não nos seria mais generosa? A mim, sim. Não que tenha dificuldade em escrever em uma sala branca e vazia, pois (infelizmente?) não tenho. Todavia, seria um aprendizado unir psiquicamente a imagem fria do computador com o charme do Café. Depois disso, poderia pensar ser possível – e inclusive bastante agradável – tomar um chocolate quente com colegas, antes e depois do escrever.*

*Lya Luft dizia que o escritor não precisa falar, precisa escrever. Discordo dela. Não me oporia há até pouco tempo, mas agora sim. Se nos enclausuramos no diálogo silencioso que é o escrever, corremos o risco de, daqui um pouco, levantarmos da cadeira e ver que todo mundo saiu, e ficou para nós a solitária tarefa de apagar a luz.*

Bem, este livro não foi escrito no Café da Usina do Gasômetro. Nesse sentido, o leitor terá mais sorte que eu. Com o trabalho em mãos, já pronto, pode levá-lo aonde quiser. Pode recostar-se confortavelmente nas poltronas brancas e ler.

# Carta ao leitor alguns anos depois...

*Pela autora, em sua segunda edição*

Se, como afirmou Freud em 1905, o encontro é sempre um reencontro, sou levada a reconhecer que ler e revisar a primeira edição de meu livro foi, sem dúvida, um reencontro e uma reescrita.

Reencontrar-me com meu texto trouxe um turbilhão de sentimentos, de enfrentamentos. Precisei me dar conta de que, ainda que eu continuasse pensando muito daquilo que estava registrado, impresso e encadernado, havia algumas ideias com as quais já não me identificava, algumas frases e palavras que não mais usaria, autores que não mais incluiria, trechos que não mais me faziam sentido.

Como a proposta é de uma segunda edição em diversas coisas diferente da primeira, pude mudar, atualizar, acrescentar e retirar uma série de pontos. O relato dos sujeitos que fizeram parte da tese cedeu lugar a tudo o que escutei nesses anos todos em que circulei entre estudantes e profissionais das mais diversas áreas, acerca de suas angústias, inquietações, dificuldades e entraves na escrita de trabalhos científicos.

Dessas escutas todas, então, este livro traz o testemunho de muitas mãos. Em primeiro lugar, o meu, pois, mais uma vez, na revisão, fui tomada por emoções e impulsos de várias ordens: a vontade de deletar tudo e recomeçar do zero, a decepção com algumas partes, a frustração por alguns erros, a expectativa idealizada, a necessidade de controle, a resistência em cortar; e também o orgulho, o prazer, a paixão, o encanto, a artesania.

Nesse turbilhão que foi reescrever-me, lembrei-me de que é também e justamente sobre isso que este livro trata: sobre os sentimentos que se acordam dentro de nós e que podem tomar conta a tal ponto que, ao invés de movimentarem a escrita, nos fazem parar, diante de tanta intensidade; sobre as angústias por termos de entrar em contato profundo com o que nos habita; sobre a ferida narcísica ao identificar incorreções e excessos no texto; sobre o impacto ao enxergar fora de nós aquilo que guardávamos até do próprio olhar. Ao lembrar disso, acalmei-me.

E me acalmaram algumas pessoas, pois sigo pensando que, mesmo nesse exercício individual e solitário de produzir um texto próprio, necessitamos de pessoas que conversem antes, durante e depois da escrita sobre tudo o que se nos passa. Por isso, mais que um testemunho pessoal, penso que o livro fala de mim, de ti e de todas as pessoas que, querendo ou não querendo, envolvem-se na prática de escrever.

Este é o convite do livro: que ele cumpra o papel nos acompanhar na intensa atividade de pensar sobre nosso processo de produção escrita e de nos abrir possibilidades de compreensão, como fazemos no divã.

Na época da escrita da primeira edição, o Café da Usina do Gasômetro – que, infelizmente, não existe mais – foi palco de um devaneio, no texto da primeira Carta ao leitor. Ao longo deste último ano, pude fazer concretamente aquilo que, ali, só imaginara: percorri os cafés de Porto Alegre e, com meu notebook, pude levar a escrita para lugares que misturam aromas, inspiração, sabores, pessoas, cores, movimento, charme e companhia. A xícara de café ao lado e o *burburinho* das falas alheias colocou barulho no silêncio da escrita e imprimiu ainda mais movimento nas letras digitadas.

Descrevo essa experiência, pois, a meu ver, não se trata só de estar aqui ou ali para escrever; antes, trata-se de reposicionar-se, em uma ambientação que é externa e interna ao mesmo tempo. É como transformar a tarefa de escrever em prazer pela escrita, enlaçando nela elementos que envolvem e encantam.

Nessa rica experiência que é ler, marcar, copiar, digitar, recortar, colar, organizar, deletar, reescrever e reler, sigo produzindo, com o desejo de que, ao escrever sobre a escrita e sobre tudo o que ela comporta, nos impõe, nos convida e nos move, outras pessoas encontrem ancoradouro, escuta e compreensão a momentos e sentimentos pelos quais todos passam, todos!

Para mim, a escrita – esta que tenho inscrita na alma e, literalmente, na pele – foi minha forma de falar desde a infância. Também foi tema de investigação no doutorado e seguiu sempre encontrando ressonância. Seja no acompanhamento individual do processo de escrita de quem, por algum motivo, sente-se impedido de escrever; seja nas oficinas de escrita científica – espaços de intimidade, interlocução e trocas –, o escrever continuou e continua promovendo encontros.

Aos leitores deste livro, desejo que encontrem, não exatamente nas páginas dele, mas *através* das páginas dele, o que em si mesmos toca, mobiliza, impacta, para que, identificados os entraves, as resistências e as dificuldades, possam sair deles e aproveitar as melhores partes desse processo de se fazer falar, de dar voz ao que, sem a escrita, talvez quedasse em silêncio.

Aqui, os silêncios se fizeram voz, letra, palavra, escrita e, então, se fizeram encontro. Um grato encontro a todos!

# Carta ao leitor hoje

*Pela autora, em sua terceira edição*

*Escrever, essa foi a única coisa que habitou minha vida e que a encantou. Eu o fiz. A escrita não me abandonou nunca.*

Marguerite Duras

É com muito orgulho que vejo meu livro chegar a sua terceira edição, sinal de que ele segue fazendo sentido aos leitores das edições anteriores, que o tema da escrita segue provocando ecos e que as movimentações internas – que se põem em cena no momento em que temos de escrever um texto – seguem buscando interlocução.

É igualmente com muito orgulho que vejo meu livro ser editado pela Blucher, editora de um estado estrangeiro ao meu, depois de ter nascido em 2007 na editora da Pontifícia Universidade Católica do Rio Grande do Sul (PUC-RS) – a casa onde fiz meu doutorado e a tese que deu origem à primeira edição do livro – e de ter crescido na Sulina, editora da minha cidade natal, em 2016. Esse avanço dos territórios representa muito, não só porque sinaliza uma expansão, mas porque também fala de como entendo o processo de escrita: um ato de expandir-se.

A escrita foi-me forma de expansão desde os 6 anos de idade. Foi quando aprendi a escrever que pude sair de dentro de mim e de espaços privados e fazer-me ver, escutar, ler e ser entendida pelo outro, permitindo que este outro, tantos outros, me conhecessem. Usando esse recurso – que, por muito tempo, me parecia o único possível – eu não só permitia que conhecessem o que eu pensava e sentia, como também me reconhecia como quem pensa e sente e precisa colocar isso para fora.

Penso que é muito para isso que escrevemos: para encontrar fora de nós aquilo que, guardado e protegido, inexistiria. Passei muito tempo na infância e na adolescência guardada e protegida. Excessivamente quieta, era o papel que recebia minhas inseguranças, dores e dramas; também alegrias, descobertas e ideias. Quando aprendi que, além de escrever, também podia falar, eu já amava a escrita e, ainda que hoje eu já saiba falar e fale bastante, escrever é outra coisa: é um espaço privilegiado, um momento especial, uma atividade imprescindível, uma forma de reflexão, um meio de elaboração, uma fonte de vida para mim.

É onde me encontro, ainda que, lembrem, não seja fácil para ninguém, nem para mim que amo e necessito escrever. Encontrar-se não é fácil, nem leve, nem simples, nem rápido, porque demanda, porque nos põe de frente com tanto, porque desperta o que repousava, porque acorda nossos fantasmas. Por isso, também é onde me desencontro e onde perdemos a estabilidade, a segurança, as certezas, as garantias... Por sorte!

O preparo desta terceira edição incluiu revisitar a segunda edição para – na releitura – ver o que seguia fazendo sentido para mim e encontrar aquilo que eu já não penso. Movimentei-me muito nesses últimos seis anos, inevitável e felizmente; então, foi mais uma vez um desafio ler coisas que escrevi e que, hoje, não escreveria – por isso deletei muitas afirmações e um punhado de imperativos, e agreguei novas questões e aberturas no texto. Não adianta: escrever e se ler é sempre um exercício de quebra narcísica, porque nossa produção na cabeça (que é idealizada) é sempre melhor que nossa produção na mão (que é real). Também é um exercício de expansão fazer esses movimentos que nos levam de uma posição a outra, de convicções a indagações, da cabeça à mão, do ideal para o real, do pensamento à escrita, do privado ao público e do *eu comigo mesma* para o *eu com o outro*, nosso leitor.

Nesse andar até o outro, a escrita é recurso para revitalizar o que caiu por terra: nossas verdades e certezas, e é antídoto a tudo o que individualmente nos entristece ou nos sobrecarrega. Ela é desabafo, registro, oferta e comunhão. Para que saibam o que sentimos, passamos, pensamos, e para que saibamos com quem contar, quem compreende o que sentimos, quem tem as mesmas dúvidas e quem compartilha as mesmas interrogações. Ela é uma forma de processar o que fica atravessado feito nó na garganta, feito *coisa*, coisa mesmo porque, às vezes, parecem faltar palavras para dizer. Na escrita, o que foi coisa ganha palavra e representação.

Escrever faz recuperar a percepção de que o que parece excessivo pode ser transformado, e o é, por este processo de derramar sobre a folha tudo o que nos mobiliza ou, por vezes, imobiliza. Recuperamos com a escrita a capacidade de pensar e de olhar a situação desde outro lugar. Quando lemos o que escrevemos, ou o escrito de alguém, já não estamos atolados; já respiramos melhor. Então, a escrita é expansão também do que coletivamente nos mobiliza, faz sofrer ou faz duvidar. É denúncia e crítica, testemunho, resistência e protesto; é fazer-se e saber-se acompanhado.

Desejo que este livro reescrito e relido seja companhia, que siga fazendo e dando sentido, que siga dando ar e fôlego, dando espaço e suporte, impulso e contornos. Que nunca faltem palavras para nos ampararmos, que nunca nos falte o que escrever, que nunca nos falte aposta, que nunca nos falte voz para seguirmos vivos e, fazendo sempre revigorar a psicanálise, seguirmos ainda mais vivos. Uma ótima (re)leitura a todos!

# Sobre o percurso deste trabalho

Escreverei sobre uma escrita para além dos processos conscientes e mais objetivos do Eu.[1] Temos a ilusão de que esse exercício é atividade concreta, desenvolvida a partir de habilidades, como atenção, memória, inteligência. De fato, é uma atividade consciente, executada no plano do real, mas sua motivação e seus significados estão localizados em camada mais profunda das instâncias psíquicas.

O escrever é atividade corrente do fazer profissional, em especial para quem se insere em cursos de formação ou na academia. Faz-se presente pela necessidade de entregar relatórios, trabalhos de conclusão de curso, dissertações, teses, monografias, textos teórico-clínicos, relatos dos casos para supervisão ou para apresentação. Muitas vezes, são escritos obrigatórios, com um objetivo curricular, mas eles põem em movimento funções intrapsíquicas, em um ponto bem mais profundo em nós. Logo, o escrever está para além de uma incumbência simples e pura, exercida por estudantes e profissionais. Ele ganha contornos da ordem do psíquico, que lhe conferem uma qualidade específica e peculiar. Dentre as pessoas, encontraremos as que firmaram com o escrever uma relação de desafeto, e aquelas

---

1 O "Eu" aqui é tomado como uma de nossas instâncias psíquicas, como propõe Freud.

que têm com a escrita uma relação de muita intensidade, como escritores que se dedicam à literatura, pois lhe emprestaram um valor diferenciado.

A resposta de Rilke – apresentada na epígrafe deste livro – a um jovem desejoso de uma fórmula para tornar-se um grande poeta como ele, indica-nos o caminho a seguir: a motivação para a escrita de qualidade está sedimentada no que ele chamou de *alma*, e que a nós afigura-se como o *inconsciente*. É desde onde encontramos os motivos que nos levam, com mais força, a escrever e também, como veremos, a *não* escrever. Assim, tratarei o processo de escrita como tendo base exatamente nesses processos inconscientes, que engendram tanto sua produção como a qualidade com que tal atividade será desenvolvida. Falemos deles, então.

Para algumas pessoas, o escrever está tomado por grandes moções pulsionais: a libido é investida na escrita como fonte ímpar de gratificação e, justamente por isso, é afetada por toda ordem de sentimentos e vivências igualmente intensos. Entretanto, a intensidade dos afetos declarados pelo escrever indica-nos não ser um ofício comum, uma tarefa executada mecânica e automaticamente, mas uma atividade muito complexa, que cumpre várias funções em nossa economia psíquica. Tal complexidade está declarada pelos escritores literários e poetas, mas ela pauta também a escrita científica ou, como afirmarei mais adiante, a escrita psicanalítica.

Para compreender os elementos externos e internos envolvidos no processo da escrita de trabalhos, que facilitam ou dificultam o caminho e impedem o livre trânsito no que poderia ser o gratificante terreno da produção teórica, busquei, ao longo do tempo, a escuta e a voz de muitos interlocutores: os sujeitos da tese que originou este livro, quem participou das oficinas de escrita que ministrei por anos, as pessoas que venho orientando em seus trajetos pela escrita, colegas de ofício, da psicologia à psicanálise, pessoas de outras áreas que me fazem testemunha de suas questões com o escrever...

Este livro fala sobre os amores e os desamores pela escrita, o prazer e a rejeição pelo escrever, as possibilidades e as dificuldades, os momentos de descoberta e os momentos de bloqueio, de resistência, de angústia, presentes até mesmo no exercício prazeroso dessa atividade. Então, é um livro de longo terreno. Ele convida à leitura estudantes e profissionais que escrevem por um desejo que é interno, por uma demanda externa ou pela exigência curricular dos cursos de formação nos quais estão inseridos. Nesse encontro entre a minha redação e a leitura de quem tem o livro nas mãos, poderemos ir compreendendo as funções do processo da escrita em sua dinâmica psíquica e o espaço mental ocupado por ela, com a significação positiva ou negativa que cada um lhe concedeu.

Pensarei nas pessoas que têm uma relação com a escrita, naquelas que tranquilamente entregam o produto de sua criação, naquelas que o retém como uma parte inseparável de si mesmos; em quem odeia e em quem ama a escrita; em quem a pensa sem qualquer relação com sua formação ou profissão e em quem faz dela parte essencial de sua função; em quem não quer, em quem não pode e em quem *necessita* profundamente escrever.

Pensarei nas pessoas que não escrevem e não têm uma angústia por isso. É uma opção; talvez não exatamente consciente, mas a escrita simplesmente não tem lugar em sua vida. Também a elas o livro se dirige: pessoas que não têm mais uma exigência curricular de produção teórica e, então, não escrevem com regularidade. Atendem à demanda de outro tipo de escrita, qual seja, para ser apresentada, lida ou debatida em mesas-redondas e atividades a exemplo dessas. Escrevem somente *por* isso e *para* isso.

Pensarei nas pessoas que, apesar de não gostarem, escrevem, mas têm uma percepção de que o processo de elaboração de um trabalho poderia ser emocionalmente menos custoso. Reconhecem que o sofrimento que contamina sua escrita tem seu ponto de origem em alguma espécie de motivação interna. Por isso, *gostariam* de poder escrever com mais prazer.

Plurais testemunhos deixam claro que tão singular como o espaço da escrita na vida e na profissão de cada um são as funções exercidas por ela em seu psiquismo, funções desde a gratificação narcísica até a elaboração de pesados conteúdos mentais, como sentimentos, angústias e conflitos. Essas funções – chamarei de *intrapsíquicas* – ajudam a compreender quais os processos mentais que se fazem ver em cada etapa da elaboração de um trabalho científico.

Freud – o primeiro psicanalista escritor a apresentar-se em meu trabalho – foi capaz de uma dupla genialidade: alcançou sucesso e reconhecimento na concepção de uma teoria centenária sobre o funcionamento psíquico; e foi o escolhido, em 1930, para receber o Prêmio Goethe de Literatura, identificado por uma habilidade ímpar com as palavras. Aqui, instala-se a primeira intersecção de meu estudo: os caminhos cruzados entre a psicanálise e a escrita.

Em diversos pontos de sua obra, Freud ocupa-se do tema da arte, da literatura e da escrita. Ele relaciona a atividade de criação com a ação de impulsos inconscientes, identificando motivos internos para a possibilidade – ou impossibilidade – de uma produção criativa. Dentre as modalidades de expressão artística, a escrita é elevada a um lugar de destaque. Impressionam-no e o inquietam os mecanismos desse processo, para o qual reserva muitas reflexões. Ele destaca qualidades especiais do escritor criativo (Freud, 1910), que podemos estender aos escritores não literários.

Assim, os mesmos impulsos inconscientes que servem de instrumento ao escritor literário podem compor a escrita de um texto científico. Não obstante, são justamente tais impulsos que definem conseguirmos realizar uma escrita com maior ou menor qualidade, e de uma forma mais prazerosa ou mais penosa. Se firmamos uma contrariedade com o escrever, um bloqueio, um desvio ou uma resistência, é pela imposição de mecanismos psíquicos que foram acionados. Então, uma influência se faz ver da mesma maneira nos entraves da escrita – e aqui entramos na primeira parte deste livro.

É certo que algumas pessoas investiram desde sempre a escrita como meio privilegiado de expressão – *têm palavras correndo nas veias* –, mas acredito que é possível desenvolver uma relação de intimidade, se permitirmos que ela chegue perto de nós. Acontece que a afastamos como um exorcista a livrar-se de maldições e feitiços do mal, expulsando a escrita para as profundezas de onde surgiu para nos assombrar. Quem já não teve a sensação de, ao entregar um trabalho, estar *se livrando* dele? No contato e no trabalho com alunos de graduação, de pós-graduação e dos cursos de especialização, o que mais noto é a resistência com que empreendem essa tarefa.

Freud estabeleceu com a escrita uma relação de extremo investimento. Pai da psicanálise – teoria que rege nossa atividade clínica –, ofereceu-se como modelo a quem quiser seguir em ambas as atividades, a da clínica e a da escrita. Viveu com ela em toda a sua extensão: foi-lhe instrumento de autoanálise, e de sua análise por cartas com Fliess. Por intermédio da vasta correspondência mantida por décadas, ele pôde esquadrinhar uma série de dados da teoria que começava a traçar, bem como dos embates emocionais que travava com a comunidade científica e com seus próprios *senhores* internos.

A escrita serviu-lhe como ponte na ligação com outras figuras de grande importância em sua vida, amigos, colegas e *combatentes*; foi-lhe divulgadora da teoria que se formava e se firmava no início do século XX; foi transmissora dos saberes psicanalíticos que atravessaram as décadas e ainda hoje fundamentam nossas produções escritas. Freud encontrou na escrita uma forma valiosa de pensar sobre si mesmo. Contudo, também lhe foi motivo de angústia, bloqueio, cansaço, cuidado e preocupação, estados emocionais que encontravam desabafo – ainda pela via da escrita – nas milhares de cartas redigidas.

Sofremos as mesmas dificuldades para com a escrita, talvez porque ela não possa se fazer sem um grau significativo de empenho psíquico. Dito de outro modo, ela vem acompanhada de grandes exigências, de muito esforço, de momentos resistenciais, de um árduo trabalho psíquico, de inúmeras elaborações e de inevitáveis renúncias, vivências que surgirão – mais ou menos – em cada momento do escrever. No entanto, serão momentos de um processo que se completa, e não se extingue, em razão das dificuldades.

Não concebo uma escrita rica sem uma vivência intensa de sentimentos que ponha em vigoroso movimento nossa dinâmica interna, porquanto seja ela mesma uma produção mental, conjugadora de processos emocionais. Uma dose de angústia, então, é carregada em cada letra posta no papel, mas falo aqui de *um tanto* de angústia, e não de sermos tomados e paralisados por ela. Se recobrirmos a escrita com sentimentos tão penosos, não haverá de ser nunca uma atividade que desperta nosso desejo. Se o embate firmado é movido pela rejeição – e não pelo desafio –, isso impede uma relação mais possível, de colaboração entre a folha e nós, como autores.

Pessoas para quem a escrita é somente fonte de desprazer, aflição, sofrimento e raiva rejeitam-na como uma grata atividade; sequer concebem a existência de tal possibilidade. Refutam as funções que a escrita pode exercer em sua economia psíquica e se revoltam frente à solicitação de produção textual. Quando obrigados, *a duras penas*, escrevem, mas perdem muito com isso, porque sofrem muito além do necessário. Há uma diferença entre uma angústia que é inerente a qualquer processo criativo e um grau de sofrimento intenso, produto de uma briga interna ou de uma hiperexigência impossível de ser correspondida.

Nessa peleja, o desfecho do processo também será influenciado pela qualidade desse investimento afetivo. Entre tantos motivos internos e externos para escrever e, especialmente, para *não* escrever, perdemos no resultado do trabalho, distante do que poderia ser: textos de pouca qualidade argumentativa, com cópia do que outros já elaboraram e sem uma marca autoral; artigos superficiais que, para não comprometer, tratam com imprecisão os temas aventados; escritos confusos que delatam o pouco investimento do autor na construção e na revisão da escrita; monografias fechadas que apresentam conclusões absolutas e impostas de modo autoritário; tessituras sem vida que afastam o leitor da possibilidade de interlocução; trabalhos que – a exemplo das redações de vestibular, para as quais os professores fornecem uma mesma fórmula – poderiam ter sido redigidos por qualquer um.

Há uma variação entre um trabalho que se resume a um *recorte-e-colagem* de autores e um trabalho *autoral*. O primeiro apresenta-nos uma série de citações de outros estudiosos, e nada do que seu próprio autor pensou; e isso pode acontecer por dois motivos: ou ele realmente não pensou nada, ou pensou e não teve coragem de escrever. O segundo traz na *autoria* a marca pessoal de alguém que, de fato, empenhou-se em deslindar as nuanças do tema eleito e está presente no texto com suas próprias formulações, lado a lado com os autores buscados para firmar um diálogo por escrito. O primeiro é um arremedo textual, sem rosto, isento de voz, sem marcas de uma existência; é um texto *morto*. O segundo é um texto no qual quase escutamos a voz de seu autor em consonância com os demais – os autores publicados – tamanha sua presença na transmissão de algo que se passou; é um texto *vivo*.

Para dar sustentação ao que desenvolvo agora, a mesma psicanálise que ganhou registro escrito há mais de cem anos será tanto aporte teórico como objeto de estudo e reflexão. Assim, componho o livro sobre a escrita científica usando o que virei a denominar *escrita psicanalítica* – uma escrita mais rica, viva e criativa – para apoiar a investigação de suas particularidades.

Para caracterizar o que engendra o escrever e as motivações inconscientes dos entraves para com ele, buscaremos compreender algumas questões. Que funções a escrita cumpre em nossa economia psíquica? O que realmente mobiliza na escrita? O que se põe em ação no momento em que começamos a nos movimentar em volta da escritura de um trabalho? Quais os componentes psíquicos que levam a uma escrita com mais prazer ou mais sofrimento? Quais as condições internas necessárias para que uma produção de qualidade *ganhe mundo*? Por que, para muitas pessoas, o escrever torna-se um sacrifício? Que elementos facilitam o estabelecimento de uma relação mais positiva com a escritura de trabalhos? Que elementos dificultam essa relação? Que mecanismos psíquicos participam da escolha de um modo de escrever mais autoral ou mais anônimo? Quais as funções intrapsíquicas que a escrita cumpre, quando da realização de textos científicos?

Vamos ao que interessa!

# Parte I. Dificuldades e possibilidades para com o escrever

À medida que penetramos no vasto terreno que circunda a escrita, damo-nos conta de que as mesmas condições que abrem possibilidades para com o escrever podem acabar por definir as dificuldades e os entraves dele. Entre essas condições, a gratificação narcísica se destaca quando produzimos um material de qualidade. Aqui se imprimem alguns interrogantes que nos demandam pensar: se escrever dá conta de suprir nossas necessidades pessoais de reconhecimento e valor, por que tantas pessoas desgostam dessa atividade? Que dinâmica exatamente se atravessa no livre exercício do escrever? Por que recobrimos o escrever com tantas resistências? Para onde a escrita deveria levar-nos?

# 1. A escrita como um exercício do narcisismo

A relação entre a escrita e o narcisismo veste-se com muitas roupagens, mas um aspecto fica claro: a natureza de nosso narcisismo qualifica o texto e a relação com essa atividade. Reconhecemo-nos e somos reconhecidos pela produção e pela apresentação de textos científicos. Em que ponto, então, o que poderia ser aproveitado como um recurso de satisfação reveste-se de um caráter negativo, ameaça e desestabiliza nosso equilíbrio narcísico? Talvez quando não lidamos bem com algumas condições que a escrita nos impõe.

## *1.1. Uma condição de imperfeição*

> *Por que escrevo eu este livro?*
> *Porque o reconheço imperfeito.*
> *Calado, seria a perfeição;*
> *Escrito, imperfeiçoa-se;*
> *Por isso, o escrevo.*
>
> Fernando Pessoa

Se, de uma forma, a escrita nos *alimenta* o narcisismo, de outra, ela o desestabiliza. Um dos aspectos que dificultam o processo da escrita é a necessidade de aceitarmos algumas imposições da realidade interna e externa: o texto escrito, apresentado e publicado, não aceitamos que seja mediano; ao contrário, tratamo-lo conforme os padrões de ideal de eu (Freud, 1914). Exigimos dele a representação de toda a perfeição e nos ferimos pessoalmente se ele não faz jus ao que avaliamos ser nossa capacidade.

Essas aspirações terão uma variação na mesma medida em que nosso narcisismo está constituído: mais positivamente, ou de forma mais frágil. Se do texto esperamos a função de completar nossa estruturação narcísica, teremos a expectativa de que ele se firme com perfeição. Não obstante, tal anseio logo se mostra irrealizável, e nos traz uma sucessão de problemas que se impõem. Então, a medida de tal substituição – do narcisismo primário pelo texto – depende de não dependermos dele unicamente, pois logo descobrimos que poucos de nossos trabalhos alcançarão tamanha idealização, forçando-nos a equiparar uma ilusão onipotente de realização à realidade daquilo que somos, de fato, capazes de efetuar com qualidade. Assim, o texto terá direito à existência como seja: incompleto, imperfeito. Não quero dizer com isso que podemos aceitar textos medianos; devemos perseguir o *melhor* texto, o que é diferente de querer fazer o texto *perfeito*.

A escrita desacomoda-nos de qualquer posição mais cômoda que pretendamos manter. Por ela, somos constantemente desafiados por um estado de não saber, de indefinição e de incerteza que nos coloca em uma posição difícil, acostumados que estamos a ter domínio das situações. A tolerância e a paciência na escrita são, acima de tudo, um exercício de renúncias que se efetua em vários níveis: não sabemos tudo, não abarcamos toda a teoria, não esgotamos o assunto, não lemos todos os autores, não examinamos todos os pontos, não escrevemos tão bem como gostaríamos, não sabemos o que escrever, nem por onde começar nem como organizar – esta sequência de *nãos* marca nossas falhas, a falta. É assim que a escrita tanto desafiará como ferirá nosso narcisismo.

Desejamos a perfeição na escritura, mas o texto insiste em apontar, passo a passo, a impossibilidade da realização de tal anseio, já que ele delata nosso desconhecimento, em primeiro lugar a nós mesmos; depois, mostrá-lo ao outro deflagra ainda mais a exposição de tudo aquilo que nos falta. A ambição narcísica de parecer perfeito para esse outro que nos espreita dá voz ao propósito de sermos aprovados, de exibirmo-nos, sermos bajulados e triunfar.

Por vezes, deparamo-nos com a frustração de não termos um estilo definido; pelo menos não aquele que gostaríamos. O que se poderia nomear como *nosso estilo* é quadrado demais para nosso gosto, quadrado demais para nossa expectativa. Está contaminado pelo que aprendemos na escola, na faculdade, nos lugares onde trabalhamos. Gostaríamos de escrever um texto redondo, fluido, limpo, envolvente, criativo, original, substancioso... adjetivos não nos faltam. Mas não é o que sai. Algum tipo de exigência, contudo, parece requerer que assim se cumpra: que se escreva de tal ou qual jeito, o que pode nos impedir de – simplesmente – escrever.

O desejo de perfeição pode chegar a tal ponto que equivale a uma censura, pois paralisa o eu e o impede de levar a termo o processo de escrita, sem o texto sequer ter sido levado a público. Assim, idealizamos a nós mesmos, nutrindo a crença de que poderíamos executar um plano perfeito, tamanha nossa capacidade! Tal perfeccionismo, no entanto, delata, na verdade, a exigência de uma estrutura narcísica que não aceita reconhecer um objeto imperfeito ou inacabado e que vocifera por correções. O escrito é prova da impossibilidade de tal aspiração, pois raramente teremos em mãos um texto com tanta qualidade a ponto de dispensar qualquer modificação.

Oliveira-Cruz (2001) *brinca* com a situação: "nem todos portamos os 'genes' de um Érico. Tudo bem, a gente se vira como pode: a gente torce, retorce, risca e rasga uma quantidade de folhas que fariam corar qualquer ecologista. Mas uma coisa é certa: boa vontade não nos falta" (p. 12). Vamos em frente, com imperfeições e tudo o mais!

Assis Brasil (2003) identifica uma grande semelhança entre os processos da escrita psicanalítica e da escrita literária, em especial no aspecto de que nossos componentes narcísicos são gratificados com uma publicação, que acontece no texto literário também. Ele, porém, chama a atenção para algo:

> Se o texto deriva exclusivamente deste nosso desejo de preencher nossas beleidades, ele normalmente não chega a nada; e também no texto literário, não chega a nada. Por isso, às vezes, as pessoas me buscam para dizer: "Eu escrevo para desabafar", e eu pergunto: "Mas que culpa tem o leitor?". Na medida em que o texto é apenas uma viagem pessoal, ele normalmente não leva a nada.

Com essa ilustração, ele diz de um uso – ou de um mau uso – da escrita para tentar dar conta de algo que narcisicamente falta. Um autor que escreve somente para si mesmo, a partir de uma necessidade unicamente narcísica, subiu no palco da exibição vazia e talvez não se mantenha lá por longo tempo. Isso parece mais dizer de uma impossibilidade de ver-se e de ser visto como incompleto, uma vez que toma sua produção teórica como uma extensão de si. Situações assim não são raras. Algumas pessoas escrevem e se apresentam para *ter ibope*, para ter audiência, e, assim, perdem a ligação com seus leitores ou seus ouvintes – função da escrita. O autor que assim o faz evita ou nega suas faltas ou carências; para quem assiste, elas estão ali, às vezes bastante evidentes.

Se a imagem idealizada de nós mesmos atrapalha, a idealização do processo de escrita também. Imaginamos que se nasce – ou não se nasce – com o talento para as letras e, com esta certeza em mente, furtamo-nos de desenvolver tal habilidade. Achar que apenas escreve quem foi agraciado com um dom divino nos protege de nos colocarmos a postos para a escrita e, da mesma forma, de trabalharmos por um texto de maior qualidade, o que implica escrever, ler, corrigir, reler, arrumar... Bem diferente do que imaginamos, até os maiores e melhores escritores – Freud entre eles – têm de passar por tudo isso.

Criamos e acreditamos, até com certa inveja, na fantasia de que quem escreve o faz com facilidade – senta e escreve! –, mas, afinal de contas, de onde tiramos essa ideia? Tal ilusão pode estar dando voz à expectativa narcísica para conosco; isso significa que, se alguém pode escrever sem qualquer esforço, também poderemos, se assim desejarmos. Pois uma dupla decepção logo se apresenta: nem a eles, nem a nós a escrita se oferecerá com facilidade. Escrever é *sempre* trabalhoso. Então, mais uma descoberta: a escrita nossa de cada dia não é o produto final. Pelo contrário: está bem longe do que será o texto pronto. Precisamos nos acalmar.

Mais do que a triste, mas inevitável descoberta da imperfeição do trabalho, temos de suportar a dor narcísica de a escrita não nos escorregar das mãos para o papel, de estarmos representados por um texto que não nos faz justiça, de as ideias não saírem com a clareza que pretendíamos. Pretensão: é o espaço entre o que cobiçamos e o que se nos apresenta. Ela é tão grande quanto deve ser a capacidade de tolerar a labuta da escrita que se inscreve, reescreve e aperfeiçoa a muito custo.

Menezes (1994) descreve a dura constatação de descobrir o texto como ele realmente é, e não mais como magicamente imaginamos.

Quando começa a pensar no texto – ele mesmo, como escritor –, surpreende-se "tendo acessos imaginativos, às vezes loquazes e pretensiosos, inflados" (p. 38). Faz algumas anotações, mas, chegada a hora em que o texto se apresenta no papel, "confrontadas as exigências de racionalidade e de forma impostas pela escrita, as ideias não tardam em ficar bem mais humildes" (p. 38). É a vivência de possivelmente qualquer pessoa que se tenha aventurado no registro de vívidos pensamentos, de grandes ideias, de interessantes acontecimentos, de inéditas descobertas, de ambiciosas impressões. Quando transportados para a lauda, já não são *tudo isso*.

O fato que se impõe é que esse processo de desidealização é tão difícil como necessário. Para Machado (1989), é somente depois de uma página efetivamente escrita que podemos constatar a qualidade de seu conteúdo, da forma da própria escrita, e trabalhar nela. "Antes de escrever uma página, há apenas uma página maravilhosa e tirana, ideal inatingível, sem cujo *assassinato* aquela página que de fato podemos escrever permanece na ordem do não realizado" (p. 166, grifo meu). A expressão *assassinato* usada pela autora pode parecer forte demais, mas é para conseguir transmitir a intensidade e a dificuldade dessa experiência. "Para quem exerce o ato de escrever, a cada letra é seu sangue que escreve, suportando a ferida narcísica ocasionada pela morte do texto maravilhoso que poderia ter escrito, e nunca escreveu nem escreverá" (Machado, 1989, p. 163). Para um escrito ganhar vida, é preciso aceitarmos o que a autora define como a destruição deste escrito idealizado que *poderíamos* ter executado, para escrever aquilo de que somos capazes e da forma como somos capazes – um texto na medida do que podemos e do que sabemos.

Gutfreind (2009) descreve o mesmo drama:

> *O que realmente horroriza é . . . escrever palavras, mas palavras ruins, textos inferiores à sua própria capacidade.*

> *Você tem medo de esmigalhar sua ideia redigindo-a de maneira medíocre. Claro que pode e deve reescrevê-la, consertar as falhas mais evidentes e até cortar partes inteiras de um romance e voltar a começar. Mas uma vez que delimitou sua ideia com palavras, você a manchou, puxou-a para a tosca realidade, e é muito difícil tornar a ter a mesma liberdade criativa de antes, quando tudo voava pelos ares. Uma ideia escrita é uma ideia ferida e escravizada a uma certa forma material: por isso dá tanto medo sentar-se para trabalhar, porque é uma coisa de certo modo irreversível (p. 31).*

Por sua descrição, vemos que, se começar o escrito já não é fácil, o trabalho de revisão do texto é um momento pontual de resistência, e isso acontece porque nos põe na posição de imperfeição e de incompletude que, por tanto tempo, lutamos por negar. Dentre as renúncias, perceber a falta de algo quando relemos o texto é um ponto difícil de ser tolerado, pois, neste caso, não precisamos cortar, mas acrescentar algo que faltou. Não é raro deixarmos frases incompletas ou expormos informações insuficientes sobre o fenômeno de que tratamos. As ideias estão completas em nossa cabeça, temos o conhecimento da história inteira, mas, ao migrar para o papel, malogramos em dar ao leitor tudo de que ele necessita para compreender as ligações feitas no trabalho escrito. Não nos damos conta disso e achamos que o leitor entenderá. Quando, com certa indignação, nos perguntamos "Como é que ele não compreendeu?", talvez isso revele uma falta de discriminação com o texto e com o leitor. Dito de outro modo, se sentimos o texto como uma extensão narcísica, não conseguimos nos distanciar e vê-lo a partir da perspectiva do leitor, e não da nossa.

Gerber (2002) trata do caráter narcísico ao ilustrar que, na escrita, dividimo-nos entre os papéis de diretor e montador: "É difícil ser editor de si mesmo, cortar a carne mais além da gordura, quando se tem (ou se imagina ter) tantas belas ideias, conexões com tantas outras, citações infinitas, notas de rodapé que se autorreproduzem numa vertigem de abrangência e totalidade: a obra definitiva!" (p. 212). Mas ele alerta: se recusarmos esse papel *autoeditorial*, ele será assumido pelo leitor, que irá cortando parágrafos, pulando páginas e lendo somente aqueles trechos que julga que a obra merece.

Ao identificarmos uma falha, a sensação é de angústia, inquietação e desagrado, já que *ter* de mexer no texto nos impõe a prova de que somos incompletos como um todo. A falta de paciência de ler o texto mais e mais vezes – antes de dá-lo por encerrado – pode revelar motivações de outras ordens, exatamente em nosso narcisismo. A revisão coloca-nos na posição de ter de arrumar, corrigir, completar, desmentindo a ilusão narcísica de perfeição, de que o texto está pronto, acabado e com a qualidade almejada. Ilusões, ilusões...

Além disso, a ideia enganadora sobre a necessidade de esgotar a bibliografia disponível acerca de determinado tema por meio da leitura de um sem-número de livros e artigos também serve à resistência, pois ocupamos mais tempo lendo – em uma atitude mais passiva – e menos tempo escrevendo – em um lugar de maior atividade. Essa dedicação à leitura deve ceder lugar à compreensão de que trabalhar profundamente sobre o assunto requer mais qualidade do que quantidade. Nesse sentido, é mais produtivo ler e reler com cuidado *alguns* textos do que realizar leituras rápidas e superficiais de um *excesso* de textos, o que aumentará, sem dúvida, o número de referências citadas no final do trabalho; mas terá acrescido quanto em seu corpo?

Temos uma ânsia, um furor, de colocar em nosso texto todos – ou quanto mais melhor – os autores que escreveram sobre o tema, os publicados, os não publicados, todos! Nosso objetivo com isso é que nosso texto seja perfeito, extenso e abrangente; queremos que todos conheçam o que os autores escreveram, para compartilhar; queremos que vejam tudo o que lemos e descobrimos, pela necessidade narcísica de reconhecimento; não queremos *deixar furo*. Não queremos ou não podemos parar, e não conseguimos renunciar a nada. Não aceitamos meio trabalho. Desejamo-lo completo, absoluto, inteiro.

Esse mesmo anelo pode levar-nos a considerar que o texto não está bom o bastante: não podemos dá-lo por acabado, queremos ler mais, pesquisar mais, escrever mais, encher mais, e não podemos entregá-lo, pois suas falhas – melhor dizendo, nossas falhas – se revelarão. Somos engolfados por uma sensação de falta, de ineficiência, pois aceitamos somente a perfeição; a origem dessa sensação e do custo que é *liberar* um produto nosso como está, porém, é anterior à escritura do texto.

Texto quase pronto, passamos por vezes pela experiência de resistir aos incontáveis cortes a serem feitos. Temos mais trabalhos elaborados em nossa cabeça do que escritos no papel. Esse exercício de renúncias não é facilmente aceito por um eu que deseja aparecer, e por isso, a resistência em alijar partes do material escolhido para ilustrar o trabalho: é difícil decidir colocar *uma* parte do caso, *uma* parte do tratamento, *uma* parte da sessão, *uma* parte da teoria, apenas *uma* parte de qualquer elemento escolhido para nos acompanhar. Queremos segurar só com duas mãos todo o arsenal de informações, de dados, de conteúdo, de material que pensamos estar a nosso dispor. Além do desejo de mostrar tudo, o corte é de partes narcisicamente sentidas como pedaços nossos, por isso, inseparáveis.

Esse aspecto do *corte* é abordado por Elias Rocha Barros (1997), que explica: "Um escrito . . . implica sempre um trabalho de luto, uma aceitação de uma solução parcial, na medida em que implica a renúncia de todas as outras possibilidades potenciais" (p. 275). A renúncia, no entanto – ele enuncia –, faz parte da situação edípica pela qual todos passamos; é uma aquisição fundamental em nossa vida e está na base de todo processo criativo. Produzir algo supõe, sobretudo, a capacidade de aceitar essas perdas.

Escrever nos impõe uma série de limites a serem respeitados: o número de páginas, o enfoque do trabalho, o número de autores referidos. Itens contradizentes com nossas aspirações onipotentes de completude. Na elaboração de um texto, são inúmeros os momentos em que teremos escolhas a fazer; escolhendo uma coisa, teremos de necessariamente renunciar a outras tantas.

As questões edípicas pontuadas por Rocha Barros parecem atravessar, da mesma forma, o embate firmado com a obrigatoriedade e o prazo de entrega do trabalho, quando inseridos em um curso formal. Nossa contrariedade ganha voz nas queixas e reclamações, no atraso na entrega e nos pedidos de adiamento. Talvez, além da questão narcísica, nos deparemos aqui com uma revivência das disputas travadas no Édipo: as instituições de ensino e de formação nos impingem obrigações, padrões, a lei, o interdito. É também a ação do princípio de realidade que nos confronta com a impossibilidade de vivermos sob o reinado do princípio do prazer, com a máxima de que não podemos fazer tudo, ou não podemos fazer nada. Temos prazos a cumprir, normas a obedecer, imposições objetivas e leis que não podem ser burladas. Mas nós nos queixamos e protestamos.

Não é difícil observarmos que, no mês de entrega do trabalho, o clima da instituição é de alvoroço e tensão! Um nível elevado de pressão e angústia transforma um texto de 15 ou 20 páginas em fonte de intenso sofrimento. Muitos acabam por escrever somente pela obrigatoriedade e, quando estão liberados da exigência do curso, nunca mais escrevem; é uma posição mais confortável do que poder reconhecer a escrita e o trabalho como algo que nos faz ingressar em outro estágio de desenvolvimento pessoal e profissional. Não deve ser por nada que, quando pequenos, aprendemos a escrever apenas quando renunciamos às aspirações edípicas...

Se pudermos pensar em tudo o que de mais subjetivo acompanha esse processo, chegará uma hora em que faremos um esforço consciente de – exatamente – sentar e escrever!, simples assim. Se renunciamos à comodidade do princípio do prazer e do processo primário, nos quais nada incomoda e nada desacomoda, vamos de uma posição a outra, em frente, pois, ao escrever, ocupamos um lugar de atividade em contraponto a um estado de passividade no qual estávamos.

Francischelli (1995) mostra essa mudança de lugares com relação à clínica: da escuta passiva imposta pelo trabalho clínico, ganhamos atividade ao executar o texto. Em seguida, no entanto, a passagem da passividade para a atividade sofre nova reversão, quando, então, nos vemos submetidos às regras, às normas e ao processo de escrita, que não decorre simplesmente sem qualquer entrave. Este é mais um dos embates que se travam: mesmo que o trabalho não seja uma exigência curricular – porque, neste caso, estaremos mais uma vez na situação de passividade –, às vezes, não aceitamos nos submeter a etapas necessárias até que o texto esteja dado por pronto.

Esse mesmo trânsito por um lugar de passividade nos é imposto pelo desconhecimento e pela falta de domínio sobre o tema. Costa (1998) pontua: "Em qualquer versão que produzimos, estamos tanto numa posição de domínio, de atividade, de interpretação, quanto na posição de dominados, de passividade, de algo que nos escapa" (p. 11). Por isso, quando escrevemos, temos de reconhecer que algo sempre nos escapa e, antes da satisfação da posição de atividade sobre o fenômeno, nos confrontamos com tudo o que nos desmonta.

É difícil renunciar ao que escrevemos, deixar sair de dentro de nós e cortar, mexer no texto. Quando a avaliação é externa, se alguém a faz, sentimo-nos usurpados, porque aquilo que foi para o papel é um produto nosso. A comparação do escrito com um filho não se esgota, pois com igual indignação nos afetamos quando alguém *ousa* corrigir ou criticar, e nos envaidecemos quando alguém gentilmente o qualifica – o filho ou o texto. Nos cursos de formação, quando os trabalhos são avaliados, as correções e sugestões são recebidas sob o signo da injúria narcísica.

Aceitar as correções (se elas fazem sentido) fala de uma capacidade, a saber: a de estarmos abertos ao (re)conhecimento de nós mesmos e de nossa produção. O outro, com seu exame, tem o poder de nos dizer de nosso trabalho. Não é fácil ter nosso texto "corrigido", mas, se aproveitamos essa etapa posterior como uma troca promotora de crescimento, cresce nossa produção e crescemos nós. Quando um texto nosso é lido, o olhar do outro, normalmente, captura coisas que não tínhamos visto antes e confere outro sentido diverso ao que havíamos pensado. Por vezes, usamos formas evitativas de passar pelo enfrentamento de tal situação: ou não escrevemos; se escrevemos, não corrigimos; se corrigimos, não permitimos que outras pessoas vejam; se permitimos, não escutamos.

Se essa reação divide espaço com uma sensação de "ofensa", a correção do trabalho pode ser sentida como uma intromissão desrespeitosa daquele que vem apontar justamente para o que tentamos negar. Justificamo-nos, colocamos a culpa do que está escrito nos autores e não assumimos que o texto carrega falhas que lhe são, inclusive, inevitáveis. Não existe trabalho perfeito; unicamente em nossa fantasia, mas, às vezes, não queremos saber disso; queremos ser reconhecidos por aquilo que mostramos, esteja bom, médio ou ruim. Assim, não enxergamos o texto, só nossa necessidade de aprovação.

É um exercício valioso relermos nossos próprios textos, passado algum tempo de eles esquecidos. Nesse momento, além de percebermos coisas que já não enxergávamos mais – pois estávamos misturados com nosso texto –, podemos dar margem a novas construções, pois, depois de lançada a obra, já não somos mais seu dono e, então, lemos como leitores. Abrimos mão da posse de algumas ideias, como um filho, que, chega um tempo, vai sozinho.

Para Paim Filho (2014), esse é um dos fascínios da aventura de escrever: despertar o espírito investigativo, curioso, bisbilhoteiro, intrometido. Quando, depois de algum tempo, lemos nossos textos, revisitamos nossas ideias como se não fossem nossas. Nesse momento, seremos nosso próprio interlocutor, criando novos sentidos e ressignificando antigas percepções. Dando asas à imaginação, "o exercício da escrita na vida de todo o psicanalista tem uma função potencializadora . . ., determinante nos destinos de sua análise terminável e interminável, da sua apreensão do conhecimento e da internalização de suas vivências clínicas" (p. 79).

Essa experiência de ressignificar o escrito pode acontecer também quando damos o texto para alguém fazer uma leitura crítica. Com essa disposição, colocamo-nos expostos para os melhores retornos, que nos dão outras ideias, que oferecem uma perspectiva de organização diferente para o texto. Se, ao contrário, recebemos críticas desanimadoras, até destrutivas, precisamos de alguns dias para readquirirmos o entusiasmo, pois a vontade que dá, na hora, é de desistir ou abandonar nossas tentativas.

Quando nos sentimos ameaçados pelo olhar do outro, não queremos que maculem nossas ideias, que compreendam mal nossas posições, que copiem nossas formulações, que distorçam nossas colocações. Queremos o texto como o entregamos. O narcisismo ferido por trás dessa angústia, no entanto, está na contracorrente do orgulho narcísico de termos nossos textos lidos, consultados e referidos. Contanto que esse movimento dinâmico entre tantas posições não se converta em um impasse, tudo bem.

No terreno entre nosso desejo de grandiosidade e as limitações que enfrentamos ao olhar para nosso trabalho pronto, outra complicação que se atravessa é uma ilusão da originalidade. Com essa exigência, podemos ficar tomados por um sentimento de insatis-fação. Quando estamos lendo e coletando o material teórico que comporá a fundamentação de nosso artigo, a sensação de que, no fundo, não estamos dizendo nada novo é confirmada pelo encontro com as mesmas ideias de tivemos em outros autores, já publicados. Não é raro nos questionarmos: "Mas o que eu vou escrever sobre o narcisismo, se tanta gente já escreveu?". Fica parecendo que *original* teria que ser algo que nunca ninguém tivesse escrito. Ser original, contudo, é poder tratar, inclusive, de assuntos *batidos* com o foco de luz em outra parte menos iluminada, ou propondo novas costuras. Nossa contribuição será original quando for singular.

Se nosso texto não é uma mera síntese do que todo mundo já escreveu, saberemos que o conhecimento progride assim: por pequenas sínteses sucessivas que servem de ponto de apoio e, ao mesmo tempo, de alavanca para outra pessoa pensar outra coisa, e assim por diante. Criamos uma trama de conceitos, na qual o que temos talvez seja mais o novo no velho e o velho no novo.

Mezan (2003) lembra a declaração do próprio Freud sobre *A interpretação dos sonhos* – "uma intuição como esta só acontece uma vez na vida de um homem" – para pontuar a necessidade de adequar nosso ideal do eu e ter noção de que não somos tão inovadores; e, a não ser por nossas próprias aspirações grandiosas, nem precisamos ser.

A elaboração de Moschen (1997) parece responder a essa contro-vérsia. Ela registra a presença de outros autores chamados a contribuir no processo de construção do texto – inclusive no de Freud – como prova de que esse grau de originalidade é uma ilusão narcísica:

> *Todo texto se calca sobre uma série de referências biblio-gráficas que dão suporte à tematização do fato que ele propõe, isso porque nenhum objeto parece ser tão novo,*

*tão original, que ninguém nunca tenha dito nada sobre ele. Mesmo quando dele se propõe uma nova visão, uma nova concepção, essa se funda, nem que seja por oposição, em uma história que a antecedeu. É sempre em uma certa referência ao antigo, a uma determinada tradição do pensamento, que se podem propor apreensões mais ou menos originais do objeto (p. 176).*

O confronto com os limites para a grandiosidade de nossa produção escrita se faz presente o tempo todo. Desse confronto, F. Rocha (1995) destaca uma vivência, para ele, intrínseca ao escrever: a angústia da perda. Dito de outra forma, é a necessidade de fazermos inúmeras escolhas que, ainda que vinculadas a ganhos, implicam igualmente renúncias e perdas. Seguimos dois caminhos: a angústia se dissipa no momento em que a produção deixa de ser imagem para se tornar caligrafia; ou são reativadas vivências de abandono, que conduzem a um estado de sofrimento. Se assim for, essa angústia torna-se obstáculo, conduzindo a uma paralisação.

A revisão feita nos últimos dias antes da entrega do trabalho – às vezes, no dia mesmo da entrega ou da apresentação – nos impõe esta realidade: sobram palavras repetidas e falta tempo; algumas ideias que ainda tínhamos não estão no papel, mas o calendário avisa que chegou o dia; falta um *link* melhor entre alguns parágrafos e o relógio nos obriga a sair. Haveremos de ler e reler muitas vezes antes de apresentar o texto a nossa plateia. A expressão "10% de inspiração e 90% de transpiração" cabe bem aqui. Ninguém senta e escreve simplesmente. Com sorte, podemos pensar que, quanto menos conflito tenhamos com a escrita, com mais tranquilidade a executaremos. Se conseguimos administrar bem a passagem do tempo desde o dia em que temos definida a data de entrega e a chegada deste dia propriamente dito, logramos o tempo necessário para um refinamento, um burilamento do texto. Bastaria que tivéssemos "terminado" o texto uns quantos dias antes... Só isso...?

Para escrever bem, haveremos de aceitar uma lista de renúncias. Devemos aceitar a decepção narcísica de um texto mais simples do que pretendíamos; aceitar não redescobrir a roda, sequer reinventar a psicanálise; aceitar não sermos capazes de rastrear toda a literatura existente sobre o tema estudado; aceitar que outros autores seguirão conhecendo mais sobre o assunto que nós. Enfim, toda produção científica deixa para trás um rol de perdas, da ordem do narcisismo de quem escreve. Ainda que completemos o texto, sempre faltará algo. Entretanto, curiosamente, é a possibilidade de aceitar as renúncias necessariamente feitas que lhe conferirá qualidade. É assim que teremos em mãos um texto real com o qual trabalhar, não um produto idealizado e irrealizável.

Trabalho escrito e reescrito algumas vezes, resta-nos, quando chega um determinado ponto da escritura, aceitar, colocar o ponto final e entregar. Alguns não conseguem, pois que é difícil, é. Eu é que sei!

## 1.2. Uma condição de exposição

*Minhas intuições se tornam mais claras
ao esforço de transpô-las em palavras.
É neste sentido, pois,
que escrever é uma necessidade.
De um lado, porque escrever é um modo
de não mentir o sentimento . . . ;
de outro lado, escrevo pela incapacidade de entender
sem ser através do processo de escrever.*

Clarice Lispector

Escrever é expor-se. Por isso, quando adotamos, como estratégia de evitação do enfrentamento, o não escrever, asseguramo-nos de um risco maior. No anonimato, não nos arriscamos na exposição; evitamos nos deparar com a dificuldade, com a limitação, com um trabalho que pode não estar tão bom quanto se desejaria. É muito trabalhoso escrever, então, quem não o faz poupa-se deste intenso labor que alguns resolvem assumir.

No entanto, esse recolhimento não se mostra unicamente em quem não escreve. Está presente da mesma forma em quem escreve e não apresenta, e ainda em quem se esconde no próprio texto. Há autores que se colocam desnudos, mas, também, autores tão defensivos quanto a estruturação defensiva de uma personalidade. Procuramos ali seu autor, mas não encontramos, porque ele ficou encoberto por uma descrição que revela, no máximo, suas defesas. *E olhe lá!*

Da clínica, da privacidade da sala de análise, para além das quatro paredes, na escrita, temos de enfrentar o olhar crítico de nossa própria crítica e dos leitores e a nossa exposição. Se não temos a garantia do destaque almejado, recolhemo-nos no que é uma ilusão de superioridade e, sem nos atrevermos com um produto concreto – o texto –, não nos arriscamos a uma decepção, a de saber que ele não carrega tanta perfeição. Quem de nós se presta a ser criticado, especialmente quando, em primeira mão, consideramos o trabalho bom? Quem é esse outro que ousa encontrar incorreções em nosso escrito? Quão mais fácil não é guardar o trabalho na privacidade de nosso conhecimento e mantermos a ilusão da qualidade...

A necessidade de reconhecimento e aprovação atravessa tanto nosso anseio como nossos conflitos para com o escrever, pois não é fácil escutar aquilo que vem da plateia ou de um leitor crítico, sobre quem não temos qualquer controle. Se essa insegurança é grande, paramos nossa produção escrita; ou executamos o texto de modo a não haver brechas por onde o leitor entrar.

Com a ilusão de garantir sucesso, frequentemente enquadramos o texto no que é esperado, *para não ter erro*. Entregamo-nos a uma forma quadrada e *encaixotada* de escrever um caso clínico; escrevemos como nos ensinaram, seguindo um padrão estereotipado e, assim, estendemos a proteção oferecida pela privacidade do consultório. Devemos reconhecer que descrever um analisando a partir de "dados de identificação, genetograma, impressão geral transmitida, motivo da busca do tratamento, história pregressa e atual" é mais tranquilizador que nos pormos a criar. Nos itens citados, ocupamos apenas o lugar de um narrador distante e, assim, podemos nos esquivar de grandes implicações.

Podemos, como defesa, escolher aquele caso no qual há um entendimento definido, uma evolução positiva, um encaminhamento satisfatório, uma boa condução: mostras de nosso sucesso. Em um texto assim, temos a segurança – mesmo ilusória – de que o trabalho será aceito, pois, se nos moldes, pouco terão a dizer contra ele. Pouco terão a dizer *sobre* ele também, e este é o preço que pagamos. O bônus disso são as facilidades que uma escrita assim oferece e a certeza da aprovação alheia; o ônus são as perdas sofridas – e perdemos muito mais que o risco de uma exposição pessoal.

Se, para sermos aceitos, reconhecidos e afiliados a uma comunidade, precisarmos nos submeter, nos enquadrar ou nos esconder na expressão de nosso pensamento, ideias e reflexões, temos muito a pensar. Se sucumbimos a essa saída defensiva, nos protegemos de críticas, de ataques, de controvérsias que abalariam a segurança narcísica de que necessitamos. Evitamos a diferença e, então, a diferença se desfaz. Porém, o crescimento também; o debate e a crítica inerentes a uma apresentação são condição de evolução.

Em geral, um escrito não passa despercebido; ele provoca alguém que reagirá. Então, escrever (e mostrar) tem uma implicação que excede o ato em si de transpor da mente para o papel um conteúdo ideacional, o que também já não é simples... Quando expomos nossa clínica e nossos desenvolvimentos teóricos, mostramo-nos e sujeitamo-nos às indagações e às criticas, pois, com a mesma transparência com que exibimos nossa competência, apresentamos nossas imperfeições, e isso pode ser um problema.

Muitas vezes, encontramos fóruns de discussão em que os desacordos são tomados como ataque pessoal, do qual saímos *chamuscados*. Com sorte, também encontramos grupos nos quais é possível ser absolutamente crítico e, com isso, somos estimulados por uma atmosfera de reflexão. Se as discordâncias se convertem em sinônimo de rejeição, o que poderia ser um debate que produz conhecimento e amadurecimento passa a ser um embate pessoal, um jogo de vaidades, no qual inexiste espaço para a diferença e para a produção individual.

E. Rocha (1998) avalia que passamos por um momento sem um modelo hegemônico a nos garantir (por meio da repetição), em que as mais diversas construções teóricas têm sido feitas, confrontadas, provocando toda sorte de polêmica – com a dificuldade na exposição. "Apresentarmo-nos buscando evitar a ritualização, ousando tentar algo criativo, de contato com o inusitado, seguramente promove turbulentas ansiedades". Mas ele é contundente: "Não podemos prescindir desse exercício" (p. 14).

Temos, além disso, de nos haver com mestres a quem outorgamos autoridade e superioridade. Quando em formação, muitas vezes, sentimo-nos perdidos e desorientados no meio de tantas visões teóricas; somos engolidos pela diversidade, pela quantidade e pela diferença. E o mesmo ocorre em relação aos professores ou orientadores. Escolher um caminho significa posicionar-se, e aí estamos de novo *na mira do canhão*. E o que deixamos de fora, e o que não lemos, e o que não entendemos, e o que sequer ouvimos falar? E quando os *deuses do Olimpo* lerem? A necessidade de aprovação e aceitação pode alcançar êxito, ou *o tiro sai pela culatra* e acabamos por produzir textos conforme o que imaginamos que o outro deseja de nós.

Quando escrevemos a clínica, outro impasse: na sessão, a fala do analisando é associativa, desorganizada, caótica; e livre e flutuante deve ser nossa escuta. Na comunicação escrita dessa clínica, no entanto, ficamos em dúvida: transmitimos a experiência do caos como a vivemos ou a cobrimos dos disfarces necessários para a proteção de quem se expõe – o analisando e nós? A primeira opção é a resposta mais óbvia, mas nem por isso a mais fácil. Quando resolvemos ou temos de escrever sobre um analisando, o que estava protegido pelo sigilo sagrado da relação analítica deve passar para o público. Aí as coisas começam a complicar...

"Tornar público o inconsciente é um desafio e tanto." Com essa assertiva, Conte (2003) descreve um movimento contrário que devemos executar na elaboração da escrita. Ela afirma:

> *Passamos a vida encobrindo e recobrindo nossos conflitos, nossas imperfeições, nossas angústias frente aos acontecimentos da vida que marcam de forma impactante. De repente, rompemos tudo isso e aparece o escondido, o recalcado e, ao invés de um sintoma, fabricamos um texto. O texto já é produto antes de ser escrito, pois depende de que a história (de quem vai escrever o texto) seja revivida, pensada, para, então, ser contada.*

Assim, todo texto psicanalítico expõe o autor a partir de sua prática e de sua capacidade de expô-la. Ela segue:

*Tentamos sempre esconder o que temos vergonha e o que pode vir a ser recriminado. Rompemos, em parte, com isso quando nos dispomos a escrever, quer seja um texto teórico-psicanalítico ou um caso clínico. Expomos nossa condição de trabalhar com o inconsciente e também de criar algo que possa transmitir e inovar o saber psicanalítico.*

Até Freud enfrentou momentos de reticência. No livro *A interpretação dos sonhos*, de 1900, ele relata: "A comunicação de meus próprios sonhos implicava inevitavelmente submeter as intimidades de minha própria vida psíquica a miradas estranhas, numa medida que não me seria grata e que, em geral, concerne a um autor que não é poeta, senão um homem da ciência" (p. 343). A diferença é que ele não se rendeu à resistência e seguiu, ainda que com cuidado: "Esta circunstância era penosa, porém inevitável, de modo que me submeti a ela para não ter que renunciar, em princípio, à demonstração de meus resultados psicológicos. Naturalmente, contudo, não pude resistir à tentação de truncar muitas indiscrições, omitindo e suplantando algumas coisas" (p. 344).

Tomados os devidos cuidados para não nos expormos de uma forma confessional[1] ou inadequada, podemos nos aventurar conforme nosso maior modelo: Freud (1900) reivindicava a liberdade de pensamento, não sem solicitar aos leitores que se colocassem em sua difícil posição e o tratassem com indulgência. No entanto, reconhecia que esses cuidados faziam perder um tanto do valor de seus exemplos. É nessa perda que podemos pensar quando hoje acabamos por reproduzir trabalhos que mais nos protegem do que

---

1 Com a expressão "confessional", quero referir-me a uma escrita que se confunde com um desabafo ou uma exposição pessoal motivada somente por uma necessidade interna do autor, e não para fins de reflexão crítica ou teórica.

ilustram, mais nos justificam do que expressam algo, mais escondem do que comunicam.

Os motivos de tal proteção são compreensíveis. Moschen (1998) também trata da questão da exposição do texto como a exposição do próprio autor. Tomar o escrito como algo que nos revela em nossa totalidade pode desencadear inibições na escrita. "Ocorre como se aquele que escreve supusesse que o seu texto pudesse revelá-lo por completo, desnudá-lo aos olhos do leitor, como se o autor e o texto possuíssem uma identidade e uma unidade apreensíveis, de tal sorte que é possível a um rapaz dizer: 'Então, aquilo', o texto, 'é a prova do que eu sou'" (p. 41). Quando, ainda por cima, inserida no contexto acadêmico de avaliação, ela destaca: tanto essa produção como nós mesmos estaremos submetidos ao valor que nos será dado.

A escrita nos põe *nus*, porque nela estão nossos pensamentos, reflexões e opiniões; reside aí um dos motivos da apreensão e da resistência, pois por ela nos desvelamos frente a um sem-número de leitores, prontos a lançar, sobre o texto e sobre nós, um criterioso olhar. A citação de Machado (2002) parece descrever a mesma qualidade *reveladora* da escrita: escrever é tecer, tramar, e os fios de que dispomos para nossa tecelagem são de ordem diversa. Podem ser experiências antigas, atuais, penosas, felizes, observações, leituras, *carraspanas*, aulas, conselhos, imagens, aromas, cores, traumas, filmes, enfim, tudo aquilo que faz com que sejamos o que somos, o que nos marcou e que esquecemos, mas que pode, eventualmente, ser recuperado pelas associações que se articulam no ato de escrever.

Na escrita em psicanálise, nosso objeto é o inconsciente – o do analisando e o nosso. Então, somos ao mesmo tempo autores e atores da escrita. Por isso, algumas precauções justificam-se. Algumas. Protegermo-nos fala de sermos cuidadosos com a qualidade da produção. Não fala de nos escondermos, nos disfarçarmos ou fugirmos com medo.

Por certo que, ao divulgar o trabalho, publicando-o ou apresentando-o, nos colocamos em risco, pois o próprio instrumento usado positivamente para nos mostrarmos força que nos exponhamos. É exatamente a exposição íntima de nossas vivências que pode, segundo Tuckett (1995), criar ansiedade, em especial o risco de ativar uma relação mais colaborativa ou mais competitiva entre os profissionais mais experientes e os *novatos*. Dorey (1996) descreve bem essa situação: "Convidar um sujeito a desvelar, diante de um público, o mais íntimo de si mesmo é uma empreitada um tanto quanto escandalosa. As regras mais elementares de nossa prática parecem ser aí verdadeiramente transgredidas" (p. 5). No entanto, para nossa formação, ele destaca que esse confronto direto e imediato com o sofrimento psíquico, essa exploração a céu aberto, tem um valor sem igual. É nesse contato com o externo que o crescimento e a mudança se darão.

Essa experiência é tão valiosa como embaraçosa, conforme lidamos com ela. É um risco, mas um risco que, por certo, vale a pena. Escrever com maior liberdade e criatividade é bastante assustador. Arriscarmo-nos a forjar um texto com nossa própria marca é equivalente, às vezes, a *dar a cara a bater*. Das críticas externas às quais nos expomos, aquelas destrutivas são facilmente manejáveis: nós as refutamos quando identificada a intenção destrutiva de quem está sempre a postos para desmanchar a produção alheia. O maior impacto, entretanto, é sofrido quando reconhecemos a insuficiência indicada pelos olhares alheios – seja da apresentação, da qualidade, da consistência ou do conteúdo do texto –, pois isso atinge o ponto mais frágil do narcisismo. Nesse caso, porém, temos de poder arcar com aquilo que a exposição impõe.

"Quem é visto, é lembrado" – o reverso do dito popular expressa uma dupla característica da apresentação da escrita: podemos usufruir dela como um recurso, ou fugir dela como uma ameaça.

Mostrarmo-nos para os leitores que terão acesso livre ao que defendemos é ato de coragem, na medida em que, desde o início do texto, eles pairam sobre nós, marcando sua presença, mesmo invisível, como fantasmas a sussurrar em nosso cangote. É algo que devemos enfrentar.

Quando tratamos de um assunto que é de conhecimento de todos, que sabem, inclusive, mais do que nós, os temores são ainda maiores; afinal, é nosso filho que está aí para o mundo, que vai aceitá-lo ou não. Todavia, vamos ouvir e saber que podemos errar ou falhar; ninguém exige que sejamos perfeitos, só nós. Com esse desprendimento, não precisamos nos inibir a ponto de estancar o processo.

Nessas questões de exposição, a ansiedade de publicar é um aspecto que precisa ser analisado a partir de dois vértices. Relaciona-se tanto com a exibição narcísica como com o conflito entre filiação e autoria. É essa segunda perspectiva que Britton (1994) examina. Ele salienta o conflito pelo qual desejamos a aprovação de nossos ancestrais, e queremos também estar de acordo com nossos afiliados de ciência, nossa família científica, que têm uma visão própria do foco em estudo. Tratando da ansiedade vivenciada na publicação de textos científicos, ele identifica um conflito inerente à exposição pública: "Esse conflito se dá entre o anseio de comunicar uma ideia nova a um público receptivo, ganhando assim sua adesão, e o desejo conflitante de dizer algo que ligue o autor aos seus afiliados e antepassados através da declaração, numa linguagem que seja compartilhada, de crenças compartilhadas" (p. 48).

Britton (1994) toma emprestado de Freud o título do artigo "Inibição, sintoma e angústia", para refletir sobre as inibições e a distorção sintomática resultantes de desejos conflitantes para publicar e as ansiedades relacionadas a tudo isso. Ele descreveu a inibição como medo que resulta em não conseguir publicar ou em produzir distorções ou desvios dentro do texto. Os sintomas aparecem como: a) excessiva prontidão em publicar, que resulta em um texto fácil, superficial e complacente, ligada à ortodoxia, à iconoclastia (associada a um prazer pela rebeldia) ou à ilusão de originalidade (a incorporação inconsciente da obra de uma autoridade precedente); b) distorções ou desvios do texto, como formações de compromisso que visam mitigar a ansiedade relativa à publicação.

Por fim, a ansiedade está sempre presente, ainda que em graus variados. Ela tem duas fontes: o medo de ser rejeitado pelo público e o medo de ser recriminado ou exilado por colegas. Para Britton (1994), é um profundo medo de rejeição por parte de nosso ouvinte ou leitor que pode levar desde a uma incapacidade de formular conceituações até uma incapacidade de escrever. Quando esse temor é relativamente leve e pode ser compensado por uma expectativa confiante de encontrar aceitação junto à audiência, conseguimos vencer a inibição.

A relação entre a exposição e a plateia é bastante intrincada. Ato de coragem, apresentar um trabalho oralmente ou por escrito nos põe vulneráveis ao que vem do outro, sem termos qualquer controle ou previsão disso. Menezes (1994) trata desse aspecto:

> *Espera-se que o trabalho escrito seja portador de uma necessária fragilidade, já que é fruto dos recortes, dos devaneios e construções inventadas pelo analista . . . situado na encruzilhada entre um singular titubeante, incipiente e o universal comunicável e partilhável pela comunidade. Esta vai ouvi-lo munida do acervo de formulações teóricas . . ., mas também da aptidão à escuta sensível com que cada analista aprende a ouvir o outro que lhe fala, seja de um lugar de analisando, seja de um lugar de supervisando (p. 42).*

O que nos confronta, no entanto, são as situações nas quais, mesmo no encontro de uma plateia receptiva e de interlocutores abertos, recolhemo-nos muitas vezes – por demais da conta – na privacidade da escrita lida somente por nós, ou pior, daquela que nem ganhou direito à vida, sequer saiu do plano mental. Acontece que o processo de escrita nos ubica exatamente aí: na falta de controle de situações que nos pegam de surpresa, nos conflitos que poderão surgir, no desconhecimento do que poderá acontecer, no não saber.

## 1.3. Uma condição de não saber

> *Escrever significa tentar saber aquilo que se escreveria*
> *se fôssemos escrever – só se pode saber depois – antes,*
> *é a pergunta mais perigosa que se pode fazer.*
> *Mas também a mais comum.*
>
> Marguerite Duras

O estado de não saber atravessa, sem exagero, todos os momentos de engendramento de um trabalho escrito. Para ilustrar brevemente: no início, não sabemos bem o que sabemos, o que e como escrever; no meio do processo, não conhecemos o resultado final da escrita, se ficará bom ou não; depois do texto pronto, não dominamos a opinião alheia sobre o texto. *E por aí vai!*

Equivale à posição na qual nos coloca – como analistas – o analisando que se apresenta no caos. No início do processo analítico, desconhecemos sua história; quando conhecemos mais, desconhecemos seu significado; quando compreendemos seu sentido no psiquismo do analisando, ignoramos o caminho de sua mudança... São raros os momentos na clínica nos quais temos uma ideia clara, organizada, completa sobre o que se passa com essa pessoa. Somos constantemente pegos de surpresa, e é isso que também a escrita faz conosco. Basta permitirmos.

É o que reconhece Berlinck (2006): "A escrita psicanalítica é algo que deve, antes de tudo, surpreender o próprio psicanalista. Se um texto é escrito sem produzir surpresa em quem escreve, não contém transferência e, portanto, é um texto objetivo, ou melhor, não contém dissolução da transferência porque não inclui componentes livre-associativos" (p. 35).

Em uma etapa do processo de elaboração, tal estado é evocado de forma contundente, a saber, no início do texto. O começar a escrever é um processo gerador de grande angústia, pois nos reserva o desconhecimento acerca de muitos aspectos. O famoso "pânico da folha em branco" personifica os sentimentos por tudo o que o não saber denota: uma falta, um vazio, um buraco, algo que terá forma somente depois que pudermos debelar a angústia que acomete todos nós. Corrêa (1995) pergunta-se: "O que vê aquele que se debruça sobre a folha branca, senão antes de tudo sua própria ausência, se-melhante à que ele conheceu no dia de seu nascimento?" (p. 25), para indicar que tal ausência pode angustiar justamente por nos colocar desamparados como neste dia, abertos a todas as possibilidades do que virá, mas, ao mesmo tempo, vulneráveis a tudo o que virá.

Diante de uma página em branco, precisamos nos pôr em uma posição receptiva e, ao mesmo tempo, ativa. A folha nos permite virar e revirar tudo o que estava guardado dentro de nós. É como se fôssemos pôr todas as roupas do armário em cima da cama, para, então, ver o que vai para onde e organizar. Se nos permitíssemos assim proceder, se essa *confusão* não nos trouxesse tanto desconforto, se o desconhecimento não fosse tão angustiante...

A dificuldade de administrar esse estado de não saber – por vezes, quase generalizado – também pode estar relacionada à visão que temos do que seja um trabalho escrito. Assim, se é pesado até mesmo pensar em fazer o trabalho, deverá ser pesada cada etapa do processo. Oliveira-Cruz (2001) brinca mais uma vez com a situação do começo da escrita: "Então, se você se identifica com essa condição; se você chega em casa com todo o gás, escolhe sua melhor caneta, ajeita a almofada na cadeira e... a folha branca ri vergonhosamente da sua cara (ou seria a tela branca do computador?), sinto informar que não há solução" (p. 12). Mas há solução, sim!

Uma atitude se oferece como alternativa: temos de *usar a folha*, ao invés de sermos usados por ela, mas muitas vezes é assim que nos sentimentos: usados, abusados, desrespeitados pela folha em branco rindo, debochada, de nosso bloqueio! Mudar o enfoque também disso: usá-la como uma aliada, uma parceira. Já que lhe damos vida, que seja uma convivência agradável. Qual o sentido de criarmos algo a nos atormentar? Sentido algum, mas é assim que, às vezes, funciona nosso psiquismo. E a escrita, produto desse mundo interno dinâmico, não ganha privilégio algum. Sofre todas as imposições de outras ordens de desejos e realizações que buscam satisfação.

Neves (1996) descreve o início da própria escrita: "O início foi tão difícil quanto o início da vida sexual de um neurótico. Medos, angústias e, se posso dizer algo mais, não comecei com um papel em branco, mas com uma tela de computador em frente, na qual, por três vezes, para minha 'tranquilidade', apareceram os tubarões do protetor de tela". A descrição do autor é retrato da projeção de um caráter negativo ao que pode nos ser uma grande aliada, a tecnologia, se não lhe atribuirmos *dentes de tubarão*. Ele sugere um truque: colocar um título. O título funciona – ele explica – como uma defesa contrafóbica, um "desvirginamento" da folha. Porém, como toda defesa, é eficaz somente em parte. À medida que a fobia se dissipa e a escrita instala-se, chegamos ao novo. Bem, truques à parte, vamos à busca dos mecanismos mais profundos que motivam tais inquietações.

Escolher um título significa já termos escolhido um tema, e isso é mais complexo do que imaginamos. Logo, muitas vezes, é aí que paralisamos. Tomados pela sensação de que nenhum assunto desperta a curiosidade, ficamos *patinando* no mesmo lugar, sem saber sobre o que escrever, rendendo-nos a uma situação, aparentemente, muito simples. Mas por que a dificuldade de escolher um tema? Podemos tratar de um assunto que não se relaciona de maneira alguma com nossa vivência, mas assim não nos damos conta da melhor forma como a temática de um trabalho deve ser definida: o tema deve nos escolher, e isso corresponde a estarmos abertos para que algo nos invada, se nos apresente.

Se escolher sobre o que escrever é tarefa consciente, isso implica muito mais elementos do que já paramos para pensar... Não é exatamente uma escolha objetiva, de um assunto visto em seminário ou sugerido por alguém. Se assim fosse, não seria tão difícil... O tema de um trabalho define-se em primeiro lugar em nós, e isso significa que sua matéria-prima mais rica vem do inconsciente.

Partimos daí para longe dos assuntos comuns e vamos na direção que aponta para dentro de nós mesmos, para encontrar neste lugar o tema vivo que nos aguarda. Porém, a escolha feita desse modo é justamente o que pode nos afastar da escrita. Provavelmente, será onde a compreensão se fecha, e não sabemos mais na prática para onde ir. Sendo assim, o mais indicado seria começar por onde resistimos. Parece fácil? Quem dera!

Quando escrevemos sobre a clínica, a "descrição" de casos deveria falar de certa desacomodação, pois é onde se instala uma brecha para que algo de novo possa emergir. O que nos mobiliza para a escrita do caso não é aquilo que conhecemos dele, mas aquilo que resiste ao nosso saber, o que *não* sabemos sobre ele. Ele nos coloca em xeque, desde onde temos de elaborar estratagemas para escapar – mas justamente porque estamos em xeque! Se o caso nos está bem claro, qual seria o objetivo de desenvolvê-lo na escrita? O objetivo, nessas situações, pode ser exatamente esconder-se atrás de um analisando cuja história não nos ameaça. Um caso invejável, em que tudo deu certo; contudo, escrever sobre ele serve apenas para garantir a sensação de domínio que o saber nos assegura!

Na decisão de escrever sobre determinado analisando, o norte poderia ser dado por pontos de conflito, pois é a angústia gerada daí que nos fornecerá a energia psíquica para nos pormos a escrever. No caso, a vivência, as dúvidas, as incertezas e o constante desconhecimento da relação analítica têm de estar presentes e, se não aparecem, o texto deixa de cumprir sua função de fazer pensar – o autor e o leitor.

Mezan (2003) faz contrastar a *cotidianidade* de nossa prática com o questionamento levantado quando escrevemos sobre essa prática. Ele aponta que muitas sessões ocorrem de acordo com o paradigma, mas há sessões em que acontece alguma outra coisa. Estas serão sessões que trazem focos que nos fazem pensar as nossas referências. Para isso, é preciso que nos deixemos ser pegos pelo imprevisto. "Por conta desta psicanálise cotidiana, somos refratários às coisas que não cabem nos paradigmas. Surgem caroços duros que nos exigem reformulações".

Penso que esses *caroços duros* são mais frequentes no dia a dia da clínica do que propõe Mezan. Cada sessão com o analisando é uma experiência que põe à prova a teorização existente e nossas próprias convicções. Cada encontro analítico nos reserva uma surpresa, convertendo a clínica em um permanente exercício de flexibilidade e de revisão.

Willemart (2002) escreve sobre essa situação em que, pela clínica, um conceito admitido por todos sofre um abalo e provoca a ruptura de um saber. Por isso, ele chama a atenção para a função da escritura do caso, que não deve ser a de confirmar uma teoria, mas de testá-la, acrescentar elementos e, eventualmente, mudá-la – premissas de toda pesquisa científica.

Este deve ser um dos pontos de partida da elaboração escrita: o tema que nos provoca, nos inquieta, nos põe em xeque, nos desacomoda, nos perturba, nos deixa curiosos, nos confronta, o que nos faz duvidar, o que nos faz protestar, nos faz pensar... Esse deveria ser o tema que nos põe a trabalhar, nos movimenta na busca de sustentação teórica, na escolha de um material clínico ilustrativo, no exame mais profundo, no desenvolvimento do texto.

Na realização do trabalho, quando nos deparamos com o (des)conhecimento acerca do tema escolhido, podemos ir por dois caminhos: se avaliamos que, de fato, nos falta conhecimento, aceitamos bem a condição de aprendiz (o que não é, em absoluto, um demérito!); se, ao contrário, tal evidência toca em uma frágil estruturação narcísica, tendemos a nos defender onipotentemente, negando nossa ignorância acerca do tema em questão. Não obstante, se é uma avaliação equivocada, fundada na insegurança a respeito de nossa capacidade, haveremos de buscar coragem para assumir aquilo que pensamos e defendemos.

Nessa insegurança, podemos ser tentados pelo caminho mais fácil e menos ameaçador: conseguimos dar uma *cara* de objetividade àquilo que é da ordem do inaudito e escrevemos sobre o que *pensamos* acerca de um tema; um texto que delimita bem – bem demais – um conteúdo mais solto. Só não percebemos que ali o inconsciente não consegue sequer respirar, porque foi absolutamente sufocado nas profundezas de letras empobrecidas que dizem muito pouco sobre o movimento de nossa dinâmica interna e de nosso analisando, quando escrevemos a clínica.

Por vezes, tendemos a escolher, para escrever, os temas mais previsíveis, mais *simples,* os casos mais livres de conflito, de impasses, de não compreensões. Parece mais fácil, mais proveitoso, menos expositivo. De fato, é mais tudo isso, mas também é mais vazio, mais raso, mais estéril. Isso pode resultar em textos superficiais, trabalhos que não abordam temas que mobilizem, não tratam com profundidade de assunto algum, nem pontuam com clareza a posição de seu autor; por meio deles, protegem-se do subjetivo, da mesma forma que poderíamos passar todo o tratamento psicanalítico de uma pessoa sem alcançar seu inconsciente. Mas, assim, não haveria se passado muita coisa nem no tratamento, nem na escrita.

Lançamos mão de medidas defensivas, que nos protegem do confronto com o não realizado, pois a angústia de encarar o não saber, em determinadas situações, é tamanha que elimina uma das principais condições que favorecem a escrita: a liberdade. É ela – a liberdade – que fornecerá as condições primordiais para a "criação criativa", redundância para marcar bem a necessidade de a produção ser forjada como uma obra com a cor, o tom, a voz e o sangue de quem a redigiu.

Escrever comporta certo risco, sempre. É o que Moschen (1998) assinala quando cita: "Nunca se sabe muito bem, de antemão, o que disso resultará em termos de texto, tampouco como se sairá dessa experiência" (p. 341). Não é qualquer um que se arrisca. Nessa postura, Freud foi exemplar. Osório (1999) sublinha: "Freud foi um pesquisador, porque se dispunha a ouvir, inclusive, com o terceiro ouvido. E porque admitia que não sabia. Quem sabe não ouve, não pesquisa e só olha do jeito que lhe convém" (p. 67).

Também é como o descreve Rosenfeld (1990): Freud apresentava-se como um explorador, então, admitia que seu conhecimento atual era ainda incompleto e estava sujeito a modificações. Ele não gostava de definições rígidas e constritivas e, por isso, apresentava intencionalmente enunciados alusivos e ambíguos. Uma ideia era lançada, mas não era desenvolvida de modo linear. Tinha alta tolerância para a inconsistência, para a incerteza e para transitar entre diferentes níveis de certeza, que ele marca com palavras como *definitivamente* ou *provavelmente*.

A falta de definições, de conclusões, de certezas e, inclusive, de tempo, situa-nos diante de nossa própria falta. O que da vivência da clínica não pôde ser compreendido derivará na escritura do texto. É com estes elementos – nas palavras de Mannoni (1986), com o que nos escapa da teoria e daquilo que vivenciamos com o analisando – que, levados por uma exigência interna, realizaremos nosso trabalho de elaboração teórica.

É isso que Moschen (1997) assinala como condição *sine qua non* para uma produção, pois é somente a partir do conceber-se em falta que nos engajamos na busca de amenizar o que ela define como um *buraco existencial*. Pelo texto, "relançamos o que restou como um buraco" (p. 160). *Relançar* diz de olhar mais uma vez para algo que não foi apreendido suficientemente, não no sentido de obturar ou tapar buraco com uma resposta única. A indicação que a autora faz sobre não obturar é valiosa. Fala de mexer, examinar, explorar, de não obstruir, não fechar, não tamponar o vazio. A mesma recomendação feita por ela aos analistas – que se coloquem em posição de *nada esperar* – vale para a escrita psicanalítica.

Para conseguirmos tolerar o desconhecido, o vazio, este nada que se impõe, Rocha Barros (1997) sugere desenvolvermos a capacidade para enfrentar o novo, a capacidade de sermos criativos na sondagem de alternativas frente a uma situação de desconhecimento e na reformulação de atitudes emocionais diferentes das até então utilizadas. Isso significa abrir a alternativa de escrever outro tipo de texto, diferente do que concernia ao nosso domínio até então.

Mello (1994) lembra o conceito de Bion sobre a *posição de paciência*, para indicar que o analista deve transportar para seu texto esse clima de não saber, seja na escritura de relatórios clínicos, seja na de artigos teóricos. Indica, assim, a necessidade de contermos pacientemente aquilo que do outro ainda não tomou forma, e aquilo que do texto ainda não foi definido. Essa posição pode modificar também o formato dado ao relato: de um caráter hermético mais marcado a um texto que se abre para questionamentos...

Se um analisando apresenta um ponto resistencial na sessão, isso nos sinaliza um material rico a ser explorado. Onde há resistência, é para ali que vamos. O nosso pensar psicanalítico pode operar da mesma forma, independentemente de estarmos com o analisando ou em frente à folha de papel, ou seja, fazemos uso na escrita da mesma técnica que oferecemos na análise. Se evitássemos os pontos resistenciais que nos afastam do papel e de outro tipo de elaboração – diferente do pensar sobre o analisando ou de supervisioná-lo, sempre dentro das confortáveis quatro paredes, desde onde pensamos saber tudo –, o não saber perderia espaço por onde circular livremente.

Na clínica, estamos no lugar de um perguntar-se a respeito de um enigma que nos lança na atividade de pesquisa. Como ressalta Berlinck (2003), desconfiamos que não sabemos aquilo que o analisando supõe sabermos. Segundo o autor, o tema de uma pesquisa contém igualmente um enigma a ser traduzido como uma distância entre aquilo que *é* e aquilo que *deveria ser*. É ele que nos faz ir à busca de uma resposta, ainda que, na verdade, não precisemos encontrar uma resposta que nos satisfaça de todo, pois uma definição final nos faria parar. "Um tema de pesquisa é tão interessante quanto mais respostas solicitar. . . . As respostas são, neste âmbito, muito menos importantes que as perguntas". Berlinck prefere o não saber: o enigma sustenta uma série de atividades que são, em si, estimulantes e gratificantes.

Esta é, quem sabe, a primeira evidência para nos lançarmos também na atividade de escrita, em uma produção que promove descobertas e nos reserva surpresas; especialmente se deixarmos. No entanto, o que tentamos evitar quando nos alijamos desse lugar de dúvidas é justamente sermos pegos de surpresa; como afirma Mannoni

(1986), desprevenidos em nossas firmes convicções e nossas certezas teóricas. Isso acontecerá apenas quando nos aceitarmos desobrigados da posse do saber e abandonarmos a proteção que acreditamos ter.

Mannoni (1986) alerta: "A teoria analítica deixa de relacionar-se com a análise desde que pretende oferecer apenas um corpo de regras estáveis. A função de uma teoria analítica é permitir a transformação daquilo que, no sujeito, resiste ao trabalho analítico e constitui obstáculo a sua evolução" (p. 30). Se elaboramos um trabalho sobre o que não sabemos, aprendemos a partir do processo receptivo de ler e estudar; mas, para além disso, do processo ativo de mexer com a teoria recebida: pensamos, elaboramos, escrevemos, debatemos assumidamente no papel com o que o autor daquela teoria disse ou deixou de dizer.

Moschen (1998) sintetiza em uma frase uma condição inerente à escrita em psicanálise: "De alguma forma, escrever sobre a experiência clínica acaba sendo escrever sobre o que não se sabe" (p. 42). Então, vemos que, além de ser um estado no qual a escritura de um trabalho nos coloca, deveria ser uma condição que nós mesmos buscássemos, porquanto o não saber concede lugar ao novo, perspectiva que abordarei como uma das funções intrapsíquicas da escrita.

Para adentrarmos nesse movimento de descoberta e criação, temos de poder pensar, questionar e nos postar em um lugar de dúvida. Para rastrear lugares vazios, temos de primeiro nos aventurar; depois, investir um tanto de questionamento sobre postulados há muito já firmados. Willemart (2002) formula deste modo: "O escritor de caso acha que, apesar da teoria existente e da experiência enorme que se acumulou desde a fundação da psicanálise, ele descobriu algo de novo que contribuiria para a construção da teoria. Ele acha que, entre as pedras que constituem o arcabouço da teoria, há interstícios ou vazios a serem ocupados" (p. 79).

A importância disso está no fato de que o processo de uma escrita com mais qualidade, com mais propriedade, inicia-se justamente no momento em que superamos o medo, em que este processo interno ganha direito à expressão e é posto à prova. Para isso, haveremos de ter disponibilidade, uma condição necessária em muitas situações nas quais a escrita nos porá: disponibilidade de, em primeiro lugar, nos deixarmos conhecer por nós mesmos, no exercício de introspecção dessa atividade, e pelos leitores de nossos textos. Depois, disponibilidade de, para conhecermos o mundo, concordarmos em partir, pela escrita, nessa rota de descobertas e de compreensão dos fenômenos que se passam conosco. É o que descrevem Paim Filho e Leite (2012):

> A instigante tarefa da escrita requer de todo autor o desejo de haver-se com o mundo conhecido/desconhecido de seus pensamentos, dispondo-se a tolerar e, ao mesmo tempo, indignar-se com a ausência das palavras, de um saber que denuncia um não saber; ausência que gera desconforto, mas, se tudo correr medianamente bem, propicia o estímulo necessário para o trabalho psíquico de construção da autoria – autoria que nos confronta com nossa velha, porém sempre nova, castração (p. 5).

Se pudermos atravessar com mais tranquilidade esse estado inicial de criação, no qual nada está estruturado, se nos deixarmos penetrar pelo que não sabemos, pelo que nos desafia, nos enfrenta, nos confronta, ocuparemos a folha com uma produção criativa, e não com um *tapa-buracos* qualquer, uma escrita frouxa e sem sentido. Mas como fazer isso?

## 1.4. Uma condição de desordem

*Escrever é, por fim, uma série de permissões que damos a nós mesmos*
*para sermos expressivos de determinadas maneiras.*
*Para inventar. Para saltar. Para voar. Para cair.*

*Para encontrar nossa maneira própria e característica de narrar e de persistir:*
*ou seja, de descobrir nossa própria liberdade interior.*
*Para sermos rigorosos sem sermos demasiado autopunitivos.*
*Sem pararmos muitas vezes para reler.*
*Permitimos a nós mesmos, [...] continuar a tocar o barco.*
*Sem esperar pelo impulso da inspiração.*

Susan Sontag

Na escritura do trabalho, assim como temos de suportar a folha em branco e a indefinição do tema, suportamos um tempo (às vezes, um longo tempo...!) no qual o texto não tem forma nem *cara* alguma, quiçá algum sentido. Parece uma tortura! Mas suportamos o caos, e a promessa é: *no final, tudo vai dar certo.* O horror da desorganização, a matéria informe de parágrafos desconectados e frases pouco lapidadas, ideias que vão para todos os lados, o material bruto de pensamentos soltos no papel, no final das contas, tomará feitio de um texto de qualidade. Há de se ter paciência e muita dedicação.

Em nossa tentativa de lidar com essa imposição da escrita malogra, tendemos a nos defender ou a paralisar: gastamos horas para escrever 10 linhas, não era aquilo que queríamos dizer, tentamos deixar mais arrumado, mais claro, mais bonito, ficamos em cima dos detalhes, buscando a frase perfeita, e não parece ser possível simplesmente pegar a caneta e escrever.

Moschen (1997) pontua que as atitudes de postergação ou de fuga, assim como a modulação que fazemos do tempo – colocando--nos, inclusive, em uma situação de pressa e atraso –, são elementos constitutivos do espaço de construção do texto. "O fato de não assistirmos a um processo de escrita propriamente dito não significa que ações nesse sentido não estejam sendo elaboradas" (p. 147). Ela designa como *rituais* essas formas de montar a cena na qual a elaboração do texto se dará.

Cada um tem os seus. Alguns gostam de escrever em um escritório todo organizado, outros preferem a bagunça de livros espalhados na mesa da sala; uns escrevem melhor no computador, já direto, outros preferem o charme dos manuscritos; alguns produzem mais de manhã cedo, outros escolhem o aquietar da noite; uns necessitam de um turno inteiro livre para se debruçarem no trabalho, outros desenvolvem bem em vários pequenos intervalos ao longo da semana; alguns aguentam horas a fio, outros precisam dar uma volta, ir até a geladeira, tomar uma água, comer um pedacinho de qualquer coisa, sentar e ligar o computador, até o minuto em que precisará levantar novamente, ver se o tal livro está na estante, conversar com o filho, dar comida para o cachorro, dar só uma olhadinha nas redes sociais, responder um e-mail, dar um telefonema, arrumar o armário, faxinar o quarto dos fundos... Ufa! Seja quando, como e onde for – na escrivaninha, numa mesa de bar, em um café, na casa de campo, na cidade, na praia –, o que temos de fazer é escrever!

Tal exercício demanda parar e refletir sobre o que estamos fazendo e, assim, dar significados a nossas atividades. Contudo, é justamente esse movimento reflexivo que convoca defesas, pois, para escrever, precisamos dar de cara conosco em um quarto vazio, respirar o silêncio, ouvir o nada e, neste lugar, um único habitante: nós mesmos. É nesse encontro que nos perdemos por dentro de nós. Em contato conosco, o externo pode ser em qualquer lugar, mas mais importante que isso ainda é o lugar interno. Escrever é um estado de dificuldade e risco porque, desde esse lugar, somos tentados a nos defender com as mais variadas configurações contra uma escrita mais solta e, por isso, mais desorganizada.

Um tipo de defesa é indicado por Rocha Barros (1997), que observa: "Quando não se pensa, age-se para se proteger" (p. 275). É o que explica que, quando sentamos para escrever, surjam inúmeras urgências, coisas inadiáveis que precisam ser feitas naquele exato momento, pensamos. Para esse autor, o impulso para a ação está na base da dificuldade para pensar e torna qualquer produção intelectual um tormento. Como escrever requer esse exercício introspectivo que inclui a capacidade de pensar e *dar linha* a ideias antes soltas, é muito tentador encontrarmos tarefas concretas para nos ocupar.

Raras vezes a escrita desenrola-se como um caminho sem paradas, correções, barreiras ou resistências. Essa é a ilusão de quem não escreve e, quem sabe, o sonho de quem escreve, pois haveria de fazer a escrita ser menos laboriosa. A descrição de Freud (1933b) sobre o trabalho da ciência ilustra esse *desenrolar*: "Normalmente ela trabalha como um artista com seu modelo de argila, quando altera incansavelmente um esboço cru, acrescentando e tirando, até que este alcance um grau satisfatório de semelhança com o objeto visto ou imaginado" (p. 344).

Não podemos pensar no texto pronto no momento em que começamos, pois nosso início é apenas uma pequena aproximação de seu formato final. É preciso tolerarmos a falta de definição prévia, essa construção que toma feição só no fim. Não temos projeto do escrito, não temos planta baixa, radiografias, não temos nada em mãos, só a folha ou a tela do computador esperando-nos para formar um par, aguardando-nos para dar início a uma produção.

O processo secundário, mais elaborado, estará presente e atuante somente na revisão da escrita para sua versão final, mas deve estar suspenso no momento da composição do texto, a qual devem comparecer unicamente as associações livres: *escrita flutuante*, fazendo um trocadilho com o conceito de *atenção flutuante* de Freud (1912). E isso por um motivo bem simples: o que impulsiona para uma construção viva é da ordem do inconsciente e do encontro com uma via de expressão; não é apenas uma escolha consciente de processos egoicos que são ativados.

Gerber (2003) toma o eu consciente como monumental mecanismo de defesa e descreve o modo como compreende a atenção flutuante livremente suspensa, proposta por Freud: "Entregar-se a um estado alterado de consciência no qual nos desapegamos de memórias do passado e desejos do futuro para assumir radicalmente o presente, a experiência emocional do momento presente" (p. 784). Não se trata de que o eu nunca esteja presente. É ele o executor da escrita, mas ser movido apenas por ele é equivocado e não resulta em muita coisa. Se, por exemplo, ficamos paralisados com uma palavra, vendo se está bem colocada, se está mal colocada, se deveria estar no início da frase, no meio da frase, no final da frase, esta corrente obsessiva nos impede de seguir escrevendo.

Nos primeiros momentos do escrever, há a necessidade de tolerar a falta de sentido, de ordem, de seguimento, de lógica. Chnaiderman (2000) complementa: "Para criar, é preciso suportar, muitas vezes, uma perda do sentido do próprio eu. Suportar a invasão de um real que é feito de intensidades cria novas possibilidades de construção de novos mundos" (p. 124).

O interjogo dos processos primário e secundário é relacionado por Mezan (1998) nessa fase de confecção da escrita. Para ele, o escritor funciona em nível de processo primário no momento em que se abandona livre e inteiramente a recordações que desconhecia possuir, habitantes do sistema pré-consciente. São lembranças de textos lidos, de conversas ouvidas, de filmes assistidos, de artigos ou caricaturas do jornal. Ele descreve uma lenta impregnação do tema específico por uma série de conteúdos presentes na memória e que, por essa ou aquela razão, acabam por se vincular a ele.

No momento seguinte, vem a fase mais laboriosa, na qual prevalece o processo secundário, que se desenha por pesquisa em fichários, resumos, sínteses e anotações, conforme cada um melhor se organiza. Na organização do plano de escrita, Mezan (1998), por exemplo, coloca um diagrama na sua frente e começa a escrever:

> *Noto frequentemente que os primeiros momentos são hesitantes . . . E aí, sem que eu saiba muito bem como, algo se passa: encontro o "tom" do que vou dizer, a redação flui com facilidade, as imagens surgem umas das outras, e vou seguindo – sem muito esforço – o plano que havia traçado . . . E assim vai se formando o texto, com uma fluência que, às vezes, me surpreende na releitura (p. 107).*

Esta é uma forma de constituir um texto, mas existem outros. Cruz (2000) descreve o que ele denomina um *prazer lúdico* em escrever:

> *Eu começo escrevendo à mão, rabiscando uma série de ideias. A parte que mais gosto é montar, como na montagem de um filme, um documentário: filma um monte de material e depois monta aquilo. De repente, você descobre que mesmo coisas que você filmou aleatoriamente ganham uma lógica. Inconscientemente, mesmo você não sabendo, já existe uma pré-montagem naquilo. Então, às vezes eu faço um monte de notas esparsas; começam a me vir ideias de um texto. Me vem uma ideia, eu escrevo, rabisco num papel ou num guardanapo. De repente, eu vou juntando aquilo e, às vezes, quase que por mágica, o texto sai pronto.*

Cada pessoa descobre seu próprio jeito de criar, partindo de um esquema ou esqueleto, escrevendo livremente o que lhe vem à cabeça, ou apoiando-se na literatura científica desde a saída.

Machado (2002) observa em estudantes uma crença com-partilhada por muitos: a de que, para escrever, temos de ter claro previamente nosso pensamento que, então, será passado para o papel. Fica subentendido aí que escrevemos sobre algo já pronto, armazenado na memória, e nesse caso escrever não passa de uma transcrição ou cópia. Mas ela alerta: uma vez que tenhamos tudo claro no pensamento, escrever não passa de ato mecânico e banal.

Por certo, há a necessidade de nos entregarmos a um processo que é, primeiro, interno e subjetivo, e que ganha um formato e uma definição somente no segundo momento, pela escrita em si. Há uma variação entre o modo como as pessoas concatenam ideias e escrita: umas pensam mais, outras "pensam no papel". Haverá muitos passos até que um texto fique apresentável. Uma ideia até vem pronta para o papel; o texto todo, não. Essa é uma das descobertas a serem feitas: a escrita nos tem mais a dar do que a tirar. Desorganiza-nos, mas nos dá possibilidade de criação e de descoberta.

Pensando o processo de escrita como a criação de um conteúdo, é difícil imaginar um trabalho pronto *na cabeça* para daí ser passado para o papel, como muitos pretendem. O caminho pode ser inver-tido: podemos usar a escrita como *recurso para pensar,* e não para simplesmente receber o que ordenamos em nossa mente. É possível desfazer a ideia do escrever como transcrição, cópia e reprodução. A verdadeira escrita é muito mais que isso, se soubermos tirar proveito de tudo o que nos tem a dar.

Se – diferentemente desse caráter lúdico referido por Cruz (2000) – julgamos que só podemos colocar o texto no papel quando as ideias estiverem claras na cabeça, não nos aventuramos na escrita como criação. Mas o que está encoberto por tal fantasia? Somos obsessivos demais, exigentes demais, narcisistas demais? Exigimos do texto uma organização que não nos caracteriza internamente, porquanto povoados de emoções que, sem qualquer pudor, *nos tiram o chão,* impulsos que nos botam *de pernas pro ar,* angústias que nos *viram do avesso* e fantasias que *nos deixam de cabelo em pé!* Protegemo-nos do novo porque ele nos desestabiliza, mas perdemos muito com isso.

Não existe fórmula mágica para se escrever bem e com mais tranquilidade, infelizmente. Ou felizmente, pois essa receita pode ser inventada por cada um. Será testada e modificada, caso necessário e conforme vamos experienciando. Se somos tomados pelo pânico de que não vai acontecer nada e o texto não vai sair, acabamos escrevendo só o que temos de entregar e não escrevemos nunca mais. A realização do trabalho poderá vir a ser uma fonte de gratificação tanto quanto a receita finalizada, o produto, o texto pronto para ser entregue.

Assim feito, faz-se possível a descoberta, que só se dá com a presença da dúvida, na imposição do não saber. Somente aí tem lugar o novo. É um exercício de criatividade, deflagrado pela falta (de conhecimento, de compreensão, de definição), e a oportunidade de fazer viver o processo da psicanálise em nós. Ganhamos nós, e ganha também a teorização psicanalítica, que encontra brechas por onde crescer.

Isso se passa, em especial, na clínica. Na mesma situação nos vemos quando com um analisando no consultório e na escrita do caso clínico de quem escutamos. Ainda que o caso clínico não seja um recurso específico da psicanálise, uma peculiaridade da escrita psicanalítica é estar calcada na ilustração do caso de quem busca uma escuta, apresentado pelo analista que tanto o trata como o escreve. É o que se passa nesse encontro que, entre outros aspectos, nos faz desviar do caminho da produção teórica, para evitar, assim, o contato repetido com o que nos é ansiogênico.

Da mesma forma que nos podemos servir da escrita para a função de elaboração de ideias e sentimentos, podemos fugir dela exatamente por nos colocar de frente com a consciência de vivências violentas. Freud (1915) compreende que fugimos do que nos causa desprazer. No relato de conteúdos inconscientes – antes de um processo completo de elaboração –, somos obrigados a vivenciar, a pensar, a sentir tudo aquilo que, em outros momentos, podemos negar. E escrever sobre o que nos angustia faz-nos vivenciar tal estado de modo mais forte ainda, porque aquilo que ganhou externalidade por nosso próprio punho dificilmente pode ser negado.

Mesmo no relato de material para supervisão, essa vivência que faz parte da escrita acaba por se converter em fonte de angústia: queremos lembrar de tudo o que foi dito na sessão, como foi dito e na ordem. Podemos descobrir a função do papel (e não da mente) de organizar nossas ideias. Nutrimos uma imposição de que as ideias saiam com clareza para o papel e, dessa forma, nos furtamos a possibilidade de fazer uso de uma das melhores funções da escrita: a ordenação de um conteúdo psíquico confuso. Não que seja fácil, porque não é mesmo! Nosso aparelho psíquico preparou-se para transformar o conteúdo caótico do inconsciente em formações substitutivas dignas de admiração, tamanha sua elaboração, mas a escrita roga que abandonemos por alguns instantes este funcionamento organizativo.

Ter em mente que esse estado de desordem constitui o processo de escrita, e não sua condição final, pode aliviar parte das exigências que nos outorgamos. O texto pronto deve ter todo o rigor, a clareza, a lógica. O primeiro momento do processo de construção, porém, deve garantir liberdade para criar, inventar, inovar, colocar, tirar... Podendo tolerar esses momentos, essa falta de ordem, sequência ou sentido, podemos nos surpreender com o resultado, muito mais do que se, desde o início, nos (pre)ocuparmos com enquadrar tudo *nos conformes*. Seria um trabalho duplo ter de escrever e ainda escrever logo com todas as pompas; desnecessário e improdutivo. Isso sim é uma tortura!

## 1.5. Uma condição de conflito

*Não, não é fácil escrever. É duro como quebrar rochas.*
*Mas voam faíscas e lascas como aços espelhados.*

Clarice Lispector

Não é incomum conhecermos pessoas com uma rica habilidade na oratória, uma grande capacidade de exposição oral, mas com uma escrita trancada, truncada, sem graça e quadrada. O contrário também é verdadeiro: pessoas cuja escrita surpreende, mas que, por outro lado, falam com muita dificuldade, sem trato ou eloquência para com a palavra oral. Tal descompasso pode dizer de um impedimento do livre trânsito entre os dois modos de expressão que, ainda que com suas peculiaridades, guardam o objetivo comum de fazer-se comunicar. Afora um investimento que vai se dando naturalmente, na história de cada um, em uma habilidade mais do que na outra, quando temos um bloqueio em uma das duas, isso nos leva a pensar.

Conhecemos pessoas que, na fala, têm a facilidade de usar metáforas, brincar, viajar, compartilhar coisas pessoais, com um pensamento frouxo, com ênfase e vida nessa função. Pensam e repensam os conceitos, investigam. Tudo na fala, mas, se tiverem de fazer isso na escrita... Em que medida seria possível transitarmos com a mesma liberdade e criatividade pela construção de um texto?

Não é que todos precisem fazer na escrita um investimento especial, mas que seja possível, para quem se ponha a escrever, ter um caminho nesta direção mais livre dos entraves, das resistências e dos conflitos para com o escrever. Se pensarmos que tais resistências advêm do que a escrita engendra e demanda, podemos começar por desfazer a imagem criada por nós, o que a transforma, então, em uma fonte de gratificação, e não de sofrimento. Essa mudança é um processo interno, por isso, não é suficiente que nos digam que a escrita não é um tormento, ou que nos digam "senta e escreve". Sim, isso nós sabemos fazer: sentar e escrever. Quem dera fosse só isso e não houvesse nada atravessado no meio do caminho. Tal descoberta se processa dentro de nós, porquanto foi definida muito com base em processos também internos. Se pensarmos em uma escrita automática, tão mecânica como seria copiar um texto de outro lugar, talvez seja simplesmente *sentar e escrever*. Aí sim teríamos uma escrita sem resistências, dor ou angústia. Mas a escrita como criação não coexiste com a tranquilidade, senão com uma intensa movimentação interna. É fruto dessas vivências, matéria viva que nos compõe como seres em transformação.

Parafraseando Barthes, Giovannetti (1994) formula: "Se a escrita psicanalítica, refletindo a própria experiência da clínica, não for um ato incômodo e indomável, a psicanálise enunciada por ele é uma psicanálise vencida, em que a problemática humana é entregue sem cor, e o psicanalist,a não mais do que um homem bem-comporta-do" (p. 26). E não é esse o objetivo nem de um, nem de outro. A psicanálise não se apresenta em preto e branco, de modo que nem a escrita psicanalítica, nem o analista podem ser opacos ou pálidos: têm de aparecer, desobedecer, aprontar, *inventar moda*, dar trabalho.

Há um nível de tensão que se atravessa na conversão do pensamento para a linguagem no texto. F. Rocha (1995) identifica que a língua carece de uma extensão tal que possa abranger e expressar a totalidade das imagens produzidas por nós psiquicamente. Essa é, para esse autor, uma primeira tensão inevitável cuja implicação é o confronto com a realidade e, mais que isso, com o princípio de realidade. A relação feita por ele é congruente com os sonhos: em ambas as atividades, sabemos que sempre haverá uma distância inexorável entre o que pensamos e o que podemos expressar.

F. Rocha (1995) faz contrastar o *oceano de ideias* que ansiamos expressar e a insuficiência da língua que submete nossa escrita a certos limites. Entretanto, ele ressalta a vivência de angústia como fruto inevitável desse confronto, e que deve ser englobada como parte do processo de produção teórica; senão, levará à paralisia do próprio ato criativo. Ele refere-se a tolerar a angústia, e não a resolvê-la.

Se desmancharmos todas as resistências neuróticas (como se isso fosse possível...) para com o ato de escrever, ainda assim restarão as resistências naturais da atividade de elaboração do texto. Se tomamos como certo que a produção teórica é engendrada por processos inconscientes, é igualmente certo que a angústia sempre se fará presente com certo *quantum*.

Quando o que causa angústia converte-se em uma inibição, esta vem como expressão da restrição de uma função do eu e pode ter causas muito diferentes. Se existe um conflito interno, ele nos é denunciado pela perturbação dessa atividade. A expressão de conflito aparece, por exemplo, na clareza do texto como se nos apresenta. Para Freud (1901), uma escrita clara e exígua de ambiguidades mostra o escritor de acordo consigo mesmo. De outra forma, quando encontramos uma expressão forçada e retorcida, em um texto que não sabe bem o que quer dizer, isso "nos indica a existência de uma ideia não desenvolvida totalmente e nos faz perceber a voz da autocrítica do autor" (p. 819).

Isso aparece também nos atos falhos na escrita, que, para ele, denunciam um frouxo investimento: "Não creio, na verdade, que haja alguém que se equivoque . . . naquelas situações em que, segundo o dito popular, a pessoa se entrega de corpo e alma" (Freud, 1901, p. 819). Os lapsos de escrita, bastante comuns, contrações e antecipações de palavras que deveriam vir depois, especialmente de palavras no fim das frases, podem indicar, para Freud (1916a), um desprazer geral de escrever e impaciência por ver o trabalho terminado. É assim que a interpretação freudiana indica que uma atividade aparentemente simples como a escrita – impressão que, rapidamente, se mostra equivocada – reveste-se de significados proibidos e de mecanismos contrários, de recalcamento, de impedimentos, de manejos...

Para ilustrar a presença e a ação de conflitos e defesas, Freud (1926) pontua: quando atividades como o escrever ficam sujeitas a inibições neuróticas, os órgãos físicos postos em ação – os dedos – tornaram-se erotizados de forma muito acentuada. Ele compara o escrever – que faz um líquido fluir de um tubo para um pedaço de papel branco – com a copulação para explicar que, se a primeira atividade toma simbolicamente o significado da segunda, a escrita é paralisada porque representa a realização de um ato sexual proibido. O eu renuncia a essa função, a fim de evitar entrar em conflito com o id, até que o conflito possa ser redeslocado para seu devido lugar e, então, resolvido.

Esses conflitos podem dominar a cena que vemos, com muita frequência, se repetir: temos um trabalho para escrever, já reunimos bastante material para ele, sentamos, escrevemos um pedaço e pensamos: "não era assim que eu queria dizer". Abandonamos e começamos do zero, e do zero, e do zero. Ficamos horas fazendo vários trabalhos paralelos, escrevendo em um pedaço de folha, e outra folha, e outra folha, e assim sucessivamente. Daquilo tudo que escrevemos em um dia, vai restar uma página. Fica claro que o eu tem um dispêndio tão grande de energia psíquica com a tentativa de dar conta dos conflitos que fica enfraquecido para uma atividade produtiva de tão alto nível como é o processo de escrita.

Outra forma de visualizarmos o gasto de energia em função de conflitos é quando, para escrever um trabalho de 20 páginas, temos de escrever umas 80 páginas, de modo que escrevemos vários trabalhos até chegar no que será a versão para entregar e que tem tamanho máximo definido por quem nos exigiu. Nesse caso, temos o impulso de abarcar todos os conceitos que estão relacionados àquele foco específico do qual nos ocupamos; o problema é que, como sempre muitos conceitos estão relacionados, nosso trabalho vai abrindo cada vez mais frentes, até chegar ao ponto em que nos perdemos, ou nos esgotamos, pois já escrevemos três ou quatro trabalhos dentro de um só!

Outro ponto de conflito pode evidenciar-se na escolha do tema do trabalho, pois esses atravessamentos conferem à seleção de uma temática um significado inconsciente particular. O tema ou o escrever dificilmente estão livres de conflito, dada toda a implicação de uma produção escrita. Em geral, escolhemos um tema ligado às nossas vivências intrapsíquicas, mesmo sem o sabermos. Bem, isso parece meio óbvio; o que talvez, não seja tão óbvio é como o tema imbrica-se em nós: é algo bem resolvido? É algo que pretendemos resolver por meio da escritura, porque não conseguimos de outro jeito? Na medida em que a motivação inconsciente não é um conteúdo de fácil acesso, por vezes, tardamos em descobrir o que exatamente nos movimenta ou nos impede de escrever.

O próprio Freud (1901) nos tira a ilusão de sermos livres na escolha das palavras com as quais revestimos os pensamentos ou as imagens. Ele mostra que outros elementos determinam essa escolha e, por trás do modelo de expressão das ideias, vislumbra-se um sentido mais profundo, muitas vezes não deliberado. Com frequência, no próprio material, algo toma conta de nós e nos desvia de nossas intenções iniciais. Mesmo uma tarefa básica, como a organização de determinada quantidade de material, não depende inteiramente de nossa escolha; as coisas podem tomar o rumo que lhes apraz, e tudo o que podemos fazer é nos perguntarmos, após os fatos, por que eles se passaram desta e não daquela maneira (Freud, 1916c).

Freud (1905) descreve como a escrita tomou o lugar da fala em analisandas com as quais teve contato na clínica de Charcot, vítimas de mutismo histérico. Explica que elas escreviam com maior fluência, mais depressa e melhor do que as outras ou elas mesmas anteriormente. O mesmo aconteceu com Dora, sua analisanda. Freud (1905) relata que, nos primeiros dias em que ficara afônica, "escrever sempre lhe era particularmente fácil" (p. 215). Compreendeu essa peculiaridade – como expressão de uma função fisiológica substitutiva criada pela necessidade – com base nos sentimentos amorosos para com o sr. K. Ele lhe escrevia seguidamente quando em viagem e lhe mandava cartões-postais, informando apenas a ela a data de seu regresso. À afonia de Dora, então, faz a seguinte interpretação: "Quando o homem amado estava longe, ela abandonava a fala; esta não tinha valor, pois ela não podia falar com *ele*. Já a escrita adquiria importância, como o único meio de relacionar-se com o ausente" (p. 216).

Se a escrita converte-se em refém de nossa própria censura, acabamos por nos tornar nosso pior inimigo, nosso mais severo carrasco. Não faz sentido algum, mas isso acontece com muita frequência: questionamos nossa capacidade para a escrita, acusamos nossa inabilidade, censuramos nossas ideias, desvalorizamos nosso conhecimento. Consideramos óbvio demais o que escrevemos, simples demais, repetitivo demais. Criamos um escrito e depois o ferimos impiedosamente, antes mesmo de poder respirar. Amaldiçoamo-nos com uma pequena série de exigências e falhas e criticamos nosso texto antes que nos critiquem.

Acontece que isso se reverte contra nós, pois ficamos aprisionados por nossa própria crítica, para além do que poderia vir a ser a crítica do outro. Precisamos ter uma crítica sobre nosso texto; porém, em outra medida, ou seja, baseados na avaliação criteriosa, mas benevolente sobre a própria produção. É preciso, como em qualquer outra atividade, encontrarmos o que seria o ponto ótimo no qual somos capazes de olhar a produção feita, como que de fora, e ter sobre ela um exame cuidadoso, que nos permita vê-la como de fato é: com suas falhas, mas com suas qualidades também.

Certo padrão de exigência é fundamental para balizar a qualidade do trabalho. Um *bom* nível de exigência situa-se em algum ponto entre o que Mezan (1999) denomina *inatingível*, por um lado, e *trivial*, por outro. Então, definiremos algum grau de exigência que nos guiará na cuidadosa análise de nossa própria produção, detendo-nos com um olhar crítico, mas não severo; a severidade é a qualidade que se interpõe a uma exigência "normal" e nos faz algozes de nós mesmos.

Sobre essa atitude crítica, Green (1994) registra: o escritor "sente-se observado por um olhar sobre seus textos – o que talvez aumente sua própria censura mais do que o ajude a se libertar dela" (p. 12). O que ele descreve é tão forte que, por vezes, nem mesmo o retorno positivo que recebemos do outro sobre a nossa escrita nos convence: estamos certos de que escrevemos mal e de que nosso texto não tem qualidade.

Freud (1900, 1901, 1910) identifica claramente a presença e a ação de impulsos inconscientes na atividade da escrita, que permitem que motivos internos tanto nos movam na direção do texto como nos carreguem para o que serão os desvios desse mesmo texto. Ele chama de *consciência* um agente psíquico especial com a tarefa de assegurar a satisfação narcisista proveniente do ideal do eu e que, com essa finalidade em vista, observa constantemente o eu real, medindo-o por aquele ideal (Freud, 1914). No caso da escrita, logo notamos nossa consciência, mais do que nossos iguais, vigiando de forma crítica e julgando nossa produção.

Nosso supereu – instância reguladora – personaliza-se em diversos objetos mais imaginários ou mais reais, e sua ação via censura tomará as características de muitas criaturas diferentes; ganhará muitos *rostos*, e a crítica é um deles, por certo, um dos fatores mais contundentes, mais presentes e também mais prejudiciais ao exercício de escrever com satisfação. Tão forte como sua presença é a necessidade de compreendermos por que, invariavelmente, a trazemos para a cena principal. Se tal atitude não tem lógica, precisamos entender por que assim procedemos.

Uma das formas de driblar a censura – tanto externa como interna – é ilustrada por Freud (1900): atenuamos e distorcemos a expressão de nossas opiniões. Em conformidade com o rigor e a sensibilidade da censura, o eu abstém-se de certas referências e prefere expressar-se por meio de alusões e disfarces inocentes e inofensivos, em vez de referências diretas. Ele apregoa: quanto mais rigorosa a censura, mais amplo será o disfarce. Pois bem, as consequências da ação da censura se fazem ver em graus diversos, desde as pequenas alterações que ele menciona até o bloqueio completo do ato de escrever.

Os impedimentos internos não são da ordem do consciente ou do eu e, por isso, não dependem simplesmente de nossa vontade ou da do outro; necessitam mais de um processo de *insight* e elaboração sobre a vivência com a escrita e com tudo o que ela implica. Qualquer orientação objetiva é válida e serve para pensarmos em outras possibilidades, mas aquilo que é do inconsciente demandará, além das "dicas" para escrever, um trabalho com maior alcance.

Se pudéssemos escrever tão rápido quanto os pensamentos nos surgem, certamente, livres de tantos controles e tantas transferências, escreveríamos mais e com mais qualidade. Acontece que, na escrita, em comparação à fala, esta técnica se aplica com maior dificuldade, por ser um processo mais demorado e trabalhado. Com a lentidão com a qual escrevemos, sobra tempo para a censura interna manifestar-se.

Freud poderia ser um modelo, mas, como, muitas vezes não ousamos usufruir da mesma liberdade conquistada por ele, recolhemo-nos. O próprio Freud (1900) aponta que rejeitamos cedo demais e discriminamos com excessivo rigor. A severidade, a vergonha, a insegurança e o medo de escrever errado são fruto de uma crítica superegoica que *nós* trazemos para perto. Então, antes de os outros descobrirem quem somos e como escrevemos, temos medo de nós mesmos nos enxergarmos.

A atitude crítica vem desde dentro, revestida de duas qualidades distintas: como um estado de *reflexão*, ou como um estado de *auto-observação* sobre nossos próprios processos psíquicos. Na reflexão, está em funcionamento uma atividade psíquica maior do que na auto-observação. Em ambos os casos, a atenção está em ação, mas, quando estamos refletindo, exercemos também a faculdade crítica – e isso faz uma boa diferença (Freud, 1900, 1926).

Na construção da escrita, nós nos deparamos com os mesmos elementos destes dois estados – de reflexão e de auto-observação – quando, acionada a crítica negativamente investida, acabamos por rejeitar algumas das ideias que nos ocorrem; por interromper outras de forma abrupta, sem seguir os fluxos de pensamento que elas desvendariam; ou por impedir que sequer cheguem a se tornar conscientes, reprimindo-as antes de serem percebidas. Desde um estado de auto-observação, contudo, suprimimos a faculdade crítica e, assim, inúmeras ideias emergem à consciência, dando-nos acesso a um material inédito que de nenhuma outra forma seria obtido (Freud, 1900).

Freud (1900) aponta para a restrição imposta pela razão em prejuízo da imaginação, de modo que a primeira executa um exame muito rigoroso das ideias à medida que elas vão despontando. Ele destaca a crítica como impedimento do livre trânsito de ideias que irromperiam em nossa mente, caso tivéssemoss êxito em renunciar às resistências que atuam contra a expressão franca. Para isso, é necessário o estabelecimento de um estado psíquico comparado por ele ao adormecimento, no qual a distribuição da energia psíquica está móvel. Pensando nisso, poderemos escrever um trabalho científico deitados, sentados em uma rede, na beira da praia, ouvindo música, em uma cadeira espreguiçadeira... Esses elementos não combinam com essa escrita? O melhor é que combinam!

Birman (1995) descreve a forma como alguns poetas escrevem: "O que os poetas faziam era se afastarem momentaneamente das solicitações do cotidiano, romper com os vínculos imediatos, deixando, então, os fantasmas se movimentarem com liberdade, sem impor qualquer censura. Com isso, o mundo 'imaginário' se fazia presente" (p. 13).

Freud (1900) também se serve dos poetas, de uma indicação feita por Schiller referente à criação poética, mas que cabe muito bem para o processo de criação da escrita científica. Em um trecho de sua correspondência com Körner, Schiller responde à queixa que lhe faz o amigo sobre sua insuficiente produtividade:

> *O motivo de tuas queixas reside, a meu ver, na coerção que tua razão exerce sobre tuas faculdades imaginativas. Expressarei meu pensamento por meio de uma comparação plástica. Não parece ser proveitoso para a obra criativa da mente que a razão examine demasiado profundamente, e no mesmo momento em que chegam à porta as ideias que vão surgindo. Considerada de forma isolada, pode uma ideia ser muito insignificante ou muito absurda; porém, é possível que outra posterior lhe faça adquirir importância, e que, unindo-se a outras, tão absurdas como ela, forme um conjunto nada desprezível. A razão não poderá julgar nada disso, se não retém as ideias até que possa contemplá-las unidas com as posteriormente surgidas. Nas mentes criativas, suspeito que a razão retirou sua vigilância das portas de entrada;*

> *deixa que as ideias se precipitem* pêle-mêle *ao interior,*
> *e é só então que ela adverte e examina o conjunto que*
> *formaram (p. 410).*

Freud (1900) teve a habilidade de fazer o que Schiller descrevera como "a supressão da vigilância nos portais da consciência" (p. 410) e adotou uma atitude de auto-observação acrítica. Ele anotava suas ideias à medida que ocorriam e, com isso, nos indica que adotemos uma atitude de espírito de liberdade, necessária perante ideias que parecem surgir por livre e espontânea vontade, bem como abandonemos a função crítica que normalmente atua contra elas. Essas orientações não poderiam ser mais atuais para problemas que seguem se impondo a quem deseja escrever.

Haveremos de burlar, então, as resistências oferecidas de todos os lados, nesse intenso exercício narcísico a que a produção de um texto nos convoca. Nele, temos de nos haver com estados que, com empenho e por toda a vida, tentamos evitar. No entanto, também nele temos a oportunidade – porque desacomodados pela escrita – de fazer movimentar nosso funcionamento psíquico, que deve, então, criar recursos e recriar alternativas para tirar o melhor proveito da produção da escrita.

# 2. A escrita como um exercício de autoria

*O contato com o outro através da palavra escrita é uma glória.*
*Se me fosse tirada a palavra pela qual tanto luto,*
*eu teria que dançar ou pintar.*
*Alguma forma de comunicação com o mundo eu daria um jeito de ter.*

Clarice Lispector

## 2.1. A relação com os objetos de nossa transferência

Durante a construção de um texto, somos acompanhados de muitos objetos que, como objetos de transferência, esperam ou exigem de nós exatamente o que lhes projetamos. Se serão mais continentes ou mais exigentes dependerá do *colorido* com o qual os recobrimos. Projeções mais positivas e amorosas, ou mais negativas e persecutórias, serão presenças latentes no texto, que permitirão darmos continuidade à escrita, ou impedirão seu livre curso, como um componente deflagrador ou inibidor.

Se a companhia que baliza e aguarda nossa produção – e que nos garante a satisfação narcísica pelo reconhecimento vindo desde fora – reveste-se de um caráter negativo, no lugar de aprovar-nos, ela nos vai desaprovar, criticar e destruir. Nosso processo, assim, ficará marcado não pela criação de um produto ofertado a alguém, mas como algo a ser entregue para sacrifício, do texto e nosso. Fica claro que o objeto de nossa transferência e seu significado para nós influenciam o grau e a qualidade de investimento na escrita; contudo, somos *nós* que decidimos por uma maior ou menor submissão em relação a ele.

Esse movimento deflagra-se com ainda mais força quando esse objeto tem voz, corpo e está por perto: é nosso superior, professor, supervisor, orientador, e queremos oferecer-lhe nosso escrito como um presente. Por admiração a esse objeto real, pomo-nos em marcha no texto; por medo, paralisamos. Então, da mesma forma como a transferência movimenta nossa escrita, ela a faz parar. De dois caminhos possíveis – o da impulsão ou o da repulsão –, partimos em direção à escrita que responde ao outro ou fugimos dela como *o diabo da cruz*!

Por algum motivo, (re)produzimos uma relação de caráter negativo, na qual nossos *superiores* apresentam-se para controlar, supervisionar, desde um lugar superegoico no qual os colocamos. Esperamos por eles, mas, quando nos são perseguidores, tudo o que queremos é fugir deles – deles ou da escrita. Então, o que muitas vezes ocorre é fugirmos do escrever para não nos depararmos com figuras que, julgamos, vão nos desaprovar. Mas como criamos essas figuras?

Um exame a ser feito é sobre o lugar da escrita em nossa família de origem ou, mais especificamente, qual é a infância de nossa escrita. Nossos pais escreviam? E nossos avós? Éramos elogiados por nossas composições? Ganhávamos estrelinhas? Ou éramos criticados, desqualificados, ridicularizados por uma redação que voltava das mãos das professoras com marcas de caneta vermelha? A descrição de Nasio (2001b) dá forma a essas presenças:

> *Sempre que estou diante de uma folha de papel, tenho como que dois personagens sentados à minha frente, dois fantasmas. Um é aquele dos mestres: às vezes, tenho Lacan na minha cabeça; às vezes, Freud... Em outras, tenho um desconhecido que é um personagem-pai, um personagem-mestre, que pode, no limite, ser uma figura superegoica. Para ele tenho que escrever com rigor, com muita exigência, com muita precisão. E, do outro lado da mesa, está sentada uma figura que é um jovem, um jovem de 18 anos que pergunta o que é a psicanálise, que quer saber a quem há que se transmitir o que é a psicanálise (p. 94).*

Mas os interlocutores nem sempre são anônimos como esses que nos acompanharam durante o processo. Os textos psicanalíticos têm leitores específicos – lembra Conte (2003) –, muitas vezes colegas da mesma instituição. Ela vê o lugar de "aluno" como uma condição indiscutivelmente de sujeitamento a um *perseguidor* que avalia, o que intensifica a submissão e a consequente inibição. Inseridos em instituições de formação que nos recebem, mas também nos avalizam, a autora se pergunta: como, então, lidar com esta dupla face da filiação? Por um lado, a filiação é necessária, porque a experiência e a transmissão da psicanálise se dão em nível institucional e, portanto, de filiação. Mas a busca de reconhecimento e pertencimento não pode condicionar uma relação que, em princípio, deveria ser livre.

Alunos ou profissionais, temos a necessidade de estar em um grupo, em uma ĩnstituição da qual façamos parte e que nos reconheça na condição de pertencer. Com essa necessidade de estarmos vinculados e de sermos aceitos, reconhecidos, valorizados, convidados para estar nesse lugar, nunca deixaremos de circular por essas questões e esse anseio. Entretanto, ser benquisto não pode sobrepujar sermos nós mesmos, a ponto de, se não formos aceitos, não termos mais chão onde pisar.

Em seu trabalho com estagiários de Psicologia Clínica, Moschen (1998) observa a condição de iniciante como privilegiada no que se refere a jogar luz sobre algumas questões. Isso é possível, segundoela, pelo fato de ainda não estarem completamente instalados na posição de analistas, e sim em um período de passagem, o que lhes permite questionarem seu lugar de escritores. Gerber (2003) compartilha dessa visão. Ele propõe a recuperação do eterno aprendiz que somos e a relativização do *mestre-suposto-saber*. "Ouvir uma composição conhecida como se fosse a primeira vez, contemplar um quadro tantas vezes visto como se fosse a primeira vez, escutar um analisando de quem tanto já ouvimos como se fosse a primeira vez" (p. 783). Com isso, lembra a necessidade de um desapego de preconceitos e expectativas, ou de memória e desejo.

O que acabamos por ver, entretanto, no contato com estudantes e com profissionais em formação, é uma tendência maior a seguir os passos já dados por quem os antecedeu. Para Giovannetti (1994), "todo discípulo tende a aprisionar a palavra de seu mestre, transformando-a em um objeto supridor de suas próprias faltas, e nela buscar reasseguramento e descanso – uma terra prometida" (p. 22). Sua afirmação é tão importante quanto preocupante. A idealização com que olhamos para os detentores da cátedra, do poder e da coordenação de nossa formação é um dos impeditivos para a assunção de uma postura mais livre, mais adulta e madura. Ela tem seu corolário na submissão infantilizante, pela qual tendemos á escutar o que os mestres falam, ou ler o que escrevem, com um *ouvido de mercador* ou com um olho fechado, para garantir a permanência deles no lugar de autoridade e saber.

Na clínica, expostos à transferência do analisando e ao mal-estar provocado por ela – a exemplo do mal-estar imposto pela escrita –, não é difícil cair na tentação de buscarmos a palavra nos escritos do *mestre*. Se nos rendemos, Berlinck (2001) antecipa o desfecho: ficamos repetindo o que o mestre disse, tentando livrar-nos do desconforto, e, em nome de mitigá-lo, acabamos por nos apequenar, em uma melancolia provocada pela transferência: "O ego do psicanalista se apequena diante do saber do mestre que vai adquirindo uma severidade muito grande, exigindo a mais perfeita repetição de suas palavras na boca do psicanalista".

Constatamos isso com facilidade na relação estabelecida com o supervisor, em especial no início da nossa trajetória. Se vamos para a sessão colocar em cena a reprise da supervisão, com as intervenções sugeridas por quem detém um saber e uma experiência maiores que nós, simplesmente repetiremos, sem crítica, o que disse o outro. Com muita sorte, uma fala assim terá *algum* sentido para o analisando.

Essa idealização – em geral, presente na relação autor e leitor, analista e analisando, supervisor e supervisionando, professor e aluno – é um obstáculo a ser trabalhado sempre. É essencial seguirmos no percurso que nos leva da divinização de quem nos é "superior" para uma percepção mais realística de sua capacidade e, em especial, da nossa. Pode parecer óbvio que quem tem mais *estrada* tem mais capacidade, conhecimento e habilidade, mas essa assertiva carrega apenas meia verdade. O que confere paulatinamente a alguém mais capacidade, conhecimento e habilidade – além do tempo percorrido na estrada – é a possibilidade de edificar uma identidade autônoma e pensar por conta própria.

A fantasia de os grandes mestres serem mais perfeitos do que algumas vezes a realidade confirma acaba por ter um efeito inibidor na busca que poderia ser a de um modelo, e não a de uma entidade a ser adorada. Aos poucos, em um processo natural, vamos vendo a realidade de quem, até então, ocupava um lugar de destaque, protegido de qualquer deslize, de qualquer ataque, acima de qualquer suspeita e acima também do modesto lugar que nós ocupamos enquanto tão distantes destes seres superiores.

Os professores nos ingressam no campo do saber, nos ajudam a descobrir os mistérios da psicanálise e da psique humana e, por isso, são formadores de opinião. "Se ele disse, está dito!" É uma responsabilidade imensa, porque *bebemos destas fontes* as informações que elas nos passam e *engolimos* as opiniões que emitem. Nesse movimento antropofágico, além do conhecimento, acabamos por tomar para nós, até sem saber bem por que, os preconceitos, as ideias equivocadas que – acreditem – eles têm. Como qualquer ser humano.

Mannoni (1986) explica essa dinâmica sob a égide da conflitiva edípica. Ele traça um paralelo entre o processo psicanalítico e a realização do trabalho escrito: há, em ambas as atividades, um momento no qual o analisando e o autor do trabalho buscam conhecer e saber mais, mas esbarram, pela transferência, com a metáfora paterna. "O que o fantasma lhe transmite, a propósito de uma enunciação concernindo o saber do Pai, é que lhe é proibido, a ele, sujeito, conhecer a Mãe. Em outras palavras, todo desejo de saber traz em si, em seus fundamentos incestuosos, uma interdição e uma ameaça, com seus efeitos de drama" (p. 29). É, portanto, o mesmo esbarrar a que estamos sujeitos quando queremos nos arriscar a discordar do que disse o professor, o supervisor ou o orientador.

Para ilustrar a dificuldade de desafiarmos o lugar do saber, Mannoni (1986) utiliza a máxima apresentada no Gênesis: "Não tocarás a árvore da ciência". Sua ilustração é muito pertinente, pois, da mesma forma como primitivamente sofremos o castigo e a expulsão do paraíso, a instituição que nos acolheu pode agora nos excluir. Para esse autor, é por meio dos "desfiladeiros da castração" (p. 28) que nos mantemos na busca incessante de um não sabido, contradizendo e *desobedecendo* um saber de controle, superior a nós. Mas não é simples.

A colocação de Britton (1994) parece responder a um dos motivos desses receios: se tememos que nossa publicação possa prejudicar a autoridade dos guardiões do paradigma e desmoralizar seus afiliados, ou provocar a fúria dos superiores e o nosso exílio desta comunidade, vemo-nos impedidos no que deveria ser a liberdade de produção.

Analisando firmemente essas questões relativas à filiação, Mannoni (1986) pergunta-se: "Na dupla mestre-discípulo, o que existirá num inanalisável (do analista) para em seguida bloquear (do analisando) a produção, e quem sabe até mesmo pervertê-la? O que haverá no mestre que funciona sobre o modelo de uma mãe devoradora . . . e isso de geração em geração de analistas?" (p. 28). Vale marcar a expressão utilizada por ele: uma mãe devoradora que, no entanto, só é alimentada pela submissão temerária daquele que depende dela. Por esse motivo, talvez caiba ao *humilde* aluno exercitar agora o direito de dialogar de igual para igual, ao invés de temer e aceitar passivamente sujeitar-se a esse ente sagrado.

Quando não nos sentirmos tão "alunos", poderemos contribuir mais do que imaginamos. Com frequência, na escolha de um determinado analisando, fenômeno ou situação a discutir, nossa tendência é refutar aquele caso cuja compreensão é parca ou que a teoria contradiz. Tomamos o caso que simplesmente ratifica o que está escrito nos livros, especialmente quando são clássicos. Nessa tendência quase automática – porque, muitas vezes, nem paramos para pensar – sequer percebemos tudo o que se perde.

Mezan (2003) delata que, muitas vezes, os textos apenas reafirmam o que foi mobilizado no contexto da doutrina. "O inovador é quando ocorre algo que mobiliza e abre buraco na economia narcísica de cada um. É raro". Sua indicação é tão necessária como delicada, e nos permite avançar de fato no que seja a criação de algo novo na escrita – a descoberta de um ponto obscuro –, mas é também o que nos intimida, nos lança para a fuga, caso o enfrentamento com o tal buraco não pareça suportável para nossa aspiração de perfeição e estabilidade.

Quando em formação, a inclusão na ortodoxia protege-nos – pensamos – de qualquer deslize, porquanto temos um corpo teórico sólido que nos baliza, ensinamentos *milenares* "inquestionáveis", assim como um grupo que nos avaliza. Porém, como assinala Berlinck (2001), essa segurança se mantém unicamente até o encontro com nosso primeiro analisando. A partir daí, ele afirma, acumulamos um mal-estar lógico e produzimos uma série de mecanismos reativos, indo "desde a cega e regressiva adesão militante ao discurso do mestre, até a grave desilusão com a psicanálise e o abandono dessa atividade". O caminho que nos leva à autoria se inicia aí, no que ele define como "a catástrofe detonante provocada no seio da ortodoxia que deveria amparar o psicanalista enquanto vive a condição de porta-marcas do transferido pelo analisando". Cabe a nós pormo-nos em risco, no embate com verdades ou meias verdades.

No entanto, o autor mesmo estima: para darmos andamento a esse processo, seria necessário que encontrássemos um ambiente favorável para o caminhar, ou seja, um lugar onde nos sentíssemos envolvidos por um clima no qual as palavras que representam o vivido na clínica possam brotar com a máxima liberdade possível. Para Berlinck (2001), esse ambiente deve permitir colocar em palavras, mesmo que provisórias, o mal-estar vivido na clínica e que vai configurar-se como a situação problemática que conduz à pesquisa.

Bem, mas e quando a instituição – na pessoa de seus coordenadores, supervisores e professores – realmente policia e cerceia a produção de saber dos alunos, membros e candidatos? Mannoni

(1986) questiona um paradoxo no qual as instituições acabam mergulhando: "A instituição psicanalítica, criada para a sobrevivência de uma obra, não terá ela vindo redobrar, no real, efeitos imaginários do poder?" (p. 28). Ele põe em xeque a relação do próprio Freud com seus primeiros *candidatos*, na época da formação de seus primeiros *candidatos*. A liberdade de seus discípulos tinha limites, pois, ao mesmo tempo que admirava a geração de novos conhecimentos, Freud dava instruções firmes sobre a ortodoxia a ser seguida nas pesquisas, criando, no seio da fratria, uma instância superegoica, de controle e vigilância. E a consequência disso é que essa instância de controle acaba por esterilizar a criação.

Logo, fica claro que as instituições têm uma responsabilidade grande sobre a produção teórica de seus alunos: a visão dos professores do que seja um trabalho científico balizará a forma de escrever, infelizmente. A avaliação e a nota a ser atribuída a um ou outro tipo darão ao profissional em formação o padrão que *agrada* e o que *não agrada*.

Mannoni (1986) utiliza-se das ideias de Ferenczi para indicar a necessidade de uma correção constante da teoria pelos novos conhecimentos revelados pela prática – e para evidenciar o perigo de as instituições provocarem "o enrijecimento da teoria, que se transforma num corpo doutrinário imutável que só permite aos alunos uma pura reprodução" (p. 24). Na avaliação do trabalho, os coordenadores tranquilizam-se se encontram posicionamentos e autores com os quais eles se identificam; se, todavia, não encontram, vão sugerir acréscimos que falam de suas posições, não das posições de quem escreveu.

Respondendo à pergunta: "As instituições psicanalíticas[2] estimulam a escrever sobre psicanálise?", Cramer (1995) contesta: "De jeito nenhum" (p. 170). Para ele, não há efetivamente um encorajamento

---

2 A mesma pergunta poderia ser feita a respeito de instituições das mais diversas áreas...

para que se escreva ou se produza algo. E aqui estamos falando em escrever e produzir algo de qualidade, realmente de peso, algo que valha a pena ser escrito e lido. Alguém poderia argumentar que uma instituição que exige trabalhos anuais – e a quase totalidade exige – está estimulando a escrever. Bem, como o trabalho é obrigatório, os alunos acabam por realizá-lo, mas a consistência dos textos produzidos simplesmente para cumprir com tal obrigatoriedade deixa muito a desejar. De qualquer forma, duvido ser a esse tipo de estímulo que Cramer esteja referindo-se. Por certo, não é desse tipo de estímulo que estamos tratando neste livro.

Menezes (1994) avalia um movimento mais resistencial na elaboração de textos, de modo que a instituição poderá favorecer não tanto o trabalho pela escrita, mas "a produção de escritos sem risco, defendidos, chapados, às vezes montados em uma linguagem cansada de si mesma, desprovidos de surpresas tanto para quem escreve como para quem lê" (p. 43). Seu alerta é muito importante. Temos de pensar seriamente sobre essas questões, pois a perda implicada aí é imensurável.

Uma questão mais complexa apresenta-se quando pensamos em alunos que, a partir de um movimento natural institucional, ascenderão a um *posto* superior. A vaidade que, muitas vezes, distancia os *hierarquicamente superiores* dos *iniciados* também dificulta o livre pensar e o novo que poderia ganhar forma na diferença. O objetivo de uma escrita como essa sofre, mais que uma distorção, uma perversão. Não deveríamos escrever trabalhos – e não deveriam nos pedir que escrevêssemos – apenas *para constar*, para cumprir com os requisitos ou, como ainda nos bancos escolares, para *passar de ano*. Escreveremos para fazer crescer – nosso conhecimento, a reflexão acerca da teoria, a compreensão das vivências profissionais, a expressão dos fenômenos psíquicos. Isso é mais do que sério!

Parece existir uma dificuldade na conciliação entre formação e autoria. Não creio serem lugares inconciliáveis, mas é certo que *não deveriam* ser. Talvez o desafio maior seja conquistarmos a liberdade de escrita independentemente de nossa posição na instituição. Deveríamos poder ocupar os mais altos "cargos" da formação, em nossa profissão, e seguir com a mesma disposição para o crescimento, para a descoberta, para a diferença.

Sermos estimulados pelo debate é um ideal a ser perseguido, e a escrita pode ser veículo disso, especialmente a escrita que tem coragem para entrar de fato em debates, controvérsias e diferenças. Mas isso ainda não é uma prática ou um movimento natural nas comunidades científicas. Não é incomum presenciarmos apresentações de trabalho nas quais a plateia tecerá preferencialmente elogios (quando o trabalho mereceria até algumas críticas), ou professores queixarem-se dos alunos "incomodativos", aqueles que são sempre "do contra". Bem, é no trânsito entre a linha reta e seus desvios que se descobrem lugares novos e, claro, que se chega a lugares que realmente façam a diferença.

Se não logramos tal liberdade, um dos cuidados dos quais lançaremos mão a fim de evitar esse enfrentamento assemelha-se à situação relatada por Freud (1900) de um autor político que tem verdades desagradáveis a dizer aos que estão no poder e que, nessa situação, faz uso da distorção e da dissimulação de seu desejo, pois, se o apresentar sem disfarces, as figuras de autoridade reprimirão suas palavras.

Como o autor político de Freud, E. Rocha (1998) identifica que os alunos vão aprendendo o que é mais "prudente" deixar de fora, e pelas mesmas razões dos analistas mais experientes: desejo de admiração dos colegas, prestígio institucional e profissional, indicação de analisandos, temor de não poder seguir adiante em sua formação. Precisamos examinar seu alerta desde dois ângulos.

Por um lado, essa situação delata o papel repressor assumido pela instituição, que qualifica como melhor ou pior conforme seus próprios padrões, conforme quem seja o autor do trabalho e sua relação com a instituição; contamina-se, assim, a avaliação do que seja um material realmente válido, e outro material mais fraco. Por outro lado, há a possibilidade de o profissional em formação assumir-se como alguém que pensa, questiona e, por isso, assume por escrito sua elaboração.

Ao perguntar-se se a escrita deve atender às expectativas da instituição ou abrir outros caminhos, correndo o risco da exclusão, Gerber (2002) contesta: escrever deve ser sempre um trabalho de desconstruir e desmitificar padrões estabelecidos. Deve provocar para quebrar certas estruturas montadas, para não correr o risco de se fechar dentro de certos padrões. Então, deve-se sempre poder desconstruir e escrever com uma *irresponsabilidade sensata*, ou uma *responsabilidade insensata*.

O que ele denomina irresponsabilidade sensata ou responsabilidade insensata diz de mantermos a ousadia e a teimosia, a curiosidade e o impulso investigativo; e, do outro lado da mesa, a capacidade de escutar, de termos nossas ideias contestadas e até criticadas. É isso que nos tira da submissão estéril e nos faz ingressar no plano autoral. Essa condição de submetimento cria um texto que repete o já sabido e, portanto, torna-se não autoral, já que a autoria é do outro ao qual estamos sujeitados. Toda escrita baseada nesse sujeitamento é inibida em dois sentidos: em escrever sem poder ousar, ou em sequer poder escrever.

Pensando o papel do analista junto ao analisando neurótico, Horenstein (2014) lembra que este vive preso em relatos ineficazes, alienantes, forjados por outro que não deixa espaço para a reflexão pessoal, para que ele seja livre para viver sua própria vida. Em nossos divãs, ele afirma, distinguimo-nos por ajudar o sujeito a construir histórias mais fiéis a seus desejos e a sua singularidade sempre em risco de ser aniquilada. Propomos aos que nos buscam construir relatos mais eficazes acerca de si mesmos, que os libertem da condenação de uma existência alienada. Se assim fazemos com nosso analisando, como seria diferente com nossa escrita?

Sobre os dois destinos que sofrem um trabalho de repetição ou um trabalho de criação, Berlinck (2001) propõe: "os psicanalistas que conseguem repetir bem as palavras do mestre são vaidosos, e estou propondo que sejamos menos vaidosos e mais orgulhosos. A vaidade é qualidade do que é vão, vazio, firmado sobre aparência ilusória, enquanto o orgulho é um sentimento de prazer, de grande satisfação sobre algo que é visto como alto, honrável, creditável de valor e honra, dignidade e altivez".

O medo de escrever o que pensamos decorre do temor de sermos rejeitados, o que pode inibir nossa produção. Portamo-nos, assim, como uma criança que, para ser aceita, deve agradar e, para isso, concordar; não podemos afirmar nada de errado, nada que cause controvérsia ou desperte a ira dos irmãos que, competitivos, estão *de olho* no que fazemos, no que escrevemos.

Assim, vemo-nos mergulhados em um conflito entre filiação e autoria, outro problema que facilmente se impõe. Precisamos resolver o que de conflito barra a nossa possibilidade de transitar com independência, como o sintoma: existe uma parte que fica presa e não está disponível para o resto. Se temos uma relação de infantilização e de submissão, não conseguimos ir adiante e falar algo diferente daquilo que, imaginamos, o outro espera ouvir, porque isso implica um risco, em nível pessoal, de ser rejeitado. Na escrita, tal temor se firma mais ainda, porque está ali a prova concreta do que foi dito. O conflito tem de ser resolvido naquilo que ele tem de neurótico, que se imponha como um impeditivo para a perspectiva de circularmos com liberdade por aquilo que pensamos, afirmamos ou escrevemos.

Temos muitas transferências a resolver e elaborar: com o pai da psicanálise, com os professores, supervisores, coordenadores, *superiores* a quem entregaremos nossa produção teórica, e com outros autores que idealizamos. Somente após tal processamento é que alcançamos outra qualidade de escrita. Falemos desses últimos.

## 2.2. A relação com os autores publicados

> *Não podemos escrever sem a força do corpo.*
> *É preciso ser mais forte do que si mesmo para abordar a escrita;*
> *é preciso ser mais forte que a escrita. É uma coisa gozada, sim.*
> *Não é apenas a escrita, o escrito, é o grito das feras*
> *noturnas, de todos, de você e eu, os gritos dos cães.*
>
> Marguerite Duras

Uma relação de transferência de qualidades diversas é estabelecida com os autores dos textos lidos, presenças fundamentais no trabalho, tanto quanto nós mesmos. Os autores estão ausentes *em carne e osso*, mas se fazem tão presentes que acionam em nós as mais diferentes reações. A exemplo do que sucede com nossos "superiores" – os de corpo presente –, identificamos ainda mais claramente esta relação de submissão e a necessidade de uma visão diferente. Nossa relação com os professores escapa mais facilmente de nosso *insight*, mas o uso excessivo e abusivo de autores fica estampado em nossa frente: está ali no papel impresso, diante de nossos olhos. Basta tomá-lo e ver.

Os autores marcarão presença – mais pontualmente ou mais maciçamente – em nosso texto. Para Moschen (1997), eles são elementos constituintes da autoria, tendo em vista que algo próprio só pode construir-se na relação com o outro. "No campo das ideias, não há autoengendramento, pois a autonomia de pensamento pressupõe que o outro esteja bem posto em seu lugar, o que permite instituir com ele relações de (co)operação, e não de dependência heterônoma" (p. 145). Pelo contrário, autor e leitor se constroem em um mútuo engendramento no qual um faz movimentar o outro.

Nossa relação com os autores evocados para contribuírem na elaboração do texto ganhou destaque na dissertação de Moschen (1997). Ela mostra que dividem espaço outras vozes que não a nossa como autores; são os colegas de estágio, o supervisor, os analisandos e, por fim, os autores que abordaram o mesmo tema por nós tratado e que serão utilizados de formas diversas:

> *Poder-se-ão convidar autores que concordam com a proposição do texto para então corroborá-la, ou ainda os que dela discordam para com eles fazer discutir o texto. Pode-se ainda citar o autor, recorrendo às suas palavras, dizer que ele propôs tal coisa, ou ainda falar em seu nome, de modo que ao leitor reste certa dúvida acerca de quem fala ali. É possível também propor um diálogo com o autor, uma interlocução naquilo que isso implica de concordâncias e discordâncias, ou então, uma confrontação de pontos de vista, chamando a colaborar com o texto autores de quem se discorda; ou ainda propor certo "esconderijo" nas palavras do autor desresponsabilizando-se pelo que foi dito, pois foi o outro quem o fez (p. 144).*

Resumindo, Moschen (1997) elenca essa multiplicidade de formas para o ingresso de autores na elaboração do trabalho: legitimação, diálogo, interlocução, confrontação, corroboração, contraponto, conversa, ampliação, esclarecimento, aplicação ou esconderijo. Essas operações terão um retorno sobre nós, colaborando mais ou menos para a constituição de nossa escrita, em uma redação que "se tece com outros textos para dar origem a um novo escrito. Um texto que faz falar muitas vozes" (Moschen, 1998, p. 41).

Barone (1997) ancora-se em Barthes para corroborar a leitura como condutora do desejo de escrever. Ela explica: "Desejamos o desejo que o autor teve do leitor enquanto escrevia" (p. 111). Em uma relação virtual que se esquadrinha entre escritor e leitor, este é provocado tanto pelos objetos de transferência que demandam seu texto, como por trabalhos de outros autores com o poder de desacomodá-lo, quase como em um diálogo no papel. Esse movimento, no entanto, só é logrado no texto de qualidade, genuinamente rico, ao qual o leitor não pode ficar impassível. Ao ler, ele é de tal maneira fisgado, tomado por tamanho envolvimento pela leitura, que se vê como que levado a escrever, impelido a responder-lhe.

Tal relação é descrita por Mezan (1998), que se sente conduzido a uma escrita de tipo demonstrativo ou argumentativo, com o objetivo de vencer a complexidade do tema, tornando-o claro e transparente, mas também de vencer os argumentos do adversário, mostrando sua inconsistência e sua parcialidade. Assim, para ele, firma-se um diálogo entre dois personagens que, de modo indireto, se relacionam.

Lemos os autores para que nos expliquem o que se passou e, com este *colo* teórico confortador, devolvam-nos o domínio (possível) da clínica. Não são poucas as vezes que, sozinhos e desinstrumentalizados na escuta dos analisandos, encontramos nos livros e nos periódicos a resposta que deflagra um *insight* a respeito de um impasse. É o que Mannoni (1986) identifica em situações em que sofremos a tentação, com um analisando, "de enviá-lo a um outro, o analista que seria supostamente o detentor da 'boa' teoria" (p. 30). Nas palavras desse autor, "quando [o analista] se vê prisioneiro do bloqueio que o contém, ele volta seu olhar para a teoria de um outro, na esperança de receber dali uma resposta ao que, na sua própria análise, permanece no recalque ou na denegação" (p. 30).

Nessa linha, os autores – como os professores, orientadores e supervisores – ficam investidos de um saber maior que nos falta. Para Moschen (1997), supomos que eles detêm um saber de que carecemos e que, ilusoriamente, nos complementaria na falta que impulsionou a leitura e a investigação. Assim, é o autor citado que, segundo ela, nos informará acerca do por nós desconhecido. Ela relaciona os objetos para quem, então, endereçamos o não saber a respeito de algo: pode ser a experiência mesma, na qual vemos atualizar algo concernente a nós; pode ser o leitor a quem dirigiremos o texto; podem ser os autores evocados na elaboração teórica, tentando situar em especial nestes a resposta última às inquietações, àquilo que a experiência do inconsciente deixa como evidência: que não é possível saber tudo.

O problema é quando o saber do outro ocupa o espaço onde deveria poder nascer a nossa própria construção. Não podemos converter a teoria de outro em uma verdade absoluta. Antes, ela auxilia no progresso em nossa própria caminhada profissional. Se essa conversão – ou *perversão* – acontecer, a teoria pode tornar-se não um instrumento de conhecimento, mas uma espécie de imposição. Nisso se abrem algumas vias, umas melhores, outras piores: desfrutamos desta "boa teoria" e deste saber, explorando os recursos dos autores para a constituição de uma síntese pessoal, construída a partir de inúmeras aprendizagens; ou desperdiçamos o que foi elaborado até hoje e, por algum motivo da ordem de um narcisismo onipotente, nos vemos impedidos de aproveitar e ignoramos o que já foi estudado e publicado; ou ainda aceitamos como a única verdade a ser cegamente seguida. Faz-se ver que a transferência negativa e a idealização que nos mantêm reféns dos mestres exilam-nos também na relação com os autores que selecionamos para ocupar um lugar no que deveria ser o *nosso* trabalho.

Poderíamos tomar Freud e os outros autores como *interlocutores* na construção do texto, mas Mahony (1990) avalia que nem sempre é isso que acontece:

> *Dependendo do texto, o leitor deve analisar suas próprias transferências em relação aos pacientes de Freud e também em relação às construções que o próprio Freud propõe acerca do leitor incompetente e do leitor ideal. Essas tarefas nos levam a concluir que uma leitura psicanalítica autêntica, assim como a própria análise, é infinita e, em última instância, indeterminada. Devemos estar dispostos a construir ou, melhor ainda, a reconstruir na companhia* do escritor Freud *(p. 109, grifo meu).*

Não o fazemos, porque a relação com as autoridades na escrita é de fato um ponto delicado. Escrever um texto no qual o autor que enxergamos – como leitores – é aquele que o assina é uma qualidade ainda pouco observada nos trabalhos realizados, difícil de ser executada. Ser autor do próprio texto remete a não repetir, a não se esconder atrás dos autores que "já escreveram tudo sobre tudo", pensamos. Nossas ideias não são absolutamente originais, inéditas ou geniais; tampouco trazem grandes inovações ou têm o alcance de construir uma nova metapsicologia. Mas qual o problema? O problema é que, muitas vezes, sob a imposição feita pela realidade sobre nossas limitações – de tempo, de conhecimento e até de habilidade com as letras –, acabamos por desenvolver um texto sem marcas. Bem, pelo menos sem a *nossa* marca.

No exercício de escrever livremente o que pensamos sobre determinado tema, a tentação de nos socorrermos nos autores consagrados que nos salvariam é enorme. O problema é que nos salvariam também de nos assumirmos como produtores de um saber. Se a teorização servir para evitar a própria análise – quando nossas respostas malogram em dar conta do que não compreendemos –, nosso trabalho acabará tendo uma série de citações, de paráfrases, e muito pouco de escrita própria. Se pouco questionamos, contrapomos, ou contra-argumentamos, não discutiremos com os autores, não duvidaremos do que dizem, e não ousaremos desafiar sua autoridade. Afinal, "quem somos nós?".

Profissionais em formação, diminuímo-nos demais frente aos autores impressos nas folhas dos livros e das revistas. Se nos pensarmos tão desprovidos de capacidade crítica, o que nos resta além de recortar e colar as ideias dos outros? Paralisados pelas dificuldades, os textos serão construídos mais como um trabalho de recorte e colagem de autores consagrados, que dizem por nós o que evitamos pensar. Tendemos a idealizá-los, e a desvalorizar o que poderíamos proferir em nossa escrita. Então, só podemos repetir o que eles escreveram. Se produzimos textos nos quais os autores são os protagonistas e nós meros figurantes, acabamos por *encher* o trabalho de autores e esquecemos de apresentar nossa própria elaboração a respeito do tema em questão. Não nos sentimos em condições de movimentar a teoria, então, não acrescentamos nada. Resistimos a usar a teoria como sustentação daquilo que escrevemos a partir de *nossas* experiências; sequer as valorizamos.

Na contramão disso, o ideal seria recorrermos à teoria de um modo diferente do tradicional, fundamentando e contextualizando as ideias dos autores, afastando-nos, assim, do limitado campo da cópia e da repetição e encaminhando-nos à autoria. Quando interpretamos o que lemos e escutamos no exercício da escrita, construímos novas compreensões a respeito do tema, integrando conhecimento antigo e novo, próprio e alheio, para formar internamente a percepção do conjunto do que estudamos. Não é processo de simples agrupamento de informações, mas algo complexo e criativo, no qual as opiniões dos autores vão fazendo diferença em nossas posições pessoais, no sentido de acrescentar, modificar, contradizer, desafiar.

Ler os autores põe em xeque nossas próprias posições, aquelas já anteriormente alicerçadas em um rol de conhecimento e que, na presença do outro, sofrem uma desestabilização. Essa é uma ação potencial dos autores. Então, se eles põem em questão o que achávamos que sabíamos, por que não fazer o mesmo com eles? Dito de outra forma, os autores têm seus textos publicados para que façamos uso deles: para que concordemos, discordemos, argumentemos e contra-argumentemos. Se o máximo que conseguimos fazer com um artigo ou capítulo é recortar e copiar trechos, este é um limite imposto por nós mesmos – a nós e ao nosso texto.

Se escrevermos descompromissadamente – para não dizer irresponsavelmente –, somente copiando o que o autor do livro escreveu, não saberemos bem o que ele defende; se nos perguntarem, nos esquivaremos. Se pouco pensarmos sobre os trechos destacados das fontes consultadas, faremos uma seleção superficial, sem selecionar direito, sem uma análise mais consistente e sem compreendermos com profundidade. Simplesmente supomos que, "se fulano de tal disse, deve estar certo"! Nossa tendência parece ser antropofagicamente *engolir* tudo o que o outro disse. Não é fácil renunciar a esse padrão. Frente à proposta de um exercício livre de escrita, no qual temos de, forçosamente, discordar do autor e, depois, de nossos próprios argumentos, a resistência é enorme. Talvez a posição de diálogo seja das mais difíceis – em especial, quando esse diálogo demanda não sacudirmos sempre afirmativamente a cabeça e abrange diferenças.

Bem, é certamente mais confortável postar-se em um lugar passivo de recebimento e incorporação de conhecimentos fornecidos por outrem, mas será mais enriquecedor? Quero dizer que é muito mais fácil fazer um trabalho tipo *patchwork,* via citações de autores clássicos, do que se dar ao trabalho de pensar sobre o que escreveram, criticar e elaborar uma síntese da leitura, para daí partir para a escrita, talvez a única verdadeira escrita.

Ahumada (1996) adverte: a melhor e mais popular forma de derrotar as chances da própria criatividade e não escrever uma contribuição válida sobre um tema é começar recompilando. Ele sublinha: "Os resultados de tal tentativa de recompilação como substituto do pensar em profundidade o próprio material e as próprias ideias costumam ser dois: ou a paralisação lisa e simples com o abandono da tentativa ou, no melhor dos casos, terminar com um trabalho monográfico com diluição ou desaparecimento do que foi a própria contribuição" (p. 32). Tanto um como o outro destinos desafortunados.

Se alguém não se reconhecer em sua própria redação, isso deverá ocorrer pelo fenômeno de ver o texto separado de si, e não porque não foi capaz de se incluir nele. Infelizmente, somos muitas vezes acometidos por esse estranhamento, que traduz a falta de que nos apropriemos de nossas palavras, escrevendo, como sugere Berlinck (2001), *em nome próprio.*

No relato das sessões para supervisão, uma das angústias talvez resida aí: na necessidade de assunção de uma autoria que se impõe como inevitável. Ali somos apenas nós; escrevemos nossa escuta e nossa fala: não temos autores em quem nos segurar, não podemos esconder-nos. Somente o enfrentamento, primeiro com a folha que já nos mostra o que deixamos de dizer, o que dissemos demais e o que sequer compreendemos; depois com o supervisor, a quem respondemos unicamente *em nome próprio.*

Giovannetti (1994) discrimina, na bibliografia psicanalítica, os escritos fundantes e seus criadores daqueles escritos estereotipados que, segundo ele, repetem uma palavra não própria. O motivo disso situa-se na necessidade de reasseguramento da identidade de psicanalista de seu produtor, o que ele observa nos primeiros escritos em psicanálise, que cumpriam a função de esclarecer e interpretar a transferência dos discípulos para com o *mestre*, mais do que de promover desenvolvimentos teóricos e expansões conceituais, que só vieram a acontecer algum tempo depois, às custas de dissidências, rompimentos e rejeições. O que ele define como "enrijecimento transferencial" (p. 23) leva apenas à repetição obstinada, deslinda-se como forte obstáculo a qualquer processo de investigação, valendo igualmente para a produção escrita.

A escrita de Freud, originária da psicanálise, é a melhor evidência do movimento constante que ela procura conceituar. Giovannetti (1994) identificará isso no que ele descreve como o *homem freudiano*: não mais fixo ou estável, ele é "desgarrado e errante, condenado que está ao movimento, às transferências, um movimento peculiar, pois caracterizado pelo sair, ser expulso de uma ordem vigente" (p. 22). Com essa mesma qualidade, ele caracteriza a escrita de Freud: livre e associativa. A cada reescrita, uma escrita que "se retocava, deslocava, refundia ou abandonava todos os conceitos anteriores, sendo assim sempre originária e, por isso mesmo, tal qual a fala do analista na sessão de análise, interpretante do enrijecimento, da cristalização, da transferência num ponto privilegiado pelo seguidor" (p. 22).

No entanto, o mesmo enrijecimento referido por esse autor parece nos ter assolado. Somos menos desgarrados e errantes, e com muita dificuldade aceitamos abandonar conceitos ou abordagens anteriores. Se não cuidarmos, tendemos a citar repetidamente os autores clássicos para dar a sustentação que, imaginamos, eles garantem. Não se trata, de forma alguma, de esquecermos quem fundou escolas, linhas e a própria psicanálise, mas de utilizá-las por uma escolha consciente, crítica e a partir da necessidade de interlocução especificamente com este ou aquele autor, em determinado ponto do *nosso* texto. O que se apresenta com mais frequência é que *enfiamos* uma citação de Freud, outra de Lacan, simplesmente porque são eles e eles *têm* de estar ali, configurando-se, deste modo, uma escolha – se é que podemos chamar de escolha – submissa.

É o que Mello (1994) vem denunciar quando observa a falta de leitura crítica como um problema sério. Como consequência, ela alerta, observamos a reprodução da ignorância do analista no corpo de seu texto. Formam-se redações com o que ela denomina *cacofonia* de termos clássicos, sem que seu autor saiba bem o significado do conteúdo desenvolvido por ele. A partir do exame de trabalhos produzidos por analistas e candidatos, ela identifica que a produção teórica se desenha mais como, segundo sua descrição, "um produto híbrido dos empréstimos, por grosseira analogia, à poesia de algum autor consagrado, visando a expressar um inefável qualquer, e uma teorização metapsicologicamente capenga, acoplada *a posteriori* com a autoridade de uma perna mecânica" (p. 33). A prótese substitui uma falta, uma ausência; sim, mas não é nossa!

A mesma denúncia é feita por Berlinck (2006), que observa livros e artigos que reafirmam de modo obsessivo a filiação a um mestre, mas que raramente contêm transferência. "Eles revelam que o autor leu cuidadosamente e compreendeu os conceitos e principais argumentos utilizados por um psicanalista-mestre. Esses textos não produzem estado de sonho no leitor, não levam o leitor à livre associação. Solicitam, sim, uma atenção racional e objetiva do leitor" (p. 38).

Por certo que a abertura de um espaço a determinados autores a quem se dá voz no texto é sinal de filiação a uma corrente de ideias, já que manifestar um ponto de vista requer comungar com uma série de elaborações que nos antecederam na história do pensamento. Contudo, pensando nisso, Moschen (1997) questiona: "Essa comunhão é passível de criação de novidades ou não?" (p. 145). A apropriação individual de um conhecimento já construído e consolidado deve ser encarada como uma produção – ela responde – a partir de nossa reconstrução sobre o já feito por outro. Se o processo de construção individual do que se encontra no coletivo fracassa, convertemo-nos no que a autora denomina um "ventríloquo de outros autores" (p. 12), repetindo um discurso que não é nosso e nos *desresponsabilizando* pelos pontos de vista contidos no texto. Os alunos que deram seu depoimento a Moschen falam de ver a teoria como "um ente a quem se recorre sem que se autorizem a aí inserirem alguma questão, a se apropriarem dela no que isso significa de recriação e, portanto, de diferença" (p. 179).

Quando vemos trabalhos com o abuso de autores outros, seu próprio autor pareceu *recolher-se a sua insignificância*, ficando na posição de aprendiz – no mau sentido do termo –, sem ousar um pouco mais. *Decifra-me ou te devoro* poderia nos ser dito pelos autores, apontando para a necessidade de trabalharmos com seus escritos ativamente, na busca de compreensão e apropriação. Ou então, aceitarmos passivamente ser devorados por eles, em uma escrita na qual inexistimos.

Ao mesmo tempo que facilitam a compreensão do caso, as obediências freudiana, lacaniana, kleiniana, bioniana (Willemart, 2002) dificilmente permitem o distanciamento inovador. Mannoni (1986) aponta para este risco: de que usemos a teoria psicanalítica como um saber dominado, com uma consequência desastrosa, qual seja, a certeza tomando o lugar do direito ao engano, ao erro e às brechas. O próprio Freud, de sua posição de analista, coloca-nos em guarda contra todo discurso totalitário, que devemos evitar. Fica claro que, quando nos tornamos ortodoxos, dogmáticos ou tendemos a um determinado esquema de coisas sem colocá-lo em questão, temos um problema. Quando estamos convencidos de que alguma coisa é ótima e de que os princípios colocados até agora são perfeitos, deixamos de ser psicanalistas. Só avançamos na construção de um corpo teórico quando ousamos duvidar de que o conhecimento está dado e os saberes, fechados. A cada dúvida levantada, levantamos o pé para um novo passo à frente.

Se os autores publicados são elevados a um lugar de superioridade – como se suas palavras fossem, então, imaculadas –, pode haver uma inibição no ato da escrita ou a produção de textos e trabalhos frouxos, superficiais, sem alma, sem a nossa *cara*. Se o fato de terem o nome impresso em uma revista científica reconhecida faz deles sumidades idealizadas pelo humilde leitor que se põe em uma posição de submissão, o resultado disso acaba sendo uma insegurança quanto à própria capacidade de escrita, atingindo o narcisismo no ponto mais frágil. A esse respeito, Mello (1994) refere: "Existe a idealização cega aos autores consagrados. Isto provoca um frenesi de anotações que selecionam, principalmente, aqueles chavões que confirmam o que já se sabe" (p. 33).

É importante mantermos a capacidade de nos surpreendermos. Mannoni (1986) estende da clínica para a escrita esse cuidado. Ele comprova: "Se não há mais lugar para o imprevisto entre o analisando e o analista, não há mais possibilidade de análise, no sentido de que não há mais lugar para nada que seja da ordem do processo primário. Em uma situação na qual tudo está previsto antecipadamente, o analista não corre o risco de se encontrar ultrapassado nas referências teóricas que são as suas" (p. 24). Nesse caso, o uso da escrita seria como defesa ou abrigo, onde – protegidos por uma prática que só confirma a teoria – nos escondemos das surpresas e do novo.

Pensando sobre a clínica, Moschen (1997) faz o mesmo alerta. Ela registra a necessidade de nos movermos em movimentos pendulares que vão do que foi construído teoricamente até o que ela designa como certo *apagamento* da teoria para deixar falar, em vez dela, o analisando. Ela completa: "Tal movimento é a única forma de deixar emergir o novo, o surpreendente, o até então não pensado" (p. 50). Podemos derivar sua compreensão para a escrita, na qual compartilhamos espaços com os autores até o momento em que executamos um *apagamento* de sua voz e tomamos a palavra. Aí se constitui a autoria.

Minerbo (2002) condiciona o escrever a um mínimo de autonomia em relação àqueles que nos abrigam e que representam, transferencialmente, nossos objetos primários. "Um vínculo de extrema dependência, de fusão amorosa, com um objeto idealizado e seu corolário, a angústia persecutória, impedem o candidato de se apropriar de suas ideias e de se tornar autor" (p. 158).

Trabalhar no sentido de nos desprendermos disso é, para Kehl (2001), justamente a tarefa da psicanálise: "O que é a psicanálise senão a abertura de um espaço para escuta, que dá expressão para que se constitua certa autoria daquilo que te atravessa e que, de certa forma, fala em você? Até o momento em que você deixa aquilo falar e vai falando junto com este outro que te habita". Ela lembra que trabalhamos com nosso analisando na clínica a autoria de sua própria vida. Ao (re)conhecer os personagens que fizeram parte de sua história, ele pode tomar a frente dos acontecimentos e deixar o lugar alienado desde onde reagia, para agir em primeiro plano.

Pois essa autoria também é exigida na melhor escrita científica, a partir da qual ocupamos o lugar de autores de fatos e impressões vivenciados anteriormente. Escrever assim, em um movimento para fora de nós, repete a vivência do bebê com a mãe. Quando ele a vê partir, vai aos poucos percebendo que não é uma extensão dela. Esse distanciamento traz angústia, medo e resistência, mas é precursor da possibilidade de o bebê descobrir-se autônomo, com uma existência própria: o prêmio da separação é a autonomia, a autoria da própria vida e, agora, da escrita.

## 2.3. Da escrita anônima à escrita autoral

*... Ao escrever, eu me dou as mais inesperadas surpresas.*
*É na hora de escrever que, muitas vezes, fico*
*consciente das coisas, das quais,*
*sendo inconsciente, eu antes não sabia que sabia.*

Clarice Lispector

No caminho, às vezes longo, que nos leva de uma escrita anônima a uma escrita autoral, muitas vicissitudes haverão de ser enfrentadas. Nesse percurso, uma condição é urgente: nos constituirmos como autores, criadores, presentes e participantes ativos em nossa produção. Além de algum talento com as palavras, um trabalho de qualidade requer participação, coragem e assunção. Temos de ser, acima de tudo, éticos – com a teoria, com nossa proposta, com o objeto de estudo. Se trabalhamos com psicanálise, como conceber um texto no qual nossas percepções, reflexões e posicionamentos não estejam evidenciados?

O exercício do escrever está inserido em um contexto mais amplo: o da aprendizagem como um todo. Aprendemos a escrever de determinado jeito que se acomoda bem ao tipo de aprendizagem proposta por algumas instituições de ensino. Por isso, o gosto – ou o desgosto – por escrever, bem como a facilidade e a qualidade de escrita acabam por ficar profundamente contaminados pela formação escolar e pelos modelos que são seguidos. Cada vez mais há a necessidade de ruptura com modelos de aprendizagem passiva, nos quais o aluno limite-se a cumprir tarefas. A decisão de nos assumirmos como sujeitos da própria produção passa por abandonarmos um paradigma há muito firmado em nós. Somente após a renúncia de padrões fixos aprendidos é que se abre espaço internamente para a instalação de um novo modelo de escrever.

No rompimento com esses padrões de passividade, rompem-se também outras amarras em nós: acostumados a escrever – ou mais *transcrever* – o que outros autores publicaram, descobrimo-nos autores de nossa produção; não mais *sujeitos*, repetidores de saberes alheios, mas protagonistas do próprio saber, que, agora, pode ser valorizado. É apenas depois do exercício continuado da escrita que vamos delineando um estilo singular e, então, nos reconhecemos em nosso escrito. Frente a uma obra de qualidade, não seremos mais pegos de surpresa pelo texto que parece ter ganhado vida própria: "Fui eu mesmo que escrevi?". Saberemos que sim!

Na pesquisa de Moschen (1997), o contato com alunos da graduação delata uma imposição institucional que exigia uma escrita ancorada em citações, sem muito lugar para uma produção própria. E a consequência disso é que

> aquilo que deveria ser a expressão da elaboração de quem escreve passa a ser, em geral, resultado de um levantamento bibliográfico, de um resumo de proposições teóricas, apresentado de forma a recorrer incessantemente às palavras de um outro, sem que ali se introduza nada de uma interrogação ou mesmo que se faça dialogar posições. É uma escrita na qual não se faz ver o estilo de quem escreve e sim o estilo de um texto dito científico, isso porque, talvez se tenha a sensação de que rigor e estilo não possam conviver harmonicamente (p. 171).

Tal incompatibilidade é equivocada, já que diz respeito a padrões diferentes. Podemos refazer a imagem criada sobre o tal "rigor", porque ele ganhou contornos um tanto assustadores, com conotações superegoicas e castradoras. A mudança nessa visão de construção da escrita requer circularmos por nossos próprios pensamentos, de modo a realizarmos uma síntese, ao mesmo tempo que fazemos uso e aproveitamos o conteúdo já desenvolvido por quem nos antecedeu no exame da temática trabalhada. Requer, além disso, empenho pessoal, no sentido da apropriação de fato da autonomia do pensamento e da autoria.

Compreendemos todo bom escritor como, anteriormente, um bom leitor, mas também todo bom leitor como um bom crítico. Ler assim é perguntar-se o que está escrito, como está escrito e por que está escrito. Demanda mais responsabilidade, e isso é tão assustador como necessário. A leitura com nossa participação como leitores traz o conteúdo do texto para nossa vivência e permite nos apropriarmos dele. O que está escrito passa a fazer sentido quando integrado ao nosso conhecimento e à experiência prévia.

A leitura do material teórico realizada dessa maneira vai trazendo um amadurecimento com relação ao tema, evidenciado à medida que vamos escrevendo. Ao imprimir no papel o que pensamos, percebemos a distância entre as ideias que inicialmente pautavam a escolha do tema e as que, agora, ganham outra dimensão. Pensamos muito mais profundamente e, na verdade, nem nos damos conta de como tudo isso se processou. Essa leitura efetuada com um olhar atento, e não com um olhar cego, captura do texto consultado aquilo que deflagra um diálogo com concordâncias e divergências, e encaminha para uma construção própria, soma de tudo o que pensamos, encontramos e reunimos, formando um conjunto que pode ser, então, a nossa produção.

O texto de qualidade tem origem nesse processo de síntese interna daquilo que foi encontrado na bibliografia publicada, que foi transformado pelo diálogo estabelecido com os interlocutores – visíveis e invisíveis – e agora é conjugado em uma produção criativa, profunda e consistente. Existe, pois, um caminho a ser trilhado que vai desde a escrita mecânica e seca – e, por isso, sem vida – até a escrita com uma marca pessoal: a nossa como escritor, seu dono, seu autor que não se furta de aparecer.

Todos esses interlocutores nos põem a pensar, a partir de um diálogo levado a termo, ainda que nem sempre em voz alta. A leitura crítica, realizada como ato preparatório e auxiliar à escrita própria, convida-nos ao percurso por nós mesmos, dando voz a pensamentos que devem ser escutados e valorizados. Em nós, esse diálogo interno se inicia e prepara para o diálogo com outros autores, os que estampam suas ideias nos livros ou nas revistas científicas, mas este exercício de troca com o autor ausente/presente exige nosso reposicionamento como leitores: não mais recebemos a leitura simplesmente, mas nos movimentamos a partir dela. Pensamentos, impressões, opiniões, concordâncias e divergências passam a tomar materialidade na mente e as comunicamos, então.

Resolvida a transferência idealizada com os autores, a leitura transforma-se. Passamos a interpretar um texto: de uma leitura passiva à possibilidade de debater com os autores. O ler deixa de ser a tarefa de passar os olhos por letras que formam palavras que formam frases. Constrói-se um ler no qual dialogamos com os autores, como se em sua presença estivéssemos. A partir daí, passamos do nível de leitura superficial e vamos à procura da qualidade argumentativa, ao exame mais profundo do que cada autor expressa.

Sermos capazes de nos apropriar do teor do trabalho e do tema escolhido é condição essencial tanto para a criação como para a gratificação produzida. Não precisamos dominar previamente a teoria desenvolvida, mas podemos transitar pelos conceitos com a liberdade de quem desenvolve – e não simplesmente repete – aportes de autores consagrados. Será um conteúdo a ser internalizado, integrado, absorvido ao já existente, modificando-o e sendo modificado por ele, em um movimento circular e interativo.

Mais do que escrever para reafirmar uma teoria ou para repetir escritos automaticamente, só porque eles vêm assinados por um grande autor, a assinatura da autoria do texto poderia ser a nossa! Integrar esta perspectiva: nos apoiarmos nos autores, mas também nos servirmos deles, em um exercício de alteridade e não mais de idealização. Exercitaremos a liberdade de nos apropriar de uma teoria e versarmos sobre ela, com uma propriedade adquirida somente com a coragem de assumir que escrevemos e o que escrevemos.

Nesse momento – e a partir de um trabalho de reflexão e criação, de argumentação e contra-argumentação – entramos em cena como autores, com nossa própria contribuição para o tema. Passamos a nos servir de escritores e autores como um espelho no qual nos olhamos tentando ser iguais, até descobrirmos que a imagem refletida é nossa mesma. Isso nos autoriza a passar para a condição de *autor*. Mas como atravessamos a fronteira bem definida que separa uma escrita anônima de uma escrita autoral? Nessa conquista, uma palavra ganha destaque: transgressão.

Conte (2003) define a transgressão – ir mais além do conhecido – como a forma de superarmos a transferência negativa ou a idealização persecutória. Eu veria esse movimento como dialético, na medida em que é igualmente certo que é a superação da transferência negativa e dessa idealização persecutória que nos permite transgredir e crescer. O movimento de transgredir é o de ultrapassar os limites do conhecimento, de explorar o inexplorado e transpor os moldes ou modelos do que é ensinado.

A criação é sempre transgressora, em vários sentidos: transgredimos o caso ao dar-lhe um novo olhar, um novo registro; transgredimos nossas próprias defesas que, muitas vezes, nos fazem parar; e transgredimos o estado das coisas quando oferecemos à leitura uma diferente visão.

Em determinadas comunidades intelectuais, porém, os escritos devem corresponder ao discurso interpares, condição esta para qualificá-los. Então, Conte (2003) questiona se ocorre liberdade ou criação criativa quando os escritos são avaliados para que se mantenha ou se ascenda na instituição de afiliação, para indicar que os conflitos com relação à filiação só podem ser resolvidos por meio da superação da condição de sujeitamento, ou seja, transmitir a singularidade da experiência clínica a partir do pressuposto da diferença e da descoberta diferenciada que resulta do fazer do ato analítico. O escrever de forma autoral supõe essa dose de transgressão do lugar passivo de reprodução da fala dos mestres. Para ela, a possibilidade de *ultrapassarmos* nossos modelos subscreve-se como importante condição para a transmissão e a autoria. Para que se criem analistas com ética e uma escrita com estilo, é essencial a soma dessas duas qualidades que transformam a psicanálise em algo mais que a simples reprodução de um conhecimento.

Gutfreind (2009) expressa desta forma: "Escrever sempre foi separar-se, achar palavras, achar as próprias palavras, metáforas maiores da separação, cair fora dos cuidadores, entrar na própria vida. Por isso escrever é tão triste e tão feliz" (p. 34). Para ele, temos de esquecer o que lemos e inventar as próprias leituras. Matar o livro do pai, o livro da mãe, matar a família e ir ao texto, nosso próprio texto.

A destituição de um lugar de autoridade, um lugar de saber, de uma relação hierárquica, vai cedendo espaço, à medida que vamos nos deslocando e ocupando o lugar desse saber. Para Kehl (2001), é essencial que isso ocorra. Ela não fala – é evidente – de uma violação inconsequente, uma briga irresponsável, uma contestação vazia sobre quem assumiu legitimamente o lugar de saber. Ela alerta, outrossim, para a necessidade de galgarmos um espaço autoral, no qual não fiquemos simples e automaticamente repetindo as *sábias* palavras dos mestres, mas que nos arrisquemos em algo que só tem espaço na liberdade de circular: a verdadeira criação. Se tal liberdade não está dada, que ela seja por nós construída, de modo original, a partir de nós mesmos.

Foi essa a função, avalia Giovannetti (1994), da escrita freudiana, cuja publicação cumpriu o encargo de promover a atitude psicanalítica em sua natureza mais pura, naquilo que ela tem de mais subversivo e revolucionário: a manutenção do que ele denomina *movimento transitivo*, em oposição às crenças, às repetições estereotipadas e à paralisia intransitiva. Não quer dizer que, ao assim procedermos, estaremos isentos das inevitáveis ansiedades do caminhar despossuídos de conhecimentos prévios, em oposição à posse de um território conhecido.

Nesse sentido, encontramo-nos diante da tarefa de adquirir capacidade de julgar, mais do que ler simplesmente. Por isso, mais do que buscar informações empíricas ou teóricas, passamos a pensar por conta própria e a decidir *se* e *por que* elas são relevantes para nosso texto. Nossa presença como autores é essencial o tempo todo. Nosso leitor não pode esquecer qual é o nosso tema, nossa intenção, nosso foco e, acima de tudo, quem escreveu o texto que ele tem em mãos.

A questão da autoria passa também pelo sujeito narrador do texto: escreveremos na primeira pessoa do singular, na primeira pessoa do plural, no impessoal? Vamos nos referir a nós mesmos como "o autor deste trabalho..."? Esse *detalhe* pode parecer de menor importância no tema da autoria, mas desejo mostrar o contrário: ele delata a dúvida sobre o que é científico ou não, sobre os critérios de um estudo confiável ou não, e sobre a implicação do autor em seu próprio texto.

Rosenfeld (1990) destaca que os artigos de Freud são escritos na primeira pessoa, firmando-o como personagem principal do texto, e o leitor como o coadjuvante mais importante. O uso frequente dos pronomes "você" e "nós" (eu + você) cria um clima de diálogo e intimidade, no qual escritor e leitor são companheiros e cúmplices. Ela qualifica o estilo freudiano como essencialmente diádico: exige a participação do leitor para construir, desconstruir e reconstruir o texto. Mas ele está presente o tempo todo. O leitor sabe com quem fala.

Quando revistas científicas solicitam que os artigos usem a terceira pessoa do singular, e não a primeira, reproduzem um equívoco sobre o que é, de fato, o *científico*. A eleição do sujeito narrador do texto está definida por questões muito mais profundas do que simplesmente uma escolha aleatória ou automática. Escrever no trabalho "Meu objetivo..." ou "Eu busco..." é bastante diferente de colocar "Este trabalho tem como objetivo..." ou "São buscados...". Não parece estranho que em, um artigo assinado pelo autor,ele se refira a si mesmo como "o autor" ou "o analista"?

Moschen (1997) mostra que a escolha de diferentes modos de conjugação do verbo – falando em um mesmo texto na primeira e na terceira pessoas do singular e na primeira do plural – revela nossa multiplicidade como autores, quando nos situamos em distintos lugares para defender o que pensamos. Contudo, julgo que revela, para além disso, os lugares desde onde *não podemos* falar, desde onde não nos sentimos autorizados para falar: em nome próprio.

No artigo sugestivamente intitulado Em Nome Próprio, Berlinck (2001) usa uma imagem bastante interessante para demonstrar essa questão da autoria: "O psicanalista deixou de carregar a palavra do mestre, tendo que, a cada momento, de forma enfadonha, dar testemunho de sua filiação, e passou a subir na cacunda do gigante para enxergar mais longe, construindo, assim, sua própria obra". Ao nos ocuparmos de um tema, colocamo-nos em nova posição. Na visão de Berlinck, deixamos de ser portadores de um saber e passamos a ser alguém em busca da palavra capaz de tratar desse íntimo e avassalador mal-estar, sabendo que não mais a encontraremos unicamente nos autores publicados ou nos mestres. Ele descreve o desfecho desse processo:

> *Um dia, quem sabe, este [o analista] se dá conta de que a sombra do saber de seu mestre (ou, quem sabe, a sombra do mestre) se abateu sobre o seu ego como chuva tropical e, a partir daí, terá que realizar o laborioso percurso em direção da autoria, ou seja, o caminho em busca da palavra representativa do vivido na clínica. Mas, para isso, é necessário realizar o luto de seu mestre. Paradoxalmente, o luto ocorre com um enterro. O psicanalista enterra as palavras do mestre em si e se esquece de ter de repetir* ipsis verbis *o enterrado.*

Ao buscar provocar a escrita própria dos analistas, com otimismo, Coutinho (1998) revela: "Quando seus dedos começarem a sangrar pelo excesso das tentativas infrutíferas, vocês perceberão que dispõem do líquido precioso de que necessitavam para começar a escrever, para começar a deixar marcas indeléveis, para transformar, afetar. Suas penas estarão outra vez úmidas e começarão a deslizar lindamente sobre o papel branco" (p. 37). Há de se ter galhardia.

Não obstante, assumirmo-nos como autores do próprio texto não é tarefa fácil, pois implica mudanças na ordem do externo – da tarefa em si – e na ordem do interno também. Significa exercitar a liberdade de, em primeiro lugar, poder circular por nós mesmos e dar voz a pensamentos e ideias, em geral, mudos. Para escrever um texto autoral, é preciso coragem de nos postarmos lado a lado com os mestres – sejam quem forem – não com uma atitude onipotente, mas mantendo com eles uma possibilidade de *diálogo* e de maior proximidade, por meio da sua e da nossa escrita.

Implica, posteriormente, expormo-nos, mostrar o que pensamos, sentimos e compreendemos do tema sobre o qual nos propusemos a escrever. É preciso força para sustentar o que escrevemos, mas o autoral é isso: produzir um texto no qual estamos verdadeiramente inseridos com nossas opiniões, críticas, divergências e concordâncias também; e nos assumirmos em uma produção escrita como autores de nossas próprias ideias, transmissores de nossos conhecimentos, defensores de nossas opiniões pessoais, criadores de nossas próprias concepções.

# Parte II. A escrita psicanalítica: uma possibilidade

A escrita psicanalítica é uma escrita que tem como matéria-prima e como instrumento processos inconscientes, em seu rico funcionamento psíquico. É um texto feito da vivência e, por isso, apresenta-se aberto, redondo, claro, pulsante, vivo. Minerbo (2002) afirma que a psicanálise é uma linguagem com "um modo específico de levar em consideração e nomear a experiência vivida, o acontecer do humano" (p. 167). Então, se há uma maneira particular de analisar as vivências do ser humano, haverá uma forma tão particular quanto de escrever sobre estas experiências. Ele provocará os mesmos efeitos com que nos movimentou em nosso destinatário, este outro para quem remetemos nossa escrita, a fim de firmarmos uma relação e sermos reconhecidos, desde um lugar de alteridade.

Contudo, não podemos resumir em apenas um parágrafo o que seja a escrita psicanalítica, pois são várias as idiossincrasias que concedem à escrita em nossa área a denominação *psicanalítica*. Passemos, adiante, a um exame mais aprofundado, para elucidar as nuanças da *escrita psicanalítica*. Diversos autores ocuparam-se de tímidas definições do termo, que reúno aqui para que me acompanhem na construção de uma definição mais precisa e para dar sustentação a uma discussão novamente feita entre muitos interlocutores: as dúvidas e as certezas de pessoas, de autores e as minhas próprias posições.

# 3. Qual a matéria-prima da escrita?

*"Escrever" existe por si mesmo? Não.*
*É apenas o reflexo de uma coisa que pergunta.*
*Eu trabalho com o inesperado.*
*Escrevo como escrevo sem saber como e porquê – é por fatalidade de voz.*
*O meu timbre sou eu.*
*Escrever é uma indagação. É assim?*

Clarice Lispector

Que elementos engendram a escrita? O que a movimenta? O que nos põe a escrever? Escrevemos por motivos diferentes, que podem vir *de fora* ou *de dentro*. Entre demandas externas e internas, uma série de coisas coloca-nos sentados em frente ao computador e em frente às laudas que se oferecem à tinta feita de ideias, bem como de abstrações. São razões desconhecidas por nossa razão, então, não sei se alguém sabe e pode dizer *exatamente* por que escreve... Ler é um processo mais passivo e receptivo; pensar é mais protegido; falar é mais rápido, mais impulsivo; e não fazer nada disso é mais fácil. Dentre essas opções, escrever é a forma de expressão que mais exige empenho, esforço, trabalho mental, coragem e tempo.

Para Francischelli (1995), a força que contribuirá para romper o que ele denomina *inércia* em direção à escrita é o desejo de expressar algo que pulsa no interior de cada ser e que precisa manifestar-se. Assim, escrever será um ato espontâneo. Não obstante, a expressão desse pulsar será, por vezes, alimentada pelo compromisso de escrever. Para ele, o encargo de escrever requer uma determinada violência, como toda expressão humana, no sentido de que depende de uma energia no mínimo superior à tendência ao não movimento. Sem isso, nada acontece. Ele compara a escrita ao próprio ato de nascer, que, na luta de forças antagônicas – uma pela retenção e outra pela expulsão –, gera um produto, o filho ou o texto. Na superação dessa luta está a possibilidade de a escrita assumir outra dinâmica, "deslizando natural, fluida e elegantemente" (p. 35).

Quando em formação, escrevemos – queiramos ou não – porque somos obrigados. Temos um trabalho para entregar que é exigência curricular. Depois, mesmo com essa etapa finalizada, somos convidados a publicar e a participar de atividades científicas que nos exigem que escrevamos. *Temos* de escrever. E o que fazemos com essas solicitações ou imperativos? Revoltamo-nos, questionamos a obrigatoriedade, brigamos com a instituição, protestamos contra tal necessidade? Ou usamos a exigência para nos arrancar da confortável posição de inércia? Se, no primeiro caso, a exigência se sobrepõe ao desejo interno, faremos trabalhos tão superficiais quanto nosso desejo que não foi capturado pelo chamamento externo; quando este encontro entre interno e externo malogra, o resultado observado no texto deixa muito a desejar. Escrever para cumprir uma demanda externa não é sinônimo de uma motivação que vem desde dentro, porém não é um elemento que possa ser desprezado no conjunto de forças necessárias.

É quando se encontram os processos egoicos que levam a cabo a escritura de um texto e os processos inconscientes que movem o desejo, a necessidade e a qualidade de escrita. Dito de outra forma, é essencial que algo do externo precipite uma reverberação interna que será, esta sim, a força propulsora que rompe a letargia e nos faz mover. A demanda funciona como um catalisador que, como na reação química, aciona e acelera a reação de escrever... Uma intersecção que já nos é familiar em outros setores do exercício da clínica. Nessas situações, é fundamental a conciliação entre esses elementos, para que o convite ou a convocação à escrita sirva como estímulo, como impulsionador daquilo que, de outra forma, quedaria guardado em nossas reflexões privadas.

Quando um texto é *encomendado*, Mezan (1998) mostra que tal reunião é possível, pois considera que a forma como cada autor abordará a questão – ou fugirá dela – é pessoal. Para ele, é importante saber que algo próprio a nós precisará tomar forma para dar corpo ao escrito; então, elementos singulares, como nossas ideias, experiências, problemas e questionamentos, geram um formato ou outro. A versão final terá mais ou menos o molde da encomenda, e muito da marca pessoal e de nossa vivência – seu dono oficial.

Isso se faz ver também quando há uma imposição da temática a ser desenvolvida, seja porque estamos inseridos em um grupo de pesquisa, ou porque vamos escrever para uma revista temática, ou porque somos convidados a participar de uma mesa-redonda com foco definido. Partimos de um quadro de referência específico e podemos nos sentir em uma camisa de força que nos impede o livre movimento, ou podemos usar as bordas já delimitadas para circular com liberdade por dentro delas.

Mezan (1998) caracteriza seu processo de escrita e o que acontece quando o assunto de um artigo não surge espontaneamente: "ele começa por ser encampado, suscitando reflexões como se desde sempre fosse um tema meu. Este movimento de apropriação ou de identificação é o primeiro estágio de um trabalho escrito . . .. Se ele não ocorre, acabo por me desinteressar" (p. 105). Ele reconhece o sentimento de urgência surgido pela vibração, na mente de quem escreve, da forma que será dada àquele escrito específico, a maneira de abordar a questão. Essa configuração é pulsátil e é, segundo esse autor, o que suscitará o primeiro esboço do material a ser redigido.

Gerber (2002) questiona a obrigatoriedade de entrega de trabalhos, que ele avalia como o "resquício obsoleto de um furor avaliatório". Para ele, exigir a produção de textos com finalidade explícita de ascensão institucional é uma forma de paternalizar o desejo alheio. Ele julga que devemos escrever quando temos algo a comunicar, e não por obrigação, e alerta:

> *Os eventuais benefícios advindos do estímulo ao estudo e à escrita através de trabalhos escritos compulsórios não compensam os malefícios de uma grave inversão de valores: ao invés de o título ou a categoria societária serem recompensas adicionais (ou vantagens secundárias) pela realização de um trabalho cuja recompensa maior é sua própria realização, eles se tornam a principal finalidade do trabalho, comprometendo a liberdade de criação autoral .*

Ele propõe alternativas mais contemporâneas e generosas e menos burocratizadas para promover o interesse na produção intelectual: um vídeo com depoimento espontâneo do postulante, por exemplo, ou uma fala ao vivo dirigida aos colegas, para deixar que escreva quem tiver o pendor e o gosto pela escrita, aí sim com convicção, prazer e sem esforço.

Permito-me discordar da proposta de Gerber, especialmente ao pensar sobre a tendência à inércia. Acredito que apenas uma minoria escreveria caso não houvesse uma demanda institucional. Penso ser mais valiosa a possibilidade de trabalharmos em dois sentidos, quais sejam: examinar as motivações inconscientes de nossas resistências com relação ao escrever e mudar a conotação negativa com a qual a escrita é recoberta. Porém, talvez isso ainda exija uma mudança mais extensa, qual seja, a modificação do padrão que temos em mente do que seja um trabalho escrito. Proponho que o texto psicanalítico passe a caracterizar melhor o que devemos incentivar e produzir em nossas instituições.

Há pessoas que escrevem mesmo na ausência de exigência externa. O imperativo é interno, por uma necessidade de colocar-se em contato mais íntimo com o mundo interno, porque *precisam* escrever. É no inconsciente, onde buscamos a matéria-prima para o texto a se consolidar, que encontramos a motivação para a necessidade sentida pela escrita e que a deflagra. Assim, o que pulsa no trabalho é da ordem de uma vivência interna. Por isso, a fonte para desenvolver essa ou aquela temática vem desde o inconsciente e encontra nas ações objetivas uma via de formalização. O que era ideia e afeto toma materialidade no ato de escrever.

É como vê Mezan (1998): o desejo de escrever surge de uma necessidade pragmática, e vem, por isso, impregnado por um sentimento genuíno de urgência. O anelo premente é o de colocar em palavras e dar feição a alguma coisa ainda imprecisa, que se materializa por meio do processo de escrita e que, então, pode ser compreendida. Para o psicanalista, é preciso "uma dor específica, de cujo exame se possam talvez tirar ilações gerais [e, além disso], uma informação mais precisa sobre as maneiras pelas quais o sujeito a experimenta, algo comparável às associações do paciente em sessão, com todo o seu caos aparente e com toda a sua riqueza de conotações" (p. 117).

A exemplo da fala de nosso analisando e da nossa própria durante a sessão, que são excitadas por mecanismos psíquicos, a escrita psicanalítica – que escreve justamente sobre o que foi falado (e sobre o que *não* foi falado) no encontro analítico – é fruto de processos do mundo interno. Vindas do inconsciente, a fala da sessão e a escrita serão deflagradas por um estado de incompletude, de falta, de anseio de expressão e de realização. O inconsciente abriga registros, marcas, afetos, pulsões, e é exatamente desses elementos e de sua movimentação que nos servimos para o encontro com o objeto que nos impulsiona a escrever, nosso leitor. O inconsciente é força criadora fundamental e, por isso, ocupa um lugar privilegiado para estimular a escrita criativa.

Quando o escrever é espontâneo, seu ponto de partida será uma determinada emoção, vivenciada com tamanho fulgor que faça abrasar nossa capacidade de criação. Um trabalho brota de uma dose de angústia, que estará em cada letra calcada no papel. Deve existir alguma inquietação para que alguém se ponha a escrever, a empreender a tarefa nada fácil de passar para o papel um conteúdo mental; exige algum nível de mal-estar psicológico, descarregado, por conseguinte, na escrita. Se o processo de criação psíquica é posto em marcha pela falta e pelo desejo, é também esse desejo que produzirá um texto, uma obra. Então, diremos que a escrita brotará precisamente de um ponto de confluência entre elementos psíquicos que forçam sua expressão, buscam representação, carecem de satisfação e, assim, provocam o eu a se pôr na atividade consciente de elaborar ideias sobre o tema escolhido.

Berlinck (2003) localiza outra fonte na clínica, nascedouro da escrita em psicanálise e da qual esta é um prolongamento. É precisamente das repercussões internas do encontro analítico e do que se passou nele que retiraremos a energia que nos dirige para o papel, porquanto esta vivência movimenta também nosso dinâmico mundo interno.

Também para Willemart (2002), a origem da escrita em psicanálise seria a escuta do discurso do analisando. Para ele, a clínica ocupa esse lugar especial, no qual a teoria mostra-se insuficiente.

"É, portanto, o que a teoria existente não explica ou deixa confuso, 'o resto', que age e empurra o analista a escrever" (p. 79). O encontro analítico é a teoria em ação, o lugar em que ela se confirma ou encontra brechas por onde vazar, pelo insuficiente abarcar dos fenômenos. Pereira Leite (1995) ainda amplia essa concepção, afirmando que nossa necessidade de escrever emerge no que denomina a "experiência enigmática da clínica, da teoria e da própria análise" (p. 28). Fundamental é que seja um conteúdo vivo e pulsante.

O ponto de partida do escrever também se faz ver na eleição do tema. Quando optamos por esta ou aquela temática, tal escolha faz-se equivaler à elaboração onírica, pela qual um elemento da realidade – o resto diurno – como que fisga um conteúdo inconsciente, o material mais nobre na construção do sonho. Pois assim é o nosso texto escrito: muito mais que uma tarefa a cumprir, é uma (trans)formação do inconsciente, esse espaço mental tão prenhe de significados, de tramas, de dinâmicas. O tema será *descoberto*; logo, venha de onde vier – de uma curiosidade teórica, de um desconhecimento ou desconforto, da clínica ou por sugestão alheia –, ele se certificará como expressão de moções pulsionais.

Nessa linha, os disparadores da escrita serão os contrastes de nossas experiências. É preciso haver uma lacuna a ser preenchida, algo desconhecido de nosso analisando que nos levou à teoria, ou algo inexistente na teoria que nos levou à elaboração escrita. Se fazemos uma escolha superficial, a produção demora, tranca, arrasta-se pesada, até percebermos que essa escolha não continha um ingrediente fundamental: uma movimentação interna, aquilo que pulsa às expensas de nossos domínios conscientes.

A escrita chega atravessada por algo próprio do que Moschen (1997) designa como *a experiência de escuta*, "dessa travessia a dois que não traz, na partida, a certeza do ponto de chegada, nem das condições em que se chegará, e que, portanto, produz surpresas, deixando o sujeito crivado de interrogações" (p. 157). Surgirá em torno do não compreendido, de que nos produziu uma indagação, e não de algo entendido a ser comunicado. Se não há o que representar nem por que representar, não nos encaminhamos para uma produção mais rica.

A clínica é o ponto de partida primordial, mas, para Schaffa (2002), não é rigorosamente o único. É nesse sentido que ela completa: "a escrita não pode surgir senão através de um desvio" (p. 130), aquilo que nos tira do estado de equilíbrio e controle de quando estamos bem sentados sobre a pedra do saber. Então, concordo que qualquer vivência que nos coloque neste lugar de carência – de domínio, de explicações, de saber, de compreensão – pode impelir-nos para a escrita.

Além do material que serve de insumo para a escrita psicanalítica, e para prosseguirmos na definição de suas qualidades, será necessário discriminarmos duas abordagens, a saber: o momento de geração do texto e a recepção desse texto já pronto. A escrita psicanalítica vai utilizar-se de processos inconscientes, fazendo mexer seu autor na urdidura do trabalho, bem como alcançará outro, mobilizando processos inconscientes no leitor que dele se servir. Seguiremos nessa rota.

# 4. Como produzimos a escrita?

*A partir do momento em que se está perdido e que não se tem mais o que escrever, mais o que perder, aí é que se escreve. Ao passo que o livro está ali, e grita, exige ser terminado, exige que se escreva.*

Marguerite Duras

Na clínica psicanalítica, nosso maior e melhor instrumento de trabalho somos nós. Quanto mais livre for o trânsito por entre as dobras do inconsciente, mais perto chegaremos dos profundos mecanismos de funcionamento psíquico de nosso objeto: o analisando. Na escrita psicanalítica – como não poderia deixar de ser – isso não se diferencia. Assim, também nela lançaremos mão do mesmo instrumental, a dinâmica de nosso psiquismo e as ferramentas que a psicanálise oferece para o contato com ele e sua descoberta. Essa condição relaciona-se com o foco de nosso interesse. Se pensarmos que é impossível colocarmos o inconsciente na palma da mão da escrita, a escrita terá que dar conta da lógica inconsciente de outra maneira. Ela exige outros critérios, outras maneiras de pensar, lógicas contraditórias, opostos que coexistem... Por isso, ela comporta uma liberdade ficcional de escrever textos muito mais como depoimentos do que como manuais.

Então, deparamo-nos com uma questão: qual o modelo da escrita psicanalítica? Com o que se parece a escrita psicanalítica? Com a escrita literária? Com a científica? Essas indagações ainda se cruzam com opiniões controversas e impressões contrárias. Entendamos melhor... O próprio Freud debateu-se com essas questões por toda a sua trajetória, dividido entre um estilo romanceado de escrever e a necessidade de marcar o espaço da psicanálise como uma nova ciência; e entre sua origem na medicina e sua caminhada já na psicologia da alma.

Albuquerque (2001) examina a obra de Freud, mostrando como ele construiu a psicanálise neste conflito entre um modelo científico e um modelo literário; e entre uma concepção de homem iluminista, na qual se pretendia o predomínio da razão, e uma concepção de homem marcada pela complexidade com a qual se articulam as diversas dimensões da experiência subjetiva. "Encontramos as marcas desse embate no próprio texto freudiano, em seu estilo singular de escrita que se mostra ao mesmo tempo 'científico' e 'literário', e do qual o leitor se aproxima para conhecer a teoria freudiana e se surpreende interpelado em seu saber sobre si mesmo" (p. 56).

Essa polaridade é identificada também por Rosenfeld (1990), que chama a atenção para uma verve literária e um tom científico presentes no título e no subtítulo dos artigos de Freud, pelos quais se revela tal conflito: "Ele [Freud] tinha um talento natural para escrever poeticamente, mas procurava agregar a seu estilo um tom científico que pudesse dar mais credibilidade a suas ideias" (p. 39). Em função dessa polaridade, contudo, ele não deixou de escrever – e escrever brilhantemente – textos com um formato mais literário, outros mais "científicos", outros ainda mais diretos.

Atualmente, tal conflito teria perdido sua razão de ser, uma vez que, sedimentada em nosso meio, a psicanálise não precisaria mais *brigar* por um espaço na ciência clássica.[1] Ser ou não ser uma ciência não está mais na ordem do dia. No entanto, o conflito presente no início da psicanálise ainda nos mantém reféns. E como pensaríamos a escrita de nosso ofício? Mais produtiva, quem sabe, é a discussão sobre o que vem a ser a escrita psicanalítica.

No artigo "Contribuições à pré-história da técnica psicanalítica" (Freud, 1920), lemos uma crítica sobre a afirmativa de Havelock Ellis no livro *"The philosophy of conflict"*, de 1919. O objetivo de tal ensaio era demonstrar que os escritos do criador da psicanálise não deveriam ser julgados como uma peça de trabalho científico, mas como uma produção artística. Então, o protesto em Freud: "Não podemos senão ver nessa concepção uma nova forma de resistência e uma rejeição da análise, embora expressa de maneira amável e até excessivamente lisonjeira" (p. 310).

Mas como não dar crédito a uma prerrogativa reconhecida e repetida por tantos autores, a de que sua produção era artística? Freud não era de fato um grande escritor, com uma especial habilidade para com as letras? Em épocas de descoberta e afirmação da psicanálise no campo fechado da medicina do início do século XX, a declaração de Ellis tinha intenções de desvalor; todavia, passados tantos anos, a mesma asserção não é, ao estilo freudiano, de fato uma lisonja?

Podemos identificar um vínculo estreito entre a arte e a psicanálise, entre o artista e o psicanalista, e entre a experiência de criação artística e a criação na psicanálise tanto no analisando como no analista. Assim, o texto psicanalítico poderia figurar como um gênero de criação literária, na medida em que se reconhece essa aproximação presente no estilo do próprio Freud. A linguagem psicanalítica também está mais próxima da linguagem poética do

---

1 Ainda que muitos profissionais do meio assim o desejem.

que da científica. A começar por Freud, essa escrita poderia ser denominada uma literatura psicanalítica, no sentido de uma literatura que se inscreve dentro do quadro geral de uma literatura, escrita poética, escrita ensaística ou escrita ficcional.

Um de seus cruzamentos com a literatura é exposto por Albuquerque (2001), quando ela identifica na obra literária um movimento de escritura que constrói a realidade, e esse mesmo texto se constitui, de outra ótica, em elemento provocador de novo processo de criação, como em um processo circular. Nesse sentido, ela ratifica, diferencia-se do saber científico, que pressupõe critérios definidos e objetivos para o exame, inclusive, de questões abstratas, como a experiência humana. Aproxima-se do saber psicanalítico, que sugere essa circularidade entre construção e reconstrução, entre criação e recriação, característica da escrita literária.

Além da parte técnica e conceitual que deve compor qualquer trabalho, nossa reflexão sobre os conceitos alimenta-se de uma experiência humana, em uma tentativa tanto de descrever quanto de captar essa experiência, colocando-a a trabalhar em um plano imaginativo. De modo semelhante, assistimos a uma obra de arte tomar corpo e forma e testemunhamos um texto formar-se a partir de um elemento *cru* ofertado pela fala (ou pela ausência da fala) do analisando e de elementos constituintes de nosso próprio mundo intrapsíquico. Nessa linha de raciocínio, a escrita psicanalítica guarda em comum com a escrita literária a capacidade de representar vivências do humano, de dar expressão a nossos conflitos internos, aos de nossos analisandos e aos dos leitores identificados com o conteúdo da obra.

Tal proximidade também fica expressa nas palavras de Loureiro (1999), quando ela compara a fala lírica com a interpretação na clínica, para mostrar que existe uma dimensão poética intrínseca à experiência analítica. Assim, seria possível defender que o texto psicanalítico aproxima-se mais da criação artística do que da cien-tífica, nos moldes de exatidão que essa última prevê.

Para diferenciar de um modelo científico, Chnaiderman (2000) aproxima a escrita psicanalítica do literário: "A clínica se opõe a uma temporalidade preestabelecida, 'sonhada pelo pesquisador'. A clínica sempre se oporia a uma intenção ordenadora, originária. O que a clínica e o conto teriam em comum seria a rebeldia aos cânones oficiais da pesquisa, sendo ainda menos domesticável que o conto" (p. 119). Todavia, mesmo afastando a escrita psicanalítica do científico, penso que não podemos incluí-la no perímetro da literatura; bem, entre um contraponto e outro, vamos nos aproximando de uma definição que nos faça sentido.

No texto psicanalítico, o estilo do autor deve estar absolutamente presente, tendo em vista que é uma experiência pessoal e emocio-nal que está sendo contada. É uma escrita metafórica; logo, temos liberdade de usar recursos diversos para expressar nossas reflexões, o que não se refere de modo algum a escrever com frouxidão sobre os conceitos trabalhados, tampouco sobre a análise feita. Seremos firmes e profundos no que afirmamos no papel, mas isso é diferente de escrever um texto padronizado, autoritário, fechado, quadrado ou estéril. Ao plasmar um texto na folha, o conteúdo não pode ficar *aprisionado* na forma. Nosso trabalho não pode ser hermético.

Penso que os liames entre arte e psicanálise cabem bem a *um* momento da escritura: seu início, quando o texto começa a vice-jar em nós e, aos poucos, tomar forma. Não me refiro a que, com isso, faremos literatura, inventaremos uma realidade fantástica, ou criaremos um enredo descompromissado com a consistência do conteúdo teórico. Penso que o caráter enigmático do inconsciente – de nosso analisando e o nosso – possibilita e, mais, clama que nosso trabalho seja o de criação sobre uma história que o analisando nos traz como definida, ou sobre as definições teóricas bem postas que desejamos desenvolver.

Green (1994) registra uma distinção entre o escritor literário e o analista que escreve, a saber: o objeto. Ele afirma que, ao contrário do escritor, o analista trabalha *com* e *sobre* o inconsciente, porque, para ele, é o inconsciente o seu objeto de interesse, e não a linguagem. Ainda que o escritor literário escreva com a tinta do inconsciente e tenha como matéria-prima os mesmos conteúdos mentais dos quais faz uso o psicanalista que escreve sobre um analisando, ele tem como instrumento de base a linguagem. A literatura captura-nos pelo impacto estético de sua produção, mas não pretende, como objetivo primeiro, em si mesma, explicar o inconsciente, interpretar o latente, transformar em palavras ou elaborar psiquicamente um conteúdo mental. Já o psicanalista tem como instrumento o próprio inconsciente, sua melhor matéria-prima.

Então, nessa comparação entre as escritas literária e psicanalítica, vemos que, para além do processo de escrita, a psicanálise guarda um objeto que lhe é específico: o inconsciente. Destarte, tomar a escrita psicanalítica como um gênero literário não parece suficiente para abarcar a dimensão do que ela seria realmente. Usar estratégias da escrita literária não significa que escrevemos literatura. Ainda que enunciemos que a apresentação de casos clínicos nos trabalhos é uma ficção de nosso analisando – e não o próprio –, isso não significa estarmos escrevendo um conto ou literatura.

Na outra ponta dos modelos, a conhecida e tão criticada *escrita científica*... Criticada porque o que se cunhou como "científico" foi um texto tão burocrático e esterilizado como a imagem que temos dos laboratórios das ciências exatas. Fez-se equivaler a uma escrita dura, neutra, hermética, exata, na qual o autor deveria manter, frente ao tema proposto, uma atitude asséptica, mostrando provas concretas e irrefutáveis. Isso, contudo, está precisamente na contramão da psicanálise. Logo, é urgente desfazermos o equívoco por vezes existente sobre o que vem a ser um trabalho, a ponto de podermos, então, nos desacostumar a chamar os trabalhos que fazemos nos cursos de formação em Psicoterapia ou Psicanálise de *científicos* e passarmos a denominá-los com mais propriedade *psicanalíticos*. Mas talvez isso leve algum tempo.

Parece que o caminho a ser percorrido desde a concepção do texto seco e sem vida até um texto criativo e autoral é mais longo do que a formação de nossa identidade como psicoterapeutas e psicanalistas. Isso quer dizer que desenvolvemos um pensar e um fazer psicanalíticos, mas nos atrasamos em assumir uma escrita *psicanalítica*. Ninguém nos disse que as coisas estão mudando e, às vezes, seguimos escrevendo do mesmo jeito porque desconhecemos até mesmo a possibilidade de outro tipo de escrita que se utilize dos mesmos componentes com os quais a formação nos instrumentalizou.

Todos já devem ter feito, em algum ponto de sua formação, trabalhos nos quais cada parágrafo apresentava a ideia de um autor, e a sua participação figurava somente nos seguintes parágrafos: "Meu objetivo neste trabalho é...", e no final: "Concluindo, a importância disto é...", ou qualquer coisa parecida com isso. Esse seria um trabalho árido e inerte, muito distante da escrita psicanalítica.

Diferente de quem deu início ao legado da psicanálise, curiosamente, ainda vemos muitos trabalhos como estes: textos *anônimos*, sem uma chancela autoral, de forma a se constituírem mais em recortes de muitos autores citados do que na produção do próprio responsável pela redação. É estranho constatar que tomamos de Freud o modelo teórico que fundamenta nossa prática e ignoramos o modelo de escrita oferecido por ele: uma comunicação consistente e solta, cativante e próxima, muito diversa da praticada atualmente, porque, em algum momento desses cem anos, um modelo médico, ou das ciências duras, acabou tomando conta do que passou a ser o jeito *certo* de escrever.

Muitas vezes, somos ensinados e treinados para seguir orientações, itens, padrões definidos por quem nos precedeu. No relato de um caso, temos um roteiro, e aprendemos a escrever de maneira uniforme. No arcabouço médico, o ponto central do caso clínico é a patologia, e não a pessoa. Bem poderia ser, então, o caso da patologia histérica ou narcisista, e não de alguém à busca de escuta. Pensando nisso, cabe um questionamento sobre o uso de iniciais para designar o analisando no relato que, assim, não diz absolutamente nada a seu respeito. Ora, se estamos nos deparando justamente com a necessidade de nos desgarrarmos do modelo médico em nosso modelo de trabalho escrito, o uso de iniciais perde a razão de ser, pois *se* e *nos* distancia do contato com a intimidade do encontro analítico. Nosso texto é expressão de uma vivência, e não relato de dados obtidos próprio de um modelo fechado.

Se não pensamos sobre essas questões, acabamos por nos render a uma demanda externa, e aí nós mesmos assassinamos a escrita como um artifício mais criativo do que um *relato*. Na escrita tradicional, sabemos como começar e como terminar todas as frases do texto, pois já existe uma matriz a ser respeitada. O conteúdo sofre um *encaixotamento*, fruto da padronização que já foi internalizada, muitas vezes sem jurisdição alguma. Nela, o modelo de estudo de caso centrado na psicopatologia desenha-se com uma formatação estereotipada. Um texto que siga todos os itens dessa matriz está muito mais distante do leitor do que outro que, escrito com mais liberdade de circular, chame a atenção por seu conteúdo. Esse tipo de escrita usurpa da prática a dinâmica viva que a caracteriza. Não podemos colocar nosso texto no divã de Procusto.

Gerber (2002) atesta que os textos curriculares padecem de um gravíssimo defeito de origem: são textos curriculares! Chama a atenção em especial para o que ele define como a linguagem morta com a qual relatamos os casos clínicos. Descreve: "Na transcrição de uma sessão analítica, sua sincera tentativa de fidedignidade resultou em um tempo morto, com um encadeamento forçado dos tradicionais parágrafos: Analista – ..., Paciente – ..., emitindo falas escritas impronunciáveis" (p. 231). Assim, com alguma frequência, nossos textos se parecem mais com uma ficha de anamnese do que com um encontro analítico.

Na confusão entre escrita psicanalítica e escrita científica, as características de uma e de outra sofrem tanta distorção como ocorreu com a escrita literária. Nas fontes teóricas pesquisadas no presente livro, os autores as discriminam com muita clareza, mas, na prática, vemos muitos pontos ainda equivocadamente misturados.

Cruz (2000) representa, pelo seu relato, a necessidade de definirmos a escrita psicanalítica como diferente da escrita científica:

> *Certa vez, no grupo de criação literária, eu contei que estava precisando comprar um terno para um casamento e disse que ia comprar uma fatiota. Aí uma colega troçou comigo: "Fatiota? Como tu és antigo!". E ela me sugeriu: "faz o seguinte, dois arquivos no teu computador: os contos que tu fazes para cá e os 'artigos de fatiota'". Os artigos que ela chamou de fatiota eram os artigos psicanalíticos. Então, a ideia do artigo científico já encaixa numa coisa "meio fatiota". Tens que encaixar dentro de conceitos consagrados na psicanálise. Já o literário, tu podes sair completamente; não existe esse compromisso. Por isso que eu acho que é com mais prazer que se elabora um conto!*

Uma fatiota impecável e engomada não haveria de ter lugar na escrita de algo que é absolutamente imprevisível. Na sala de análise, o analisando nem sempre nos pega "preparados", e se a escrita psicanalítica pretende formar-se com estes elementos vivenciados na clínica, nossos textos terão de abandonar o caráter mais senhoril e cerimonioso da fatiota.

Um aspecto da escrita literária poderia – ou deveria – dividir terreno com a escrita psicanalítica: "Como nos contos não tem essa amarra, a fatiota da escrita, da coisa voltada para ter que transmitir uma ideia com conceitos psicanalíticos, aí a gente se solta e aparece muito mais, é muito mais pulsional, muito mais claramente elaborativo" (Cruz, 2000). Se o objetivo é que nossos textos sejam engendrados com toda a força da vivência interna que está livre das *amarras* superegoicas, não haverá de ser a escrita psicanalítica a aprisionar.

Contudo, não é fácil ver-se livre dessas ligações equivocadas entre literário, científico, médico e acadêmico *versus* psicanalítico. Dependendo de onde estamos, temos um modelo a seguir e, mais, a obedecer. Se inseridos em uma instituição com um modelo mais fechado, pode incomodar que nos ensaiemos em outros modelos, diferentes do idioma corrente.

Os critérios são diferentes para a academia e para a psicanálise. A tradição acadêmica privilegia uma escrita fundada na pesquisa, então, ela tem uma forma mais padronizada que mostra clareza, objetividade e critérios mais uniformes, com uma linguagem mais técnica para que todos possam se entender. A psicanálise não vem dessa tradição de pesquisa e ensino, embora inclua pesquisa e ensino, como toda disciplina a ser transmitida.

Se quisermos publicar alguma coisa em desacordo com os padrões, Tuckett (1992) alerta que há muitas implicações. Em seu artigo, ele recomenda manter um modelo e apresenta critérios importantes: o argumento deve ser claro, interessante, algo bastante novo; deve fazer o leitor pensar algo que não havia pensado antes. O texto deve estimular o pensamento, ser original, ter um tema que percorra todo o artigo, com um começo, um meio e um fim; apresentar algum tipo de evidência ou ilustração, ter referências ao trabalho de outras pessoas e o emprego adequado da literatura. O autor deve ser capaz de assinalar um número de página, no qual o ponto esteja realmente sendo discutido pelo autor citado e que possa ser utilizado como um referencial do qual o autor do artigo está partindo, ou como evidência.

Mas pensemos: atendemos a esses critérios de que forma? Para quem? Para quê? Enquadramos nosso texto e renunciamos à liberdade em nome de sermos aceitos? Devemos atender aos critérios levantados por Tuckett, mas para atender, antes de tudo, ao leitor, e não para garantir nossa aceitação. Sua primeira indicação (sobre as implicações de uma publicação *fora do padrão*) parece contraditória com a sugestão de originalidade; ou ele refere-se à originalidade no tema, e não no padrão de elaboração. Essa é uma descoberta a ser feita: como podemos nos movimentar com liberdade e criatividade nos padrões exigidos em cada revista científica?

As orientações das revistas, assim como as normas de metodologia, poderiam servir como um balizador que sinaliza e guia, porém não prende nem condena cada processo a ser igual ao outro. As normas sempre existirão, assim como os livros do tipo "como escrever trabalhos científicos"; são bons, dão indicações pertinentes e dicas importantes e auxiliam muito, mas fica a nosso cargo a parte de preencher o espaço delimitado pelos balizadores. A metodologia é apenas *uma* parte da técnica. Ela fornece algumas diretrizes, mas não deslinda o conteúdo e a organização das ideias, tampouco instala o autor em seu próprio texto.

No trânsito por entre as regras e as brechas da técnica, surge o material mais profundo, a comunicação mais emprenhada de significados polivalentes do autor. Mas "como encontrar um argumento que permitirá ao analista distanciar-se do apoio teórico habitual, e narrar o caso de uma maneira diferente?", pergunta-se Willemart (2002, p. 77).

Uma das respostas vai se delineando quando pensamos na coragem de nos aventurarmos em modelos diversos de escrita: a escrita psicanalítica, como a proponho aqui, é uma escrita criativa e livre de padrões de repetição neurótica de textos que começam e terminam sempre do mesmo jeito, artigos escritos por pessoas diferentes, mas quase iguais em estrutura e conteúdo, sobrecarregados de clichês e frases feitas, que abusam de jargões vazios de significado, casos relatados da mesma *velha e famigerada* forma. Não nos faltariam exemplos.

Ora, se a questão é seguir padrões, sigamos o psicanalítico, que implica seguir o padrão de um elemento sem padrão algum: o inconsciente. A partir do rompimento com um modo repetitivo de escrever, abandonaríamos uma série de práticas-chavão, como, incluir, no final de cada trabalho: "Sugiro que outros pesquisadores...", como recomendam alguns examinadores de revistas científicas. A escrita psicanalítica aponta para a descoberta e, para que esta se faça, é necessário, em primeiro lugar, permissão para explorar.

Assim como na clínica cada sessão é uma surpresa, cada trabalho lido deveria surpreender-nos da mesma forma: ele pode começar pelo fim, e os dados podem estar desordenados. Nosso estilo pode ser mais floreado, romanceado, ou mais sintético, mais objetivo; mas será um estilo individual. Podemos ousar escrever fora do formato disseminado: se estivermos certos da qualidade, da profundidade e da consistência de nosso trabalho (e se esta certeza não estiver calcada em uma visão idealizada, onipotente e ilusória sobre nós mesmos), poderemos enfrentar as críticas que porventura venham.

Mas quem pode? Quem quer? Quem se arrisca? O descompasso entre os estilos aceitos e validados, conforme quem lê e avalia, acaba por gerar um sofrimento desnecessário, conflitos contraproducentes e dúvidas em quem escreve. Dependendo dos recursos internos aplicados na construção da escrita, o trabalho terá um formato mais fechado ou mais aberto. Assim, se nos movemos restritos e limitados por uma instância censora, ele se apresentará com as mesmas limitações. Se nos permitimos o dinâmico movimento das instâncias psíquicas, em relação uma com a outra, esta mesma moção surgirá impressa em cada linha do papel.

Como afirma Moschen (1997), "a ideia de uma escuta neutra, na qual para nada entra em questão aquele que ouve, não encontra lugar na psicanálise" (p. 51), menos ainda na escrita psicanalítica. Ela identifica uma defasagem entre o estilo acadêmico e o ato de escrever sobre a prática clínica e sobre a psicanálise. Debruçando-se sobre a vivência dos alunos de graduação, ela refere: ao tentarem produzir um texto sobre a experiência de escuta, o formato que balizava seus trabalhos até então já não dá mais conta do que querem e precisam elaborar. "Se antes se tratava de escrever sobre algo pesquisado e cujo resultado se queria comunicar, agora se trata de uma outra coisa" (Moschen, 1998, p. 38).

A descrição de Rosenfeld (1990) faz ressonância a isso: "a psicaná-lise só pode ser exposta em toda sua riqueza e especificidade através de um estilo de escrita como o de Freud. Seu texto é pensamento em processo, tem movimento, tem muitos níveis de certeza e de tempos que se confundem, é indagativo, é metafórico" (p. 38). Prova de que podemos seguir *esse* modelo, aproveitando sua característica e a de seus textos, com um talento no manuseio e no emprego das palavras.

Também para Conte (2003), o estilo em psicanálise é pró-prio e individual. É aquilo que justamente vem do sujeito e de sua subjetividade; por isso, não é ensinado, mas descoberto. A descoberta indicada por ela, contudo, se faz ver somente à medida que pudermos nos discriminar enquanto autores: "A diferença oportuniza a criação singular".

Ainda que ocupado por ter sua nova *ciência* reconhecida, o próprio Freud rompeu com o paradigma científico de sua época. Ele inaugurou um novo gênero de escrita: o do caso clínico psicanalítico, que guarda características que lhe permitem distinguir-se com qualidades próprias. Logo, mais do que descrever, ou fazer conhecer pelo relato uma situação problemática, vamos analisar, relativizar, contra-argumentar, duvidar. Relatamos uma experiência, mas, obviamente, não se trata de um relatório. Algo se agrega à experiência vivida, e esse agregado é, segundo Minerbo (2002), o responsável por sua especificidade.

A psicanálise – descreve Mannoni (1986) – instituiu uma nova maneira de formular os problemas a partir da instauração de uma desordem científica; ela introduziu um novo modo de pensar, uma prática nova e subversiva na relação entre o saber e a verdade. A escrita psicanalítica segue por esse caminho e, por isso, pontuo tanto a possibilidade de desconstrução e (re)criação.

Nesse movimento de quebras e aberturas, Francischelli (1995) identifica a ruptura epistemológica da introdução do inconsciente freudiano nas ciências da natureza, que trouxe, *a priori*, uma obrigatoriedade de mudança no estilo de narração das histórias clínicas vigente na época. "Através dos escritos clínicos de Freud, podemos observar outra ruptura ou afastamento da psiquiatria, uma vez que esses relatos clínicos rompem com as descrições psiquiátricas da época – são pequenas novelas clínicas – e se prestam como modelo até nossos dias" (p. 37).

Se tratamos de fenômenos subjetivos, como o inconsciente e a transferência, não é possível, desde a saída, pensarmos no relato objetivo de um investigador neutro. Da mesma forma, perde o sentido imaginarmos um autor neutro. Não obstante, mais uma vez nos deparamos com um estilo fechado de narrativa dos casos clínicos, acusando uma falha no rompimento com as descrições psiquiátricas, apontada por Francischelli. Esse modelo que *poderia* hoje pautar nossos historiais ainda carece de mais seguidores. Deveremos executar uma nova mudança de estilo cem anos depois de Freud. Bem, uma nova ou aquela mesma oferecida por ele, mas que seja, efetivamente, explorada.

Um dos motivos para o que, por vezes, parece uma interdição é debatido por Fédida (2002). Sua crítica fundamenta-se na "ideia, difundida com força em certos meios da psiquiatria ou da psicologia dita científica, segundo a qual a narração de um caso não acrescenta nada ao conhecimento objetivo e, sobretudo, não prova nada quanto à demonstração na qual ele se insere" (p. 50). Para nós, deve ficar claro que não quer mesmo provar; outros sim, quer ilustrar, dar mostras, fazer-se ver. Fédida vai mais longe e afirma que o caso oferece a vantagem de revelar um paradoxo, de tal sorte que ele acaba por romper com a esperança de uma verificação comparativa. Por isso, um caso de histeria sempre será diferente do outro, assim como cada sonho guarda um significado que é individual e próprio.

Sugiro que o texto psicanalítico dá mostras (e não provas) a um fenômeno muito específico (mas não generalizável estatisticamente), a saber, o *inconsciente*. É esse espaço psíquico que marcará sua presença constante nas etapas da construção de um texto, dando o *colorido* à matéria teórica ali tratada, desde sua escolha até o ponto final. É certamente nossa ferramenta mais valiosa com todas as suas possibilidades. Na medida em que a psicanálise é a disciplina por excelência do inconsciente humano, ela tem uma linguagem própria e específica para descrever essa realidade. Por isso, a escrita psicanalítica define-se pela mesma especificidade.

Quando nossa escrita tangencia a clínica, a necessidade de construção de um formato mais rico e criativo prova ser ainda mais urgente: se a clínica é sempre *tridimensional,* nossos textos não podem ser *bidimensionais.* Por limites que lhe são próprios, a escrita já não dá conta de representar toda a riqueza, variedade e complexidade de nosso mundo interno; mas ainda menos um tipo de escrita mais quadrado ou fechado. Se nos permitirmos descobrir outras formas e outros recursos de escrita, ampliando nosso conhecimento da língua, talvez ao menos nos aproximemos do que queremos representar. A estrutura formal de um texto entrará, segundo Minerbo (2002), em ressonância com seu conteúdo temático: é o campo transferencial criado pelo tema e que transborda, impregna e determina, até certo ponto, a estrutura da redação.

A reivindicação da distinção entre escrita psicanalítica e escrita científica de modo algum significa que à primeira possa faltar rigor, seriedade, consistência ou profundidade. Então, cabe bem aqui observar a pergunta de Moschen (1998):

> *Freud fez conviver, nos seus escritos, o rigor da pesquisa e da investigação, sem dobrar-se a uma produção na qual seu estilo ficasse em segundo plano. Diríamos que ele pôs no papel . . . que existia uma forma do conteúdo e do estilo interagirem com harmonia. Mas seria essa possibilidade de fazer conviver estilo e rigor uma prerrogativa do próprio Freud, algo que lhe era característico, ou seria ela também algo que uma escrita sobre a clínica reclama? (p. 38).*

Certo é que não deveria ser prerrogativa de Freud. Poderíamos nos aventurar pelo mesmo caminho desbravado por ele, pois um estilo estereotipado é estéril em vários sentidos: não identificamos as diferenças de seu autor, ele malogra em capturar o leitor e se converte em um texto como qualquer outro. Temos de compreender o que nos amarra tanto, para que, nos sentindo mais livres, nosso texto usufrua da mesma fluidez.

Nasio (2001b) tem exatamente esse cuidado: ele mistura o rigor do texto com a preocupação em transmitir, o que resulta em um estilo claro e fluido, e o diferencia do que é mais comum em outros escritos. "Muitos escrevem no jargão psicanalítico, e há textos muito interessantes nesse jargão", ele completa. Seu desafio, entretanto, "é escrever na língua de todo mundo, tratar de maneira clara um conceito difícil e complicado" (p. 95). Nasio é cortês ao cogitar a existência de textos *muito interessantes* na terminologia jargão. É possível, mas, ao usar o termo "jargão", ele já fala de um texto previsível, comum, padronizado; e isso é diametralmente oposto a uma proposta de *ser pego de surpresa* como na clínica: muitas interpretações são jargões que fazem parte de uma forma *standard* de interpretar, mas elas fazem sentido para o analisando? Imagino que não.

Com uma atitude de ousadia, no exercício de uma escrita diferente do padrão, descobrimos insuspeitáveis possibilidades: aprendemos novas estratégias de elaboração de um material, a sermos criativos o bastante para escrever uma introdução viva, que não feche o conteúdo do restante do artigo, a apresentar o final do texto no começo, a terminar sem concluir, a deixar o texto aberto, a virá-lo de *cabeça para baixo*, se este for nosso objetivo para com o leitor. Antes de definir, podemos abrir! E *abrir* fala de indefinir, de pensar em alternativas diversas, de não eliminar preconceituosamente qualquer alternativa; e assim o fazemos a exemplo do inconsciente, que é vasto, aberto, solto, vivo e criador.

A interpretação de um caso, de uma música ou de um filme – recursos usados em nossa escrita – seguirá as mesmas condições da interpretação na sessão com um analisando: ser aberta e livre, bem como oferecer espaço para pensar e formular suas próprias ideias sobre o tema em questão. Não pode ser tirana, totalizante ou autoritária. Uma escrita fechada é, segundo Tuckett (1995), a melhor forma de inibir ou atrapalhar a investigação. "Somos alérgicos a atitudes de certeza ou idealização" (p. 400), ele afirma, apontando para o tipo de comunicação que envolve conclusões absolutas, onisciência ou arrogância. Então, cada trabalho deve transmitir uma experiência *viva*, e gerar mais significações acerca daquele tema.

*Prosa científica* é a expressão escolhida por Mezan (1999) para caracterizar um trabalho. Traduz a possibilidade de conciliação entre o que é científico, confiável, fundamentado, e o que é um texto redondo, natural como uma prosa levada noite adentro entre amigos que não veem o tempo passar. Um bate-papo muito sério! Ao que parece, a escrita psicanalítica oferece justamente tal conciliação e reconciliação entre uma e outra forma.

Mecozzi (2003) sugere que o processo de escrita dê vida a um texto leve, "arranjando as palavras na página sem muita clareza, nem cálculo de valor, para que o sentido seja dado *a posteriori*. E que o texto ofereça janelas para cenas, entradas de imagens". A citação de Mecozzi já nos abre uma janela, por onde vemos encenado um número. Nosso texto deve levar o leitor a espiar, da ponta dos pés, por cima do *muro* de letras, palavras e frases, e tentar ver, atrás delas, o que mais se oferece à curiosidade.

É claro que não penso o formato do trabalho como uma garantia da qualidade de ser psicanalítico, sequer de ser consistente. Essa qualidade é dada especialmente pelo conteúdo, que deve ser profundo e cuidadosamente trabalhado. Chamo, porém, a atenção para o fato de que talvez o padrão estabelecido seja um dos responsáveis pelos inibidores de apetite pela escrita. Para ser rico, o texto de qualidade pode ser objetivo, mais acadêmico, ser romanceado, mais poético, ou qualquer outra forma que atenda ao estilo de seu autor.

Independentemente do estilo de escrita, ele deve ser é verdadeiro, e isso fala de ser eco e ressonância do que o autor vivenciou, sentiu e pensou. O que proponho aqui é a descoberta, criação, construção ou inauguração de um *processo* de escrita, e não exatamente de um *estilo* de escrita.

Gerber (2002) é claro sobre o estilo de escrita: "Uma criação como um livro científico pode ser mais ou menos criativa, erudita, bonita etc. O que não se pode admitir é que ela seja chata – interdito primordial. Se não pudermos manter nossa atenção e interesse sem esforço, algo está errado" (p. 211). Ele utiliza a expressão "sem esforço" com o sentido de que as coisas sejam feitas com dedicação, trabalho, perseverança, mas "sem esforço"; devem fluir, na medida do possível, de forma lúdica, com naturalidade e prazer, independemente de ser desta ou daquela forma.

Muitos autores já ampliaram uma escrita mais formal para as qualidades psicanalíticas; outros seguem aferrados a um formato mais padrão. Não precisamos escrever, como Freud, com páginas de relato minucioso; nossos casos podem ser mais pontuais. Oferece-se como condição, entretanto, o mesmo grau de sinceridade e exposição com que Freud se dedicava à na apresentação dos eventos de sua clínica. Nos escritos psicanalíticos, os textos de Freud, em constante reformulação conceitual, não visavam à busca de uma palavra exata; eles denotavam a profunda e íntima vinculação do autor com a experiência vivida, colocando *a nu* sua natureza. Ilustrando essa questão, Giovannetti (1994) expõe:

> *A escrita freudiana é, por assim dizer, ao mesmo tempo nascente e agonizante; viva, sexual, porque, paradoxal-mente, atesta a mortalidade e as transformações de um organismo vivo, seu criador. E por isso ela é "libertadora de significações" e não "fixadora de sentidos". Como li-*

*bertadora de significações, ela se oferece questionadora de seu leitor e, também, incitadora de seu questionamento. E por não ser fixadora de sentidos, aponta sempre para a perda, para a falta, para a ausência. Por se permitir morrer, possibilita o seu constante refazer, recriar. O oposto do estereótipo (p. 25).*

E o resultado é um texto com vida, aberto, que dá espaço para a descoberta e para a criação do novo, que respira e faz o leitor transpirar, no qual a emoção de quem escreveu passa das linhas impressas para a sensação do leitor de estar presente no cenário montado. Já que nossa escrita lida com o inconsciente – e este é o estado de sua matéria-prima mais rica –, se não forem mobilizados os mecanismos mais profundos, talvez não realizemos um trabalho psicanalítico. Corremos o risco de montar um texto mais formal, duro, absoluto, fechado, delatando uma ausência de liberdade e investimento; seria como uma interpretação intelectualizada ao analisando, que até pode estar correta, mas não efetua uma mudança profunda, porque nem o analista esteve verdadeiramente presente no que disse.

Para a construção de uma genuína escrita psicanalítica, temos de manter, frente ao processo, uma verdadeira postura psicanalítica. Se seguirmos a linha que une a atividade psicanalítica de escutar um analisando e a de escrever a clínica, algumas perspectivas começam a se deslindar. Embora o texto seja um produto objetivo, organizado, encadeado, ordenado, ele deve alcançar o inconsciente do autor e do leitor. No autor, conseguimos isso quando ele permite-se tolerar o funcionamento de seu dinâmico psiquismo, e quando usa, para ter contato com o texto, os mesmos mecanismos postos em cena na sessão com o analisando.

Sugiro aqui que as regras fundamentais que regem a técnica psicanalítica possam reger a escrita psicanalítica. Tomarei como fulcro o momento do encontro na análise, em consonância com o momento do encontro com a escrita: a escrita que provocar efeitos, como os de uma sessão, de aberturas e mudanças terá qualidades psicanalíticas.

A partir de um olhar mais atento, perceberemos objetivos muito próximos entre um processo e outro, diminuindo a distância a que julgávamos que estivessem. Perceberemos como pensávamos dissociadamente ao qualificar a primeira como fonte de gratificação – poder trabalhar na clínica! – e a segunda, como fonte de extremo desagrado – *ter* de escrever. Portamo-nos muito diversamente ante o analisando e ante a folha branca, até nos darmos conta de que ambas as atividades podem fazer parte de nossa formação e de nosso *que hacer* com as mesmas qualidades.

Mecozzi (2003) relaciona essas atividades de forma pragmática: "A psicanálise e a escrita articulam-se de maneira irreversível, a ponto de o psicanalista, ao exercer seu ofício, deparar-se com questões semelhantes àquelas com que o escritor se confronta". Basta pensarmos na escrita como um exercício de desconstrução, tendo como pano de fundo o encontro analítico: vemos que o analisando coloca-nos nos mesmos desconfortáveis lugares do não saber, de desordem e de encontro com o conflito e desestabiliza nosso firme narcisismo com a mesma maestria que o processo de escrever.

A relação de Freud com sua própria escrita é curiosa: ele "nunca riscou uma linha", anuncia Strachey (em Freud,1895/1950) no prefácio de *Projeto para uma psicologia científica*, e as páginas de seus manuscritos se sucedem completamente livres de alterações. O editor das Obras Completas descreve que, no *Projeto*, no meio de cerca de 40 mil palavras, existem pouco mais de 20 correções. Podemos relativizar a ilação de Strachey, pois não teremos acesso aos rascunhos que ele porventura tenha descartado, levando com eles os erros, as correções, os reescritos. De qualquer forma, porém, vemos em Freud um escritor com liberdade de usar o papel.

Aquele que introduziu a técnica da associação livre como linha mestra do tratamento analítico só poderia seguir a mesma orientação de liberdade na escrita. Em casa de ferreiro, espetos da mais alta qualidade. Ele orientou e ele seguiu. Esse conceito – a associação livre – já havia se feito presente via escrita. Um autor que precocemente chamou a atenção de Freud, ainda jovem, foi Ludwig Börne, o primeiro autor em cujos escritos ele penetrou profundamente, ainda na adolescência. Esse autor escreveu, em 1823,"A arte de tornar-se um escritor original em três dias", um breve ensaio de apenas quatro páginas e meia, com o qual Freud veio a ter contato muitos anos depois. O ensaio termina com as seguintes frases:

> *Eis aqui o método prometido. Tomem algumas folhas de papel e escrevam por três dias, sem falsidade e hipocrisia, tudo o que lhes passar pela cabeça. Escrevam o que pensam de si mesmos, de suas mulheres, da Guerra com os turcos, de Goethe, do processo Fonk, do Juízo Final, de seus superiores – e, após os três dias, ficarão admirados com os pensamentos novos e inauditos que tiveram! Esta é a arte de se tornar um escritor original em três dias (Freud, 1920, p. 313).*

É exatamente a regra da associação livre adotada em nossos consultórios. Outras indicações de Freud (1920) apontam o uso desde há muito do método da associação livre como o melhor aliado da escrita. Um outro poeta que chama sua atenção é Garth Wilkinson, que, em 1857, investiga a escolha do tema da produção escrita e pontua: "Um tema é escolhido ou registrado no papel" (em Freud, 1920, p. 311). Para a criação, ele indica que, escolhido o tema, atentemo-nos para a primeira impressão surgida na mente após a escritura do título. Por mais estranha ou exótica que a palavra ou sentença possa parecer – alerta Wilkinson – este é certamente o começo da evolução do tema. "O primeiro movimento do espírito, a primeira palavra que surge, é consequência do esforço de imersão no tema dado" (p. 311).

Freud (1925) tomou emprestadas dele, assim como de outros autores, as orientações para as pessoas que buscavam análise: em vez de dirigir o analisando para algum assunto específico, pedia-lhe que se entregasse a um processo de associação livre, isto é, que dissesse o que lhe viesse à cabeça, enquanto deixasse de dar qualquer orientação consciente a seus pensamentos. Era essencial, contudo, o compromisso de informar literalmente tudo o que lhe ocorresse, e que não desse margem a objeções críticas que procurassem pôr certas associações de lado, imaginando que seriam irrelevantes ou inteiramente destituídas de sentido.

Com essas orientações, tanto Wilkinson como Freud (1920) defendiam a necessidade de liberdade. Com uma ordem dada às mais profundas formações inconscientes para se expressarem, intentavam que a razão, a vontade e os aspectos críticos fossem deixados de lado, de modo que os pensamentos fossem levados por um influxo e dirigidos para fins desconhecidos.

E como esse processo é levado a termo na forma de escrever? Há muito, Freud (1933b) já comparara o progresso no trabalho científico com o que se dá em uma análise. Em ambos os campos, haveremos de ter tolerância frente à desorganização inicial, até que possamos encontrar um elemento novo. Ele descreve esse período de caos:

> *Levamos expectativas para o trabalho, mas temos que refreá-las. Através da observação, aprendemos algo novo – ora aqui, ora ali –, e, inicialmente, as peças não*

*encaixam. Estabelecemos hipóteses, fazemos construções auxiliares, que retiramos quando não se confirmam; necessitamos de muita paciência, de prontidão para toda possibilidade; renunciamos a convicções prematuras, que nos obrigariam a não enxergar fatores novos e inesperados, e, por fim, todo o esforço é recompensado, os achados dispersos se combinam, obtemos uma visão de toda uma parcela do funcionamento mental, completamos nossa tarefa e estamos livres para a próxima (p. 343).*

Todavia, parecemos ter menos paciência que Freud no processo de criação do trabalho psicanalítico e, nesta pressa, o desejo que acaba predominando é o de ver o texto pronto sem precisar passar por um período de elaboração que nos deixa *sem chão* firme onde pisar. Não significa que o trabalho deva ser feito de associações livres desconectadas, lançadas na folha sem sentido, em nome de uma conveniência peculiar ao nosso inconsciente. Em absoluto! Considero aqui um processo de construção que pode ser engendrado somente à medida que uma parte se liga à outra e, aos poucos, vai ganhando a expressão do emocionalmente vivenciado, como o efeito que a interpretação tem sobre as livres associações do analisando na sessão.

Moschen (1998) faz os mesmos apontamentos sobre o processo de associação livre, que é reconhecido como fundamental na construção do texto, no qual nos permitimos ser tomados pelo tema para, a partir daí, nos apropriarmos do que pertence ao inconsciente e produzirmos algo. Com essa indicação, ela avisa, não quer dar a impressão de um fluir absoluto das ideias, sem o trabalho rigoroso, e às vezes exaustivo, que elas exigem nesse campo, mas sim de que "nessa escrita não se trata de, a partir de um esquema milimétrico sobre o que se quer comunicar e em total consonância com ele, produzir o texto. O sujeito aqui precisa se deixar ir, com o risco que isso implica" (p. 39). Vemos que tal risco implica, até mesmo, não chegar a nenhures, ou chegar a lugares diferentes.

Penso aqui naqueles trabalhos que surpreendem até mesmo o próprio autor, que muitas vezes pensou que chegaria a um lugar e aportou em outro; não porque não sabia bem aonde queria chegar, mas porque, ainda que tivesse uma rota traçada, um desejo claro e definido, largou-se à deriva, aberto às possibilidades que a escrita pôde lhe oferecer. Essa possibilidade se abre somente quando nos permitimos não controlar, ser menos precavidos, menos desconfiados, menos draconianos.

Para dar início ao texto, Mezan (2006) sugere essa mesma postura de abertura a todas as ideias que vão surgindo, anotando-as sem preocupação de para onde elas nos levarão. Podemos usar o romance policial como um modelo de escrita, no que se assemelha ao relato de um processo analítico que, em princípio, apenas nós sabemos como acaba: é fundamental existir um problema, um enigma a ser desvelado. De modo semelhante, a construção dos personagens vai se delineando lentamente à medida do desenrolar dos fatos. Na construção de um caso, como no gênero policial, o produto final é menos previsível do que originalmente se imaginava.

Essa é uma questão importante: no processo analítico, nós só sabemos como acaba quando já acabou! Nunca antes disso. Quantas vezes já não fomos pegos de surpresa por um analisando que julgávamos muito vinculado – a nós e ao tratamento – abandonando o processo? A escrita mais livre reserva-nos essas mesmas perplexidades. No entanto, há trabalhos que, a exemplo das novelas de televisão, sabemos rigorosamente como terminarão. Um texto feito assim fica atado por entre os nós que o autor apertou, a fim de que finalizasse no lugar em que definiu.

A escrita em psicanálise haverá de ser mais rica que isso. Moschen (1997) traça uma linha do movimento dinâmico entre o funcionamento inconsciente, o pensamento do analista na clínica e a escritura desta clínica: "Não são raras as vezes em que o clínico se permite deslizar de um material discursivo que emergiu na primeira sessão a um que resultou do último encontro, dando-se essa prerrogativa por estar trabalhando com o inconsciente, no qual a temporalidade cronológica fica de certa forma suspensa" (p. 50), provando que a mesma liberdade de ir e vir sem um significado dado *a priori* caracteriza a vivência em psicanálise, seja na prática de tratar, seja na prática de escrever.

Na contramão de autores que relacionam pontos de intersecção entre fazer psicanálise e escrever psicanálise, o que amiúde termina acontecendo é uma dicotomia entre a posição com o analisando e a atitude frente ao papel. Analistas que tratam, analistas que escrevem, somos um só. Então, para nós, a tarefa de escrever poderia transcorrer com as mesmas receptividade e capacidade de espera, conquanto é esta a atitude pretendida junto àquele que associa livremente, dando mostras de seu mundo interno. A recomendação não é a de mantermos livre e flutuante nossa atenção para com o material do analisando? Pois assim pode ser com nossas próprias cogitações associativas também, na sessão e – quando escrevemos – em frente ao papel, ou ao computador, em tempos de alta tecnologia.

O resultado dessa dissociação instalada em todos os níveis de nossa formação – na pós-graduação, na especialização ou na formação – é triplamente sofrido: perdemos no que poderia ser o exercício prazeroso da elaboração de textos, já que o tipo de sentimento que domina o entorno da escrita é de desafeto, incômodo, cansaço, angústia, pavor; perdemos na qualidade do texto produzido, pois, acostumados a um modelo ocluso de escrita *acadêmica*, fazemos textos duros, secos, sem vida, tecnicamente corretos, mas sem nossa presença como autores; e perdemos a chance de usufruir também na escrita do tipo de escuta e de ação aprendidos na psicanálise, uma atitude "livre e flutuante". Essa é a indicação daquele que muito nos ensinou sobre *psicanalisar* e sobre escrever. Freud ensinou-nos, mas e nós? Aprendemos?

Essa dissociação entre a atitude analítica e a escrita faz parecer que precisamos ou podemos usar dois mecanismos diferentes na construção de uma interpretação junto ao analisando e de um texto que pretende ser psicanalítico. Por que na sessão a regra da atenção livre e flutuante (Freud, 1925) é tão facilmente zelada, enquanto na escrita nos revestimos de uma rigidez para com o processo de criação do texto? Por que estamos abertos aos conteúdos novos que o analisando comunica, mas, por outro lado, não toleramos um escrito que se faz com muito esforço, dispêndio de tempo e energia psíquica? Por que podemos aceitar a desorganização do analisando, e não o caos inicial do conteúdo de nosso escrito?

Conte (2003) responde: a regra da associação livremente flutuante e a capacidade de tolerância são mais bem aceitas no trabalho analítico porque o material vem do analisando – de outro –, enquanto na escrita vem de nós mesmos. Ela alerta: as barreiras internas são muito mais difíceis de lidar do que as resistências do analisando. Sua resposta nos faz ver que é preciso muita coragem e uma grande capacidade de entrar em contato com nosso próprio funcionamento interno, as dificuldades, os conflitos e os entraves ali existentes.

Não faço aqui relação direta entre analisar e escrever, pois eles fazem parte de dois registros diferentes, de dois modos de expressão diversos, mas haveria de ser possível abrir a guarda de um e de outro. Não poderíamos tomar de Freud o modelo para ambos os ofícios, de analisar e de escrever? Indicações não nos faltam; falta-nos a síntese entre esse duplo papel, para escrevermos com maior qualidade.

Podemos usar mecanismos semelhantes aos da clínica para que a escrita não nos seja tão angustiante e para que o texto tenha um teor mais eloquente e perspicaz em seu estilo. Se ambas estão fundadas na experiência viva de um analista, a construção tanto do analisar como do escrever será engendrada pela soma de mais de um texto, seja da dupla analisando e analista, seja deste em sua escrita com todos os outros autores que buscar.

Tal dinâmica está presente na própria obra de Freud, que contém o caminhar como o caminhar de uma análise, com as idas e vindas, com o que fica ainda em suspenso, com aquilo que não conseguiu surgir com clareza, com as reformulações em função de um novo dado. Se nós tivéssemos essa condição e essa mesma liberdade, teríamos avançado muito: esse é o método psicanalítico.

Elizabeth Rocha Barros (1992) discorda dessa proximidade. Ela julga um mal-entendido acreditar em uma relação de linearidade entre a atitude do analista durante a escuta clínica do analisando e aquela adotada pelo analista que produz um trabalho que se serve de relatos clínicos. Segundo ela, a coerência e a articulação presentes e valorizadas no escrito não deveriam permear a clínica, na qual o desejável é a associação livre. Ela explica que, ao produzir um trabalho, ao contrário do que ocorre durante a sessão, estamos compromissados com as circunstâncias externas e a teoria com as quais trabalhamos, e mobilizamos toda a nossa capacidade consciente de articulação para dar um sentido à nossa comunicação.

Concordaria com ela, caso pensasse na escrita em sua forma final, mas não é disso que se trata. A coerência e a articulação às quais ela se refere não caracterizam o processo de criação da escrita, e sim o trabalho pronto. Antes desse ponto, entretanto, não se passa senão por muitos momentos de associação livre, de desorganização e confusão mental, como na sessão analítica. A semelhança do trabalho psicanalítico acabado se faria com os momentos de *insight* e de integração na sessão, nos quais analista e analisando *tomam pé* dos processos mentais efetuados pelo trabalho analítico. Esses momentos são muito mais pontuais em comparação com os momentos iniciais, com as preliminares do texto supostamente concluído.

Menezes (1994) aponta para outra diferença entre a escrita e o processo analítico: ao escrever – ele discorre – a frase pode ser refeita, repensada à vontade, deixando mais lugar para a racionalidade, o que o faz pensar em uma aproximação maior entre a escrita e a supervisão (e não a sessão), na qual o analista pode pensar, repensar, refletir, expor, reformular, com o mesmo tempo que a escrita lhe oferece. Sua comparação também vale, mas não invalida nem diminui minha visão: ainda que a sessão transcorra com rapidez e que o analista tenha de sentir, pensar e falar de um minuto para outro e, em especial, de uma sessão para outra, há tempo e possibilidade de reflexão, crítica e reformulação de ditames. O escrito pode ser mudado; e o dito também pode ser retomado. Dois processos tão dinâmicos como a qualidade que os caracteriza: o inconsciente.

Para F. Rocha (1995), não é possível fazer teoria e clínica simultaneamente, ainda que elas não sejam antagônicas. São vias distintas que compõem nosso ofício, mas ele julga inevitável a escolha: estar em um lugar ou em outro. Mesmo assim, ele sinaliza: a impossibilidade de estar concomitantemente no fazer clínico e na reflexão teórica, longe de significar o abandono de um em proveito do outro, é o que nos permite repensar a teoria e a ação clínica. Pensar de uma forma diferente dessa reserva-nos um impasse:

> Se . . . o fazer clínico torna-se antagônico ao exercício teórico, a angústia do analista frente à produção teórica seria como a angústia daquele que se vê diante de uma escolha definitiva: ser teórico ou ser clínico. Mas, quando se considera que o fazer analítico será beneficiado pela reflexão teórica e que a teoria será revigorada através da clínica, estaremos, no máximo, diante de uma angústia

> *na qual a perda temporária revela-se ganho. Ganho que permite fertilizar este ciclo interminável, onde a teoria será sempre fertilizante da prática analítica e por ela fertilizada (p. 32).*

Willemart (2002) discorda no que concerne aos objetivos da linguagem falada e da escrita, que, para ele, não coincidem. Argumenta: "O analisando em processo de transferência e tentando entender a lógica de sua vida fala para o grande Outro representado por seu analista e ele mesmo. O analista, por sua vez, escreve para seus pares no desejo de transmitir algo, uma experiência ilustrativa ou um ponto novo da teoria. São duas lógicas diferentes que movem os dois narradores" (p. 75). Sim e não. Obviamente, cada linguagem tem uma lógica particular. Porém, não podemos supor que o analista que escreve deseja apenas transmitir algo a outro. A meu ver, ele quer, ademais, ter um retorno, escutar quem o lê naquilo de diferente que ele põe esse leitor a pensar. É como faz o analisando conosco, também na tentativa de compreender a lógica de sua vida: fala e escuta.

Para escrever, há de se conquistar liberdade, condição que é tanto requisito como resultado de uma produção de qualidade: um texto dinâmico, que apresente ideias abertas e ponha o leitor a pensar; um texto no qual estejamos tão presentes como autores como estão as teorizações a respeito de um assunto; um texto que ouse não ser convencional e capture o leitor por isso; um texto criado com liberdade e que não nos aprisione, nem ao analisando, nem ao leitor. Essa liberdade não está dada e, nesses casos, haveremos de descobri-la dentro de nós.

Circulamos por nossos pensamentos e nossa fala – dentro do consultório, com o analisando, e debruçados sobre o papel, na escrita –, mas é fundamental que seja com liberdade. Descobrimos a habilidade, a capacidade e até o talento para a escrita quando nos permitimos esse passeio sem rumo por nós mesmos. O que é pulsão pode ser escrito também! Encontrada a palavra, recebe um sentido: é desacomodada do inconsciente e ganha direito à expressão.

Qual a novidade sobre a importância de uma atitude de liberdade? Na clínica, nenhuma. Aprendemos precisamente assim: estamos livres junto ao analisando que vem em busca de uma escuta que o auxilie no processo de construção ou de reconstrução; para chegar lá, no entanto, haveremos de passar por um estado no qual tanto ele como nós circulamos por entre o caos, a desordem, o incerto, o desconhecido. Ao final de cada sessão, de cada mês, de cada ano, de cada tratamento, teremos conquistado um conhecimento a mais acerca de seus processos psíquicos e de nossos próprios.

Então, a novidade disso está na escrita psicanalítica, que deve passar pelo mesmo processo (com todo o movimento que a palavra *processo* abriga) que a clínica. Ao final de cada página, de cada item, de cada artigo, teremos uma ideia mais clara do produto *construído*. Para ter chegado até ali, no entanto, teremos passado por dúvidas e indefinições, pois o texto apresenta-se pronto apenas no final. Essa dedução parece óbvia e redundante, mas, ainda assim, nos esquecemos de deixar o texto construir-se e ser construído com a mesma liberdade e cuidado com que oferecemos ao analisando.

# 5. Quais os objetos de nossa escrita?

*Achar-se em um buraco, no fundo de um buraco,*
*numa solidão quase total, e descobrir que só a escrita pode nos salvar.*
*Achar-se sem assunto para o livro, sem a menor ideia do*
*livro significa achar-se, descobrir-se diante de um livro.*
*Uma imensidão vazia. Um livro eventual. Diante de nada.*
*Diante de algo semelhante a uma escrita viva e nua,*
*algo terrível, terrível de ser subjugado.*

Marguerite Duras

A princípio, havia pensado o processo de escrita incluindo uma espécie de prelúdio, um instante autoerótico, no qual escreveríamos para nós mesmos – uma escrita sem objeto. Digo "instante" porque já supunha que fosse um breve momento, inicial, em que nos pomos a escrever a partir de uma necessidade pessoal, interna e, por isso, individual. Ser individual, em contrapartida, não é sinônimo de ser autoerótico.

Revisando a abordagem de Freud (1908, 1915, 1916a, 1916b) sobre o autoerotismo, vemos essa distinção ficar mais clara. O autoerotismo indica satisfação obtida sem qualquer objeto externo. Tem como objeto alguma parte do próprio corpo do sujeito, de modo que o eu, investido com as pulsões, é capaz de satisfazer-se em si mesmo. No autoerotismo, o mundo externo não é investido com interesse; o eu não necessita dele e, assim, encontra um objeto no próprio corpo. O desenvolvimento subsequente tem como objetivo o abandono do autoerotismo, ou seja, a substituição do corpo do próprio bebê por um objeto externo.

Mezan (1998) sugere que o escrever poderia ser visto como uma atividade autoerótica, no sentido de podermos prescindir de instrumental externo para a criação. Ele destaca tal possibilidade lembrando que, na música ou na pintura, por exemplo, necessitamos do instrumento musical, de tintas e pincéis, para nossa atividade. A linguagem, a fala e a escrita são posses nossas, e a escolha dessas faculdades como meio de expressão, segundo ele, delata o forte investimento libidinal que as privilegia. Ele completa:

*Já falar é natural no ser humano; a linguagem nos habita desde pequenos, e escolher servir-se dela como meio expressivo sugere um fator autoerótico mais preeminente do que na situação de outros criadores. Quando escrevemos, ouvimos as frases dentro da cabeça, com entonação, ritmo e prosódia; elas se formam com maior ou menor esforço, mas não temos que vencer a barreira da destreza corporal indispensável para tocar, pintar ou dançar (p. 104).*

Segundo sua abordagem, quem escreve não estaria tão submetido a condições externas e poderia, a partir de seu próprio movimento, esforço e intenção, satisfazer individualmente a necessidade e o prazer que a produção escrita proporciona. Ele ilustra: "o movimento da mão sobre o papel, o traçado das palavras, o ritmo das frases, são ocasiões de experimentar um prazer especial, que flui na medida certa, agradável o suficiente para querer que ele prossiga, e intenso o suficiente para não se tornar monótono" (Mezan, 1998, p. 104).

Essa autonomia com relação a condições externas, contudo, não é absolutamente verdadeira. O prazer advindo da expressão de nossos pensamentos pode ser alcançado unicamente pela via de algo que nos é externo. Basta constatarmos que não é possível escrever sem um objeto de inscrição e uma superfície: um pedaço de pau, de ferro, um lápis, o teclado; nas paredes, em tecido, nos pergaminhos, na folha, na tela do computador. A escrita sem instrumentos de trabalho não é escrita; é pensamento.

Quando Freud (1914) compara o sono e a doença no movimento de retirada narcísica das posições da libido até nosso próprio eu, poderíamos pensar na posição regressiva e de recolhimento na qual nos encontramos no momento da escrita mesmo, naquele instante em que só depende de nós cumprir com a tarefa de riscar o papel com o que temos a dizer (ou melhor, a escrever), e no qual nos desligamos do que nos serviu como estímulo externo para nos centrarmos em nossa produção particular. Porém, essa comparação se prova equivocada quando, mais uma vez, percebemos que, na escrita, uma produção ganha corpo e forma concreta para fora de nós; e aí já se instalou o outro.

A concepção do próprio Freud (1925) confirma essa correção, pois, em sua *Autobiografia*, ele acusa: a produção escrita guarda um diferencial. Para ele, diferente do caráter narcísico do sonho, a escrita é dirigida a alguém, calculada para despertar o interesse e a curiosidade do leitor, e para mantê-lo preso à leitura. Com isso, afirma ser absolutamente necessário para nossa vida psíquica ultrapassar os limites do narcisismo e ligar a libido a objetos, necessidade surgida quando o investimento libidinal do eu excede certa quantidade. É exatamente quando aquilo que até então habitava o plano psíquico transborda para o plano objetivo: é quando escrevemos.

A escrita é atividade solitária no que tange à tarefa de usar as próprias mãos para que as palavras surjam no papel. Nesse momento, requer que seja solitária, porquanto escrevemos, de fato, sozinhos. Essa é, inclusive, uma *capacidade*: a de nos postarmos a sós a ponto de deixar uma ideia processar-se, sem a interrupção das distrações do outro, do ambiente, das demandas externas de que, muitas vezes, nos servirmos para fugir de nós mesmos.

Em princípio, escrever é um trabalho individual, mas só de certo modo, pois ele nos faz encontrar com o que pensamos e questionar, a partir da verdade de determinado autor, se concordamos ou não. E, muitas vezes, o que encontramos é nossa mudez, uma ignorância sobre se o que sabemos e escrevemos está de acordo com o que o interlocutor espera, porque geralmente, ao soltar a imaginação e os pensamentos, nem mesmo nós sabemos onde vamos chegar – e este quiçá seja um dos maiores objetivos.

Como em muitos textos literários, o texto psicanalítico leva-nos por entre caminhos em nós mesmos. Mais do que a aquisição de conhecimento teórico, logramos com ele uma ciência a respeito de nossos próprios processos internos. Ela demanda entrarmos em contato conosco, antes de nos comunicarmos com os outros. Por ela, empreendemos um exercício introspectivo em busca de um conhecimento mais profundo e para saber a verdade sobre nós mesmos. Defrontamo-nos com a emergência dos mais diversos enunciados, ideias, representações, críticas, racionalizações e recusas. Este *entrar para dentro de si* não é tarefa fácil para todos; por vezes, ingressar lá, onde se encontra de tudo, *do bom e do pior*, é bem angustiante.

Berlinck (2001) qualifica a atividade de escrever como um exercício tão ou mais solitário que o vivido na clínica, atormentando-nos "como um bicho interior, desassossegado, impertinente, exigente". Eu não diria que ela é mais solitária que a clínica. Penso que a escrita tem um lugar privilegiado no *falar consigo*, que é diferente da solidão da clínica e é, inclusive, uma das ferramentas que nos auxiliam a fazer frente a esta necessária solidão.

Apoiada nas palavras de Pontalis, Parente (2007) elabora: "Escrever significa constituir e atribuir a si mesmo um nome próprio, pois o efeito da transferência confere ao psicanalista nomes que não vestem o seu corpo. Ele deixa-se desfazer e refazer por outro, moldura-se e ganha a forma do desejo de outrem" (p. 360). Para ela, quando escrevemos, temos um meio privilegiado de deixarmos de ser um *ghost-writer* e de nos reconhecermos em nossa fisionomia própria.

Há um movimento dinâmico quando vamos de uma atividade externa – o texto – para dentro de nós mesmos, e desde aí nos (re)direcionamos para fora mais uma vez, quando remetemos nossa produção a outro. Esse direcionamento se dá pelo que Conte (2003) define como as *brechas* que revelam nosso inconsciente e criam espaços para que outro se instale no texto. Assim, esse outro – que, para ela, pode estar na condição de leitor ou ter sido objeto do estudo – estará sempre em uma relação de transferência com o texto. O escrever sempre compõe uma relação de alteridade e de transferência, presente em todo o processo da escrita.

Podemos supor a escrita como solitária em sua execução se pensarmos em objetos reais e vivos, presentes *de corpo e alma*. Mesmo essa solidão, porém, não se sustenta. A formulação de Kehl (2001) leva a completar essa delimitação: "No ato de escrita, qualquer um que escreva está junto com alguém e, ao mesmo tempo, não está junto de ninguém". Pois, por outro lado, percebemos inúmeros objetos internos ou figuras de nossa relação presentes em nossa fantasia quando antecipamos a leitura do texto pronto, quando pensamos em quem lerá e quando pensamos na opinião alheia sobre aquilo que defendemos.

A presença do outro no processo de escrita define-se em três tempos: desde o papel com tudo o que projetamos nele; passando por outro que imaginamos e para quem ilusoriamente remetemos nosso texto; e chegando no leitor que é real e que terá de fato contato com este conteúdo, reagirá a ele e o legitimará, no último passo cumprido nesta construção.

No tocante ao primeiro tempo, o papel já ocupa o lugar de outro. Toda escrita – como um produto concreto e objetivo – tem uma dimensão corporal, material e, por isso, destina-se a um olhar. Ela se constitui, é desentranhada e se insere em outro espaço. Assim, quem escreve vê-se a si mesmo em dois lugares ao mesmo tempo: na folha e em frente a ela. Logo, algo se processou em um espaço diferenciado, uma espécie de "não eu". Concebemos um espaço dentro de nós, em que o afeto, as emoções e o pensamento fazem sua moradia.

O papel ganha contornos mais importantes do que normalmente imaginamos. Para Machado (1989), na ausência do leitor, é a própria folha que sustenta nossa escrita ao acolher o conteúdo que nela imprimimos; mas ela vai ainda além disso: "A folha, superfície material, recebe as letras, e não apenas as acolhe . . ., mas também as registra, guarda suas marcas, arquiva" (p. 38). Ainda que não interprete as marcas que registra, fornece uma sustentação para o que, sem ela, ficaria solto, perdido: "Funciona como um obstáculo intransponível, no qual as letras batem e permanecem aderidas em formas coloridas. Sua trajetória é breve, dos dedos feitos caneta, ou feitos tecla, até a folha, ou até a tela. Ali batem e ficam, terminam sua trajetória" (p. 38). Ganham uma resistência necessária, oferecendo-lhe o que Machado denomina um *paradeiro*. Têm, nesse acolhimento, representada sua função de escuta:

> Enquanto o sujeito exercita seu ato de escrever, a folha funciona como uma orelha acolhedora, faz o que o analista faz ao escutar o analisante. Já no momento

> em que o sujeito deixa de escrever e passa a ler o texto
> resultante de seu primeiro ato, sua função modifica-se,
> viabilizando o ato de leitura como pontuação do discurso
> do escrevente, de maneira semelhante à como o analista
> pontua o discurso do analisante (p. 63).

Machado (1989) compara, assim, a folha em branco com o analista: "Um ouvinte sem olhar que não diga de si, mas apenas do que lhe for dito" (p. 42). Da mesma forma como essa autora reconhece a imprecisão de afirmar que o analista só reflete o que ouviu e que este é dotado de uma subjetividade, penso que a folha faz mais do que receber; ela também ganha *status* de um objeto – talvez na intersecção do objeto interno com o externo – na relação estabelecida entre ela e o autor do escrito. Ainda que não tenha uma existência viva, a folha guarda, como a própria Machado propõe, uma condição humana; com muita rapidez, ganha um rosto, um *jeito*, um caráter, um significado que lhe investimos e para o qual se presta incondicionalmente.

O papel serve-nos, com efeito, de ouvinte como um analista atento e receptivo que permite a associação, com o encargo de receber a fala que roga por uma escuta aberta. Assim, toma o lugar de outro, de modo que já não escrevemos para nós, senão para quem a folha representa. Tratamo-la como se realmente alguém fosse; alguém extremamente paciente, continente de muitos sentimentos, dos mais nobres aos mais condenáveis, o que a palavra oral não nos permitiria. A folha terá um rosto, resultado de nossa projeção, e assumirá uma qualidade mais amorosa ou mais persecutória; refletirá como um espelho nosso mundo interno e, mais do que isso, exercerá uma ação sobre nós, ou uma reação à ação de nossa escrita; vai nos inocular um pensamento, exigir correções e obrigar-nos a reiteradas retomadas. Eventualmente, escrevemos para *consumo interno*, uma escrita para refletir e aprofundar nossa experiência com o que estamos fazendo. Mesmo nessa hora, porém, estamos nos relacionando conosco como *outro*, que está organizando e testemunhando uma experiência, dando um testemunho, para nós mesmos, dessa experiência, dando certa ordem a ela.

Então, dialogaremos com nossas próprias dúvidas até que, em um segundo tempo, no encontro com o papel que mostra plasticamente o que pensamos, o diálogo passa a ser com objetos que imaginamos presentes. Assim, essa necessária solidão não ocupa o lugar do outro. Dito de outra forma, o encontro com um objeto para fora de nós tem um valor e um sentido específicos, e não pode ser permutado; partimos desde nosso interior para o encontro com o outro que antecedeu e depois receberá a criação escrita. Desde um lugar de transferência, alguém nos acompanha e se instala de maneiras diversas. Pode ter a forma dos autores consultados, do leitor que terá contato com a obra pronta, dos colegas que opinam sobre o conteúdo, dos avaliadores que classificarão o texto como bom ou ruim...

É quase uma ilusão pensar que escrever é um ato solitário. Encontramo-nos acompanhados de pessoas que, de algum modo, mereceram permanecer em nossa memória, seja porque discordamos do que escreveram ou porque concordamos, ou ainda porque puderam colocar em palavras o que talvez não tenhamos conseguido. Esses leitores imaginários não tardam em aparecer para ocupar o lugar de quem posteriormente receberá nosso texto, dando-lhe – desde sua confecção até o produto final – sua aprovação ou seus questionamentos. Esperamos por eles. Assim, esses objetos reais ou imaginários se descortinam na cena da criação. Fica cada vez mais patente que não é para nós que escrevemos; é sempre para o outro, mesmo que esse outro não vá chegar a estar presente, *ao vivo e a cores*. Embora uma atividade introspectiva, o escrever proporciona, sem dúvida, um espaço de encontro, desde onde aguardamos que este outro nos conheça e reconheça. Então, é confortante saber que podemos compartilhar pensamentos, sentimentos e dividir experiências com outras pessoas, mesmo em uma linguagem *muda*.

Uma transferência com qualidades amorosas funciona como deflagradora da escrita, de forma que escrevemos para responder às expectativas de outro que pode estar presente *in loco* ou por meio de seus escritos. Embora Freud tenha pensado o conceito de transferência circunscrito ao *setting* terapêutico, podemos tomá-lo para a compreensão dessas presenças que se mostram a cada etapa do processo de escrita. A transferência passa, assim, a ser conceito básico tanto na concepção de tratamento como na acepção de escrita psicanalítica. Sem esse elemento, não há nem um, nem outro. Para compô-la, concorrem nossas experiências com a escrita desde a infância: como nossas composições eram recebidas pelos professores de que mais gostávamos, quanto nos estimulavam, se nossos pais escreviam, quem eram nossos modelos, se nossos irmãos redigiam textos melhores que os nossos, se éramos elogiados, ou se nossa escrita não fazia diferença alguma.

A admiração por quem, em nossa história, investiu o escrever de forma especial transfere-se para a atividade de escrita e empresta-lhe um significado da ordem do afeto. Se teve um lugar reservado em objetos que admiramos, poderá ocupar também em nós um espaço de sobrevalor. No entanto, essa relação não é sempre direta. Configurações múltiplas que se estabeleceram em nossas relações mais precoces engendram inúmeras possibilidades, de modo que, pela mesma relação, podemos nos afastar da escrita. Um fato, doravante, parece certo: nossa relação com a escrita não existe pura; ela é sempre revestida de significados e afetos.

Mezan (1998) define que o escrito psicanalítico tem a característica de ser escrito *para*. Tendo essa característica em vista, vemos que o lugar do outro é tomado provisoriamente por um objeto do mundo interno do analista. Esse objeto, segundo o autor, pode ser um representante superegoico científico ou profissional, ou a mãe da primeira infância, com as qualidades que ela tem no psiquismo do escritor. Ele retrata esse aspecto por meio do famoso "sonho de Irma", que serviu a Freud como autojustificação frente a uma instância censória e como *oferenda* a um objeto de amor, Fliess.

Marques (1998) nomeia de *interlocutores* essas diversas presenças que nos acompanham, e devem ser igualmente *lidas*, vistas e escutadas, quando nos preparamos para a incursão em nossa própria escrita, além dos autores *oficiais* – os publicados:

> *O escrever é isso: interlocução. Quais os interlocutores nesse ato aparentemente tão pessoal, solitário, reservado, silencioso? Os possíveis leitores que, parecendo tão distantes, já me estão espionando, indiscretos e metidos; os amigos a quem vou mostrando o que escrevo; os muitos autores que vão enriquecendo a listagem de minhas referências bibliográficas, os que estão com a mão na massa das práticas que busco entender. Por fim, porque influenciado por todos os demais, eu, escrevente em diálogo comigo mesmo e, ao mesmo tempo, primeiro da fila (em vez de ficar tranquilo em meu canto) (p. 25).*

O que ele denomina interlocução vale para *relação*. Escrevemos sempre para alguém. Mesmo nos textos que, de antemão, sabemos que ninguém conhecerá, imaginamos alguém de quem, inclusive, o escondemos. É o que acontecia nos escritos do diário de adolescência, e se deflagra mais ainda no trabalho psicanalítico. Antevemos que nossa escrita não existiria se não soubéssemos de um interlocutor invisível que a espera, a espreita. Mesmo no relato de um caso para uso particular, endereçamos para alguém: o analisando, o supervisor, o grupo, nossos colegas. Como nas relações, nossos movimentos sempre esperam encontrar alguém cuja escuta serve-nos de guia, como boias de sinalização em alto-mar.

Nesse movimento de encontro, Mecozzi (2003) propõe uma proximidade entre as características de uma correspondência enviada a alguém e o processo analítico: o tempo, a espera pela resposta do outro, detalhes que aludem a ambas as atividades. São experiências cujos sujeitos fazem trocas afetivas e experimentam as idealizações da transferência, ainda que um dos implicados assuma mais marcadamente a posição daquele em relação ao qual uma demanda de escuta é dirigida. São posições subjetivas diferentes, de um e de outro. Nessas correspondências, ela esclarece, esse lugar idealizado de outro é impresso com toda sorte de qualidades imaginárias.

Esse outro – o leitor, seja ele quem for – estará sempre presente, compartilhando conosco, de uma forma ou de outra, o processo de criação da escrita e seu produto final. Cabe a nós tomá-lo naquilo que de melhor tem a nos oferecer: não uma visão crítica e severa para o que criamos, mas um olhar de cuidadoso exame, que nos informa por que caminhos podemos ir, nos abre outras possibilidades, nos oferece novas questões. Alguém – interno ou externo – com quem dialogar enquanto estamos sozinhos com nossa escrita, nos cafés da cidade...

Pode vir a ser a pressão da instituição, o convite de uma revista, a necessidade interna de compreender uma situação da clínica ou o relato de um caso. Willemart (2002) localiza a demanda real no lugar do outro que aguarda um artigo ou um livro. "É o desejo do Outro que fundamenta a ação de escrever" (p. 76), e escrevemos para o que imaginamos ser a demanda dele.

Para completar o processo, nossa produção deve ser levada de fato ao outro, por intermédio de sua divulgação. Nisso se completa o ato da escrita. Se pensamos em engavetar um trabalho depois de pronto, seu sentido se perde no meio das folhas nunca mais mexidas. Engavetado, tem uma existência somente para nós, sem o reconhecimento do outro que o valida. O crescimento se dá no encontro com esse outro e, por isso, um texto cresce em qualidade se o submetemos a nosso leitor. Se ficamos fechados em nossa obra e na percepção que temos dela, essa criação pode *morrer* em nós mesmos. O texto psicanalítico é incompatível com o monopólio.

Paim Filho (2014) vê da mesma forma: é essencial que sigamos escrevendo e reescrevendo – desde o lugar de analistas – sobre os enigmas de nosso ofício. Quando escrevemos, esses enigmas atingem outro *status*, que estabelece um diálogo mais além das salas de análise e das instituições. Na travessia feita da endogamia à exogamia, a palavra inscrita e publicada torna-se patrimônio da cultura. Nesse convite à interlocução, a escrita põe em movimento o aparato psíquico, gerando encontros e desencontros: "um bom estímulo para uma escuta produtora de uma escrita, comprometida com a singularidade do pensamento psicanalítico – criar a interrogação diante das certezas alienantes" (p. 80).

Uma escrita que não chegue ao leitor não comunica e, assim, malogra em seu objetivo final. Guardada, perde-se na poeira e no mofo de nossas prateleiras particulares. É ao que Corrêa (1995) refere-se, quando explica que as letras, palavras e frases ganham um sentido apenas quando significadas por quem as escreve e por quem as lê, mesmo que o leitor sejamos nós.

Então, o terceiro tempo da escrita como espaço de encontro é na presença viva dos leitores, que se apresentam como igualmente fundamentais no processo de elaboração do texto, em momentos distintos. Há uma interlocução que é preparatória ao escrever com as pessoas que elegemos como partícipes de nossa elaboração. Em geral, sabemos o que queremos fazer: a ideia inicial já está em nossa mente, mas não sabemos traduzi-la nas laudas. Nesses momentos, parece que o simples ato de falar para alguém forma mais claramente a vereda a seguir no papel.

É essa relação com o outro que abre, para Berry (1996), a possibilidade de uma experiência de comunicação verbal ou escrita. Quem ocupa o lugar de um terceiro parceiro, para ela, é vital para o desenrolar de um tratamento, pois é por meio da relação com esse outro que tomamos distância do processo e podemos percebê-lo melhor.

O leitor é esse *outro* – mais vivo que os objetos que nos acompanharam na elaboração da escrita – que receberá nosso texto pronto. Moschen (1997) ocupou-se de examinar mais profundamente nossa relação como autores com aquele a quem dirigimos o texto. Quando iniciamos uma escrita, ela refere: "Em seu horizonte, se faz ver um lugar ao qual o texto é dirigido, e é no diálogo com esse lugar que o sujeito elaborará o texto, implementando, em seu escrito, estratégias que têm como intuito instrumentalizar esse que concebe como seu leitor no sentido de dar-lhe as ferramentas necessárias para que atualize a interpretação que pretende que seu texto receba" (p. 167).

Ela propõe a autoria como efeito da duplicação daquele que escreve ao estabelecer o que chamará de *leitor modelo* e seus atravessamentos. Essa duplicação pressupõe referência a um lugar de exterioridade, um não eu, distinto e separado do eu. O leitor modelo está contido, pois, nas estratégias textuais atualizadas pela escritura e faz parte desse espaço denominado *espaço virtual de elaboração do texto*. A *função autor*, como Moschen (1997) define, prevê que, ao dirigir-se ao leitor, quem escreve lance mão desses estratagemas para tornar seu texto interpretável: "É em uma referência ao outro que é possível ao sujeito construir um texto, endereçando sua produção a um leitor modelo do qual pressupõe certas defasagens, bem como algumas possibilidades interpretativas, e a quem procura estabelecer e instrumentalizar através de sua construção textual" (p. 57).

Ao escrever, construímos um lugar desde onde falar e um lugar desde onde queremos ser lidos. Por isso, de nosso leitor modelo, supomos uma capacidade interpretativa, instrumentalizando-o naquilo que pensamos lhe ser falho e estabelecendo um diálogo. Assim, o leitor modelo tem sobre o autor influência direta, ao mesmo tempo que é construído por ele. O fenômeno que sustenta a constituição desse lugar de endereçamento do texto é, segundo Moschen (1997), a transferência estabelecida com nossos supostos leitores, com o conhecimento que têm e o que não têm. "É tomado nesse lugar de não substancialidade que o sujeito dará origem à experiência da escrita, desdobrando a posição desde onde fala ao longo do texto em diferentes lugares de enunciação, lugares que se constroem também por efeito das transferências que suporta e das que endereça" (p. 142).

No diálogo freudiano, encontramos o leitor ocupando um lugar de extrema consideração e respeito. Observamos esse aspecto no frequente artifício de Freud de imaginar um leitor presente, firmando com ele uma conversa como se realmente à sua frente estivesse. O clima de conferência é encontrado mesmo em artigos que não foram apresentados a plateia alguma, e as conversas com um suposto ouvinte incluem antecipações, perguntas e respostas. Ele coloca-se intencionalmente desta forma: "Portanto, é somente por um artifício da imaginação que eu me coloco novamente num auditório, nas exposições que se seguem. Isso pode me ajudar a não perder de vista o leitor, ao aprofundar o assunto" (Freud, 1933a, p. 124). Em diversos textos, ele tem o cuidado de anunciar *por onde anda*, para que o leitor não se perca. Antecipa sua resistência, a discordância, o contraponto que – se pudesse – este traria. Desculpa-se, recapitula, justifica, contra-argumenta, mantém uma conversa.

Nesse interlúdio contínuo de antecipação das ideias a serem desenvolvidas e retorno às ideias já discutidas, Freud orienta o leitor para a sequência de realidades históricas e psíquicas (Mahony, 1990). Nessa linha, pode ser bastante útil imaginarmos o público a quem endereçamos nosso texto, onde ele será apresentado, onde será publicado. Imaginando-nos em um diálogo com um leitor, ganhamos, além de um parceiro para nossas incursões, alguém que nos ajuda a pensar se o texto está claro, explicado demais, explicado de menos. O mesmo exercício podemos fazer com um leitor real: pedir que um colega, amigo ou familiar leia e nos dê um retorno prévio sobre o que produzimos. É como se o mesmo texto lido por diferentes pessoas ganhasse outras conotações.

A capacidade de um texto de influenciar um leitor é determinada, segundo Mahony (1990), mais por seu tom afetivo do que pela força de seus argumentos, o que se evidencia nos textos freudianos: o tom de humildade, seriedade, propriedade, transparência e dignidade permeia os seus textos e conquista seus leitores. Devemos pontuar que as digressões de Freud não careciam de força e consistência teórica; mas o alerta de Mahony é acertado uma vez que nos faz prestar atenção na forma como construímos nosso texto.

Na relação com o leitor, Freud era hábil e, na mesma medida, respeitador. Ele o atraía por uma atitude de franqueza e autenticidade. Usava o humor e termos do dia a dia, palavras simples que eram próximas à vida cotidiana, e, com isso, aproximava o leitor. Usava o suspense para prender a atenção, provocando nele pensamentos, sentimentos, dúvidas, necessidades e desejos. Antecipava ideias de que se ocuparia posteriormente e, assim, capturava sua atenção e sua curiosidade. Ao mesmo tempo, estimulava o leitor, sua imaginação e sua capacidade crítica, e oferecia a compreensão subjetiva de uma experiência (Rosenfeld, 1990; Mahony, 1990).

Freud empregava imagens de física, química, pintura, religião, medicina, política, história, culinária, arqueologia e direito para elucidar suas teorias. Utilizava metáforas, analogias, paralelos e modelos para ilustrar seu pensamento. Usava muitos provérbios e citações literárias, em especial de Goethe e Shakespeare, que o tocavam de maneira especial e deixavam bem marcada a vasta cultura e conhecimento que detinha (Rosenfeld, 1990; Mahony, 1990). O que ele buscava com esses procedimentos estava para além da transmissão de um conhecimento intelectual. Mahony (1990) sublinha que Freud visava estimular a audiência a pensar e sentir, e também a lidar com suas resistências, facilitando seus processos associativos. Ele mantinha-se "intensamente atento à irracionalidade, às resistências dessa plateia e aos múltiplos óbices à elaboração de sua comunicação, e conduzia sua apresentação de acordo com isso" (p. 28).

Em um artigo publicado após sua morte, Freud (1940) expõe dois métodos que podem ser escolhidos pelo autor que se dispõe a introduzir algum ramo do conhecimento ou da pesquisa: o método genético e o método dogmático. O que ele define como *método genético* requer que partamos daquilo que todo leitor sabe sem contradizê-lo, à espera da oportunidade de chamar sua atenção para fatos do mesmo campo que, embora lhe sejam conhecidos, até então negligenciara. Partindo destes, apresentamos-lhe novos fatos dos quais *não* tem conhecimento. Tomada tal precaução, preparamos o caminho para uma melhor aceitação de novos pontos de vista, diferentes de seus juízos anteriores. Assim, conseguimos que ele tome parte na construção de uma nova teoria sobre o assunto, em um trabalho conjunto, no qual o leitor percorre o mesmo caminho pelo qual viajamos anteriormente. A desvantagem desse método é que o leitor não ficará tão impressionado por algo a que assistiu ser criado lentamente como ficará por algo que lhe é apresentado já pronto e acabado.

Exatamente esse último efeito é produzido pelo método alternativo de apresentação de uma nova teorização, o *dogmático*. Esse outro método começa expondo diretamente o enunciado de nossas conclusões, exigindo a atenção do leitor e rogando que ele acredite no que está posto, mesmo ignorando a forma como chegamos a tais conclusões. Freud (1940) imaginava um ouvinte crítico meneando a cabeça e se perguntando: "Isso tudo parece esquisito! Como ele sabe disso?" (p. 352). Sua preocupação naturalmente girava em torno da crença de que a psicanálise tinha poucas chances de se tornar apreciada ou popular na época de sua solidificação.

Examinando o método dogmático, Mahony (1990) destaca que o leitor pode ter a impressão de estar diante de um bloco teórico completo e cabalmente fechado. Não obstante, possui um efeito impressionante. Diferente disso, no discurso genuinamente genético, encontramo-nos com o inconsciente de Freud e com o processo psicanalítico. Tal discurso não envolve apenas um estilo de escrever acerca da psicanálise; manifesta-se de igual modo no estilo que abrange a experiência psicanalítica. É por essa razão, afirma Mahony, que "o estilo de Freud permanece eternamente atual, mais vivo e atraente do que muitos dos tratados psicanalíticos subsequentes" (p. 13). Ele compara o discurso genético de Freud ao jogo do *fort-da* de seu neto, pelo qual ele consegue tanto descrever os processos inconscientes como encená-los e dominá-los. Caracteriza-o desta forma:

> *É exatamente no discurso genético que podemos observar Freud no papel de cultor da ironia romântica. Incorporando ao mesmo tempo o compromisso e o distanciamento, e auxiliado por uma linguagem brincalhona e evocativa, ele muda de rumo com facilidade, da autoironia ao tema sério e daí ao exemplo surpreendente, e daí por diante, sempre com habilidade. Seu estilo combina trabalho e imaginação, o grave e o leve (p. 106).*

Freud mostrou-se expressamente preocupado com essa possibilidade de combinar os métodos dogmático e genético de exposição, à medida que continuava a explorar e expor sua teoria. A vantagem dessa combinação é destacada por Mahony (1990): ela gera e facilita os processos associativos e críticos na escrita e aos do leitor em contato com a obra.

O procedimento genético de Freud possui duas modalidades: uma predominantemente pública e outra predominantemente privada. Mahony (1990) vê, no discurso genético público de Freud, o objetivo declarado de persuadir e convencer. O meio para essa persuasão não é apenas o de seguir sua via anterior de investigação, mas também o de reconstituí-la em companhia de um atento leitor crítico que, por consequência, se envolve na aventura de tentativa e erro.

Enfocando agora o procedimento genético privado de Freud, passamos do discurso utilizado para estimular as associações da audiência para o discurso utilizado para estimular as associações do próprio autor. É a escrita exploratória, que é, antes de tudo, o relato de uma exploração anterior de processos em andamento: em vez de explicar algo previamente planejado, lembra a associação livre, na qual o analisando fala buscando descobrir o que pensa (Mahony, 1990). Essas são as características da genuína escrita psicanalítica.

Todavia, não se trata unicamente de saber usar os métodos oferecidos por Freud; aprendemos com ele a pensar no leitor que é, no final, o objeto para quem nos dirigimos. O leitor que, no momento da escrita, é imaginário deve ser levado em conta o tempo todo. Gerber (2002) chamará de "concisão empática" (p. 211) algo que se pretende também na relação psicanalítica: desapegar-se de si para conviver com o outro.

Nosso texto comunica-se com as várias instâncias do leitor – id, eu e supereu –, mas tem de garantir chegar efetivamente até elas. Assim, além de um objeto específico, podemos definir a escrita psicanalítica como aquela construída de modo a propiciar uma vivência em quem lê. Lamanno-Adamo (1998) identifica esse efeito nas obras de arte em geral. Considera existirem certas obras com o poder de ativar uma necessidade de *conversar* com elas, sintetizá-las, escrever sobre elas, buscar um ponto de ligação entre o que mostram e o que reconhecemos de nós mesmos naquela produção. O conteúdo do texto deve ter eco dentro de nossa experiência, mesmo que tenha sido escrito por outra pessoa.

É o que vemos, de fato, em romances, livros de poesias e outros tantos textos que acionam conteúdos inconscientes de forma tão pungente como textos psicanalíticos. Eles têm a capacidade de *capturar*, tendo um efeito psicanalítico sobre aquele que lê e é surpreendido por um *insight* a partir do que viu nas letras do papel sustentado nas mãos; eles provocam uma inquietação que move o leitor em direção à escrita, como resposta a uma provocação de seu autor. Logo, não reivindico a restrição da qualidade *psicanalítica* para textos em psicanálise, ou escritos por psicanalistas, mas a escrita psicanalítica deve guardar esse predicado como essencial.

Para Birman (1995), qualquer texto que produza uma experiência de inconsciente no seu leitor seria um texto com caráter estritamente psicanalítico, além, claro, de tematizar a psicanálise como questão principal. Assim, alcançamos o *outro*, completamos a dupla autor-leitor, e marcamos uma semelhança entre a escrita psicanalítica e o processo analítico: sua ação sobre o leitor, que, neste par, ocupa como que o lugar do analisando. Birman retrata o texto constituindo com o leitor um campo particular de evocação similar a uma experiência psicanalítica. Ele funciona como um intérprete e como a interpretação que, se bem-sucedida, o *pega de surpresa* no ponto em que menos esperava, desorganizando momentaneamente suas referências. O texto expressa algo de maneira tão surpreendente e singular que possibilita uma experiência de inconsciente de caráter pontual e constitui um encontro a dois – entre o texto e o leitor.

Essa relação é descrita também por Menezes (1994) quando ele coteja a escrita e a interpretação. Em ambas, há um momento preliminar a qualquer formulação mais elaborada, no qual tanto o escritor como o analista podem pensar em todas as direções, mas "há uma escolha, uma condensação ou uma precipitação de ideias que terão que encontrar, em palavras justas, a ressonância exata da inteligência do sensível de que serão portadoras" (p. 39). Partimos de pedaços desconectados, que vão harmoniosamente ligando-se em um conjunto que adquire cada vez mais sentido para quem emite e para quem recebe.

A escrita de qualidade encontra reverberação no leitor e desperta nele sentimentos de ordem diversa. Inquieta-o. É como se o texto fosse capaz de fisgá-lo precisamente naquilo que pretendemos. O leitor mobiliza-se com ele e compartilha conosco desde suas impressões sobre o escrito até as angústias traduzidas no papel. Como o analisando na sala de análise, ele firma uma transferência com o texto que tem em mãos, então, é necessário que este o cative por seu conteúdo. Em segundo lugar, faz uma transferência com o autor desse texto; então, é fundamental que nos apresentemos na escrita. Se nos escondemos por detrás de outros autores publicados, não há com quem transferir.

Para que seja capturado por um trabalho psicanalítico, Freud (1937) aconselha o estabelecimento de uma relação íntima com o leitor. É essencial uma proximidade entre o conteúdo comunicado no texto e a experiência viva de quem lê. Se falarmos ao analisando sobre a probabilidade de outros conflitos pulsionais e despertarmos sua expectativa de que tais conflitos possam ocorrer nele, veremos malograr nosso intento. O resultado esperado não ocorre, e não se produz qualquer reação nele. Alcançou mais um conhecimento teórico, mas nada mais se altera. Então, Freud justifica: "O leitor é 'movido' apenas naquelas passagens em que se sente atingido, que dizem respeito aos conflitos nele atuantes no momento. Tudo o mais o deixa indiferente" (p. 299).

"Eu também": é essa sumária frase que melhor indica, para Kehl (2001), a reação espontânea do leitor a essas escrituras que o afetam. Um trabalho que comunica ao leitor simplesmente o que ele já sabe, ou repete somente, não leva a nada, nem a algures. Se escrevemos sobre algo sabido, se fazemos um texto teórico que reprisa pressupostos e não acrescenta nada, nos perguntamos em que ponto se deu um encontro entre autor e leitor. O texto deve ter algo a ser desvelado. Se calca-se na exposição limitada e hermética do que queremos apresentar, pode ser um trabalho sobre psicanálise, mas não será, em sua essência, psicanalítico, pois não se utiliza do mesmo objeto, qual seja, o inconsciente.

Como na sessão, tão importante quanto a fala do analisando é aquilo que ficou nas entrelinhas de seu discurso. Não me reporto aqui ao método decifrador de Freud, mas à necessidade de escutarmos o material mais profundo e que foi fisgado pelas amarras da resistência. Na escrita do texto, procedemos da mesma maneira. Se aprendemos com a psicanálise que as coisas nem sempre são o que parecem ser, é prudente desconfiarmos de uma construção teórica que se nos apresente de fácil dedução. Então, vamos ao encontro do que ficaria subentendido nas entrelinhas das páginas escritas; para uma escrita viva e que movimente o leitor, podemos dar letra ao que está nos intervalos entre as palavras, para que ele saiba de nós o que está presente, ainda que não evidente, no conteúdo.

Uma qualidade da literatura descrita por Freud (1919) estende-se aos trabalhos de nossa área. Para ele, o maior objetivo do escritor é apresentar incertezas que desacomodam as convicções arraigadas, de forma a que o leitor tenha dúvidas se está sendo conduzido pelo mundo real ou por um mundo puramente fantástico, criado pelo escritor.

Essa é uma das funções primordiais do texto psicanalítico junto ao leitor: suscitar associações e motivar a pensar, processo posto em marcha pelo vértice da vivência, antes de por seu conteúdo temático. Mezan (1998) explica melhor esse ponto: "A ressonância de um texto lido, assim, não provém tanto de seu conteúdo ser ou não 'clínico', e sim da possibilidade que o autor me oferece para entretecer o que ele escreveu com o que vigora em minha própria vida psíquica" (p. 110).

Por esse estado de ressonância é que Berlinck (2006) propõe: "somos frequentemente levados a um estado de sonho, ou seja, começamos, sem querer, a divagar sobre o texto e somos levados por imagens e representações de coisas e de palavras, como se estivéssemos sonhando de olhos abertos" (p. 36). Então, Ahumada (1996) define como fundamental que a escrita psicanalítica encontre a univocidade de seu postulado na vivência prévia do leitor, e esclarece o motivo: "Se não for assim, a transmissão escrita da psicanálise será opaca ou, o que é pior, potencialmente enganadora" (p. 32). Escrever um texto que não carregue em seu corpo uma vivência é como tratar alguém sem estar presente na sala de análise.

Para quem escrevemos e para que escrevemos são pistas a serem seguidas. Almejamos provocar alguma coisa no leitor que criamos em nossa mente; então, devemos saber de saída o que é: queremos deixá-lo confuso, irritado, intrigado? Queremos que concorde conosco ou intentamos provocá-lo para discordar e pensar mais no assunto? Autores de um trabalho, escrevendo para um leitor imaginário ou real, pretendemos uma ação sobre ele. Persuadimos, seduzimos, manipulamos; agimos capciosamente, mas temos de saber que assim o fazemos. Nossa escrita perde a ingenuidade.

Segundo Mezan (1998), isso se justifica pela vertente da escrita que é uma posição de domínio, de onde se pode influenciar o leitor, seduzi-lo para que partilhe o sabor de alguma descoberta ou de alguma ideia nova, vencendo suas resistências, ou suscitando nele reflexões que prolonguem ou se oponham às nossas constatações; como afirma esse autor, mobilizando-o e, de alguma forma, tirando-o de seu sossego. Vale assinalar que a atitude de domínio, como Mezan refere, não é de superioridade; nunca podemos perder o apreço pelo leitor.

Encontramos em Moschen (1997) essa mesma preocupação. Ela recomenda que, como autores, tomemos o lugar do leitor de nosso próprio trabalho. Assim, poderemos supor estratégias que contribuirão no sentido de que o texto seja compreendido conforme desejamos.

Menezes (1994) vai ainda mais longe, ao assegurar que, se não situarmos a produção de nosso texto nesse terreno, ele não produzirá no leitor "esta espécie de convite ao pensamento associativo, à teorização fantasiante, à maleabilidade transformadora própria ao funcionamento do analista e que é característica de uma 'episteme' original que permeia mesmo as mais imponentes construções teóricas da psicanálise" (p. 42).

Compondo a mesma figura de linguagem – de uma teorização fantasiante –, Nasio (2001a) avalia que a escrita figurada facilita o acesso ao pensamento abstrato. Como autores, partimos de um caso ou de construtos para dar forma ao até então subjetivo. Agora, na leitura, o leitor percorre o caminho contrário: "Faz o trajeto que vai do texto ilustrado ao conceito pensado, da cena à ideia, do concreto ao abstrato" (p. 13). O leitor identifica-se com os personagens principais da história do analisando, e depois generaliza o caso, comparando-o com outras situações análogas, para enfim discernir o conceito que até ali continuava não formulado. Então, "guiado pelo conceito emergente, vasculha seu espaço mental, povoado por outros conceitos conhecidos e outras experiências vividas" (p. 13). Assim transformamos em ator da cena o leitor, que, ao ler o relato de sessões, se imaginará sofrendo o que o analisando sofreu e intervindo como o fez o analista, por efeito da identificação.

Isso se faz ver nos textos de Freud. Um bom exemplo é o caso do "Homem dos Ratos". O texto é escrito de tal modo que não é incomum ouvirmos as pessoas contarem que se viram lendo o trabalho tão obsessivamente quanto o fazia o analisando em questão. Ou que acabaram sentindo o que o analisando ou o analista provavelmente estava sentindo.

Aí reside o valor didático de um caso, qual seja, o poder irrepreensível da história clínica para "captar o ser imaginário do leitor e conduzi-lo sutilmente, quase sem que ele se aperceba, a descobrir um conceito e a elaborar outros" (Nasio, 2001a, p. 14). Eu diria que, para além do caso, é o valor de toda escrita psicanalítica, que não deveria olvidar em momento algum de ter que *atar*, *catar*, captar, capturar o leitor. Nasio (Nasio, 2001a) pergunta se existe outra maneira de pôr uma definição em evidência que não seja recorrendo ao testemunho de um caso clínico. Quando se trata de conceitos, e não da ilustração de um analisando, ele sugere o mesmo ardil para estimular o leitor e facilitar a aquisição de saber: trata-se de personificar os conceitos, de humanizá-los como se fossem personagens de uma ficção, de um filme, como se o próprio conceito tornar-se humano e vivo, de fazê-lo falar e agir como falaria e agiria um ser que quisesse fazer-se entender.

Como o diretor de um filme, Nasio (2001a) relata a preocupação de apresentar suas articulações, sinuosas e amiúde complicadas, de modo a fazer do conceito teórico o personagem central de uma trama, com um começo, um momento de clímax e um desfecho, para criar em seu espectador-leitor os mesmos suspense e tensão que um drama nos desperta. E isso por um motivo: "Era preciso que minha formulação refletisse a mesma tensão que antecipa o salto, a mesma emoção da transposição e o mesmo relaxamento que se segue à crise" (p. 15).

Algumas estratégias diferentes de texto podem seguir na linha dos diversos filmes a que assistimos: apresentando, na primeira cena, o final; falando de um personagem sem revelar quem de fato é; escrevendo de forma intencionalmente confusa, ou compartimentada, entre outras... Esse impacto estético do texto remete-nos à clínica, na qual formulamos verbalmente falas mais criativas ou falas mais convencionais. Uma intervenção muito *explicadinha* chega até a barreira intelectualizada do analisando e para; a mais criativa pega o analisando de surpresa, quando salta o recalcamento e atinge uma camada mais profunda.

Claro, cada analista terá um estilo de interpretar, assim como cada autor terá um estilo de escrita diferente. Se, contudo, expandirmos essa compreensão, algumas possibilidades se mostrarão. Podemos pensar no impacto estético como uma ferramenta de apreensão do analisando e do leitor. Forjar esse impacto estético implica criar figuras de linguagem e metáforas, ou usar linguagem poética, mas, além disso, cada um poderá descobrir, com liberdade e espontaneidade, fórmulas para chegar ao leitor, motivo principal de nossa escrita.

E. Rocha (1998) valoriza a competência estilística ou sedutora do autor como responsável pela força da escrita de um caso. O ponto ressaltado por ele é essencial, mas, como a estética nos apraz somente até certo ponto – queremos sempre descobrir o que há por baixo de uma bela roupagem –, o conteúdo também deve ser consistente. São quesitos complementares um ao outro. Um trabalho bastante sólido talvez perca leitores se seu autor não se preocupar em alcançar sua audiência.

Logo, a proposta de criatividade e liberdade não é – de maneira alguma – sinônimo de um trabalho raso, esteticamente atraente, mas vazio de conteúdo. Não basta *escrever bonito* e faltar consistência teórica ou um exame profundo. Para nos aventurarmos por outros caminhos de estrutura de texto e de apresentação de conteúdo, devemos ter ainda mais condições internas do que para desenvolver um trabalho igual a todos os outros.

Competência estilística não encerra *um* modo de escrever apenas. Uma forma cômica, uma dramática, uma detetivesca, uma interrogativa: são todas formas de chamar o leitor para dentro do texto; ou, se mal empregadas, afastá-lo já nos primeiros parágrafos. Qualquer pessoa que já tenha se dedicado à leitura de uma quantidade maior de textos pode constatar a existência de artigos ou capítulos cuja leitura nem vemos passar; e outros que simplesmente *trancam*. Lemos o mesmo parágrafo mais de uma vez e, mesmo assim, não sabemos do que se trata.

Há uma condição que parece fundamental para que nosso texto tenha ressonâncias no leitor: estarmos na escrita, de corpo e alma; que assistamos à vida brotar das letras do texto. A presença das emoções envolvidas o tempo todo é uma peculiaridade da escrita em psicanálise. Se não estão envolvidas – e não é raro que não estejam, nas produções que vemos –, o tipo de texto é diferente. Aí, sim, assemelha-se ao modelo médico ou acadêmico de trabalho científico. A qualidade é outra, talvez nem melhor, nem pior; mas é distinto.

A escrita psicanalítica tem como idiossincrasia um duplo lugar ocupado pelo autor: quem escreve é a mesma pessoa que vivenciou o que está escrito. Escrevemos sobre o que vivemos na clínica, na solidão do encontro analítico, um texto que diz do analisando e também do analista que ali esteve. Então, essa condição é essencial: estar na escrita. Características como exposição e proximidade são elementos que fazem diferença.

Daqueles textos feitos sem a presença do autor, poderíamos supor que se comparam à hipnose: o analisando, autor em questão, fala pela boca de outro que lhe conta, depois, sua história. Não está, no entanto, apropriado dela, sequer sabe o que falou. A emoção ficou isolada em algum estado alterado de consciência, mas não participou do processo de elaboração tão fundamental à escrita. O relato está todo ali; a vivência passou longe. Outros autores ocuparam a cena, enquanto seu autor, adormecido, era dominado pelo poder de uma autoridade absoluta. Quando escrevemos sobre aquilo que escutamos, assumimos sempre uma ação em que nossa autoria, nossa marca pessoal, fica inscrita. Não pode ser um relatório.

Willemart (2002) faz uma afirmação enigmática: "Os psicanalistas em geral são escritores especiais, já que não escrevem a partir de experiências vividas pessoalmente ou imaginadas, mas a partir de casos que lhes foram contados, de experiências ouvidas de analisandos" (p. 73). Discordarei de sua abordagem, pois parece mais certo enunciar: escrevemos sobre a *nossa* versão de tudo o que é trazido pelo analisando e compartilhado na sessão. Escrevemos justamente sobre a nossa vivência! Mesmo que o objeto de nossa atenção seja o relato do analisando, ele já passou por todo o aparato psíquico e foi registrado como, agora, *nosso*.

É nesse sentido que Moschen (1997) pontua: "É necessário, então, que o sujeito invista o fato, situando-o como algo em que seu desejo está implicado" (p. 140). Para essa autora, também o texto é contaminado pela dinâmica psicanalítica que traz, segundo podemos deduzir, os personagens de uma relação para dentro da cena, no consultório ou no trabalho escrito. "O texto que o aluno escreve não é indiferente ao objeto sobre o qual se debruça; ele traz a sua marca" (Moschen, 1998, p. 38). O problema reside em o aluno *ser* indiferente a sua experiência e ao texto, ao provocar uma separação entre elementos que, na escrita psicanalítica, poderiam andar juntos. Os alunos que foram sujeitos de sua pesquisa estavam vivendo os efeitos de uma experiência do inconsciente, tomando sua responsabilidade nela, ao escutarem os primeiros pacientes no estágio e, principalmente, ao se escutarem em suas próprias análises e nas supervisões.

Moschen (1998) encontrou, junto aos estagiários, uma referência constante ao que marca a diferença nessa escrita: o fato de ela tematizar tal experiência vivida por eles como atores do processo e, ao mesmo tempo, testemunhas desta experiência. "Por isso, não se trata de assumir uma posição de exterioridade em relação àquilo sobre o que elaboram em seu texto, mas de nele testemunhar os efeitos dessa experiência" (p. 39). Assim, o autor não é mero espectador de uma produção, mas um ator; e ator *principal*, acrescento.

Segundo Moschen (1997), esse é o único modo possível de se escrever a clínica, ou seja, se nos inscrevemos nela. Para Costa (1998), porém, há aí um complicador, qual seja, "precisarmos ser, ao mesmo tempo, o contador e o contado, aquele que conta e aquilo que é contado, sujeitos e objetos da linguagem" (p. 9). É um paradoxo de difícil resolução e, talvez por isso mesmo, um aspecto que faz o autor se retirar, tímido, do texto escrito.

# 6. Quais os objetivos da escrita?

> *Mas já que se há de escrever,*
> *que ao menos não se esmaguem com palavras as entrelinhas.*
> *Então, escrever é o modo de quem tem a palavra como isca:*
> *a palavra pescando o que não é palavra.*
> *Quando essa palavra morde a isca, alguma coisa se escreveu.*
>
> Clarice Lispector

## 6.1. A passagem de um registro subjetivo a um registro objetivo

Escrever a psicanálise fala sobre escrever o subjetivo. Fazemos passar de um registro para outro, mais elevado, conteúdos que, habitantes de nosso psiquismo, reservam a qualidade de serem desordenados. No processo de levar palavra ao que era imagem, ocorre uma passagem entre a matéria-prima bruta e o produto final, o texto pronto. Dos processos inconscientes que nos oferecem o conteúdo emocional de nossa escrita, fazemos a transposição para um curso consciente e que nos fornece todo o instrumental necessário para a elaboração de um trabalho, como na elaboração onírica. Assim, percebemos que, na mesma linha do sonho, do ato falho e do sintoma, a escrita é um dos destinos possíveis da pulsão. Mas como se realiza esse transcurso de elementos totalmente abstratos para um registro como a escrita, cujas leis primam pela objetividade? Afinal, a escrita é um objeto concreto que pretendemos que dê cabo de representar algo que é imensurável.

Freud (1900) enaltece a capacidade do escritor para o processo de transformação de elementos mentais em um produto concreto. Por isso, quando escrevemos, conseguimos representar, como em uma peça de teatro, nossa realidade interna. Dessa maneira, cumprimos uma função de figuração, no sentido de dar forma e externalidade ao que não estava visível e evoluiu da *imagem* à *palavra*.

Para a compreensão dessa passagem e dessa dificuldade, Freud (1916b) aconselha nos colocarmos no papel de alguém com a tarefa de substituir um editorial político, em um jornal, por uma série de ilustrações. Para a substituição de objetos concretos, não haveria dificuldades; contudo, quando se tratasse da representação de objetos abstratos e daqueles componentes do discurso que indicam relações entre pensamentos, *estaríamos em apuros*, afirma ele. Teríamos de necessariamente trilhar o caminho contrário do que sucede na escrita: da *palavra* para a *imagem*.

As manifestações artísticas dão forma a algo que sem elas seria, segundo a definição de Cruz (1999), "uma vivência emocional irrecuperável" (p. 526). Assim, são os elementos mais primitivos – registrados em uma etapa na qual o psiquismo carece de capacidade de nomeação – que impõem maior dificuldade de expressão, já que são vivências de uma época na qual ainda não tínhamos a capacidade de simbolizar, pela palavra, elementos mantidos em um registro anterior. Tal dificuldade é apontada por Cramer (1995), que, na elaboração teórica do tema a que se dedica – a relação precoce mãe-bebê –, identifica: é extremamente difícil expressar algo sobre o conteúdo subjetivo do pré-verbal.

Da passagem da *coisa* para a *palavra* (Freud, 1915), marca-se a presença da linguagem como significador daquilo que busca ser expresso. O que era do registro mais primitivo ganha acesso à palavra, à linguagem e à comunicação. Imagens se ligam a palavras e a frases, e tomam para si um sentido.

Ahumada (1996) apoia-se nesses conceitos freudianos para explicar que a linguagem, como condição primária de toda experiência humana, implica a capacidade de articular um espaço psíquico com pelo menos dois níveis, ambos dotados de realidade: um nível processual, em que ocorrem fatos, e um nível de observação e de inferência, capaz de mapear tais fatos psíquicos, pré-requisito para o surgimento da elaboração. É o processo a que Pereira Leite (1995) refere-se, quando explica que escrever é traduzir de um registro para o outro, de modo a transformar ideias e afetos em palavras que, uma vez lançadas, depositadas, escrituradas, serão apreendidas na leitura do outro.

Freud (1908) utiliza-se primeiramente dos mitos, das lendas e dos contos de fadas para ilustrar a escrita como um retrato dos mais primitivos desejos do ser humano. Essa ilustração se dá em dois tempos: a criação literária dá expressão aos anseios individuais de quem empunha a caneta em sua escritura e dá expressão igualmente – e aqui a dimensão é bem maior – aos anseios de uma sociedade, haja vista a atemporalidade característica de nossas conhecidas histórias infantis e a persistência com que obras clássicas, como o mito de Édipo, vêm alcançando cada nova geração. Como um vestígio distorcido das fantasias plenas de nossos desejos e dos sonhos, os mitos atravessam a história da humanidade.

A escrita insere-se, nesse ponto, como instrumento de apreensão das realidades externa e interna. Do mundo real, concreto e objetivo, buscamos captar aquilo que de estranho acontece. A subjetividade própria do humano, bem como os motivos da natureza são completamente desconhecidos, conquanto aconteçam sem nossa ação; e é exatamente desta sensação de alheamento que surge a necessidade e a possibilidade de aproximação – é a partir do escrever estas realidades que elas podem se firmar. Por ser um objeto de difícil apreensão, o inconsciente impõe uma também difícil – quiçá impossível – exatidão conceitual. Esse é nosso desafio.

Parente (2007) descreve esse processo: "O poder da palavra está em iluminar e dar outras tonalidades a esse universo que antes permanecia inerte nos escombros de um porão" (p. 357), e segue: "Os vultos inconscientes emergem no momento em que alguém os vasculha com palavras proferidas ou escritas. E o trabalho do psicanalista é justamente encontrar contornos para as sombras espalhadas e disformes que habitam a alma. Nesse sentido, seu ofício é ser um 'paciente escritor do apagado', 'um incansável pesquisador de vestígios da ausência'" (p. 358).

Moschen (1997) destaca que, ao tematizar a experiência clínica, ao refletir acerca do vivido, o escrito toma como suporte um fato, mas "o faz ingressar em outro patamar quando, ao recortá-lo do conjunto de fatos, torna-o objeto do texto, onde será pensado a partir do estabelecimento de relações, seja com outros fatos que não se sucederam necessariamente ao mesmo tempo nem no mesmo espaço, seja com formulações teóricas acerca do tema ou com modelos de compreensão do assunto" (p. 139). Esse outro patamar é a escrita com todas as suas peculiaridades, outro registro.

Francischelli (1995) apresenta o analista como um *leitor-tradutor incansável*: "[os analistas] transformam as imagens da cena original em palavras escritas, quando procuram fixá-la em ideias teóricas ou em palavras orais, quando no trabalho clínico" (p. 38).

A escrita será esse espaço no qual podemos fazer o que nos é impedido na hora analítica: teorizar. Na sessão, a teoria é sempre e somente *pano de fundo* daquilo que levamos ao analisando sob a forma de uma interpretação. No texto, a teoria aparece junto de nosso relato pessoal. Em um movimento circular, vamos dos autores até nós mesmos, e de volta aos autores mais uma vez. Nas palavras de Mecozzi (2003), "a escrita está no coração da aventura psicanalítica enquanto oportunidade para teorizar, tentar recolocar sua fantasia, para desenclausurá-la da relação ilusória mantida com suas questões mais profundas, ideais".

O escritor alcança dar forma e voz ao obscuro inconsciente pela apresentação de elementos mais salvos do recalcamento. Para além disso, porém, ele pode transformar em produto esteticamente assimilável algo que o leitor receberá. Essa ideia é abordada por Freud (1908, 1910, 1919, 1925) em diversos momentos de sua obra com respeito à produção literária.

Para a transmissão de conceitos subjetivos, Nasio (2001b) sugere *antropomorfizar* uma entidade abstrata e dela se apropriar, ou seja, dramatizar um conceito. Ocorre-lhe imitar as ideias mais subjetivas e formais com gestos, mímicas ou entonações. Do modo sugerido por Nasio, quem sabe trataríamos os conceitos de maneira mais próxima. Mas quem de nós arrisca-se a esse exercício? Se o experimentássemos agora, que rosto, corpo e jeito teriam fenômenos como o masoquismo, o processo secundário, a representação-coisa?

Em seminário, Nasio (2001b) usa uma estratégia: "Às vezes, preciso explicar um conceito difícil em meu seminário privado, e me ocorre expressá-lo com gestos eloquentes. As perguntas que se seguiram à minha exposição provaram que a mímica havia permitido um acesso imediato a uma noção tão complexa" (p. 95). O desafio é conseguirmos esse mesmo efeito com as estratégias ou os recursos que a escrita oferece, menos abrangentes que os da linguagem oral.

Minha orientação é que a proposta de Nasio seja aplicada sem economia na linguagem escrita, em especial ao relato do caso. Diria: "Elabora e escreve os dados objetivos do caso. Então, esquece de tudo isso e deixa o inconsciente falar. O que surgir deste abandono será a outra parte do caso, aquela que dá vida ao texto, porquanto trouxe à folha um movimento integrado, em que consciente e inconsciente têm espaço para circular".

Quando escrevemos a respeito de fenômenos psíquicos, logramos dar expressão a um material tão primitivo como os objetos estranhos e as histórias assustadoras que os escritores literários nos ofertam. O escrever – diferentemente da pintura ou da escultura – introduz a palavra. O funcionamento do psiquismo, com sua forma tão *sinistra*, complexa e, ao mesmo tempo, caótica, é transposto em palavras e traduzido desde um registro subjetivo até o papel, já com uma ordenação. Por isso, a reação do leitor de um texto psicanalítico também não se diferencia: as teorias sobre a sexualidade infantil, no início do século XX, causaram tanto alvoroço, um misto de indignação, repugnância e atração, como a apresentação, em uma história, de uma criatura feita aos pedaços.

Como pintura do psiquismo, a escrita desvela o que é da ordem do inaceitável, porquanto nos habitam afetos de toda ordem, com expressão quase direta, menos disfarçada, a exemplo dos pesadelos. Felizmente, contudo, essa passagem da ideia para a palavra não se dá unicamente na representação crua dos elementos mais primitivos. Por isso, a transformação de uma matéria bruta do inconsciente em um produto mais refinado dá corporalidade a conteúdos mais ou menos deformados, de modo a termos em mãos tanto textos que nos comovem como textos que repudiamos; tanto belas histórias como narrativas horrendas; tanto casos que nos capturam como narrações que desprezamos.

Escrevemos, na psicanálise, sobre os fenômenos do encontro analítico, sobre os conceitos teóricos que traduzem a clínica, sobre as concepções acerca do funcionamento psíquico, assuntos de extrema importância. Em nosso texto, vemos o peso das complicações do sofrimento e da dor humana e, ao mesmo tempo, damos a este pesado conteúdo uma forma que pode ser lida, ouvida, trabalhada e assimilada, com a esperança de boas soluções, do novo. Não escrevemos sobre o comum, o conhecido, o visível. Escrevemos justamente sobre o que não compreendemos, o que nos é exatamente este estranho tão familiar: nosso inconsciente.

Escrevemos *com* e *sobre* nosso próprio psiquismo, de modo que tanto este mundo interno é instrumento de construção da escrita, como a escrita é instrumento de conhecimento deste sinistro território. Assim, não fazemos somente retratar o psiquismo na escrita, senão o transformar no movimento de escrever um texto, com base em um processo que requer alto nível de elaboração. Transformamos ideias complexas, subjetivas – um conteúdo que, por ser psíquico, dificulta a representação –, em uma linguagem escrita com clareza, coerência, lógica e encadeamento.

Rosenfeld (1998) descreve esse movimento de representação por meio da metáfora: "Outros transportes podem ocorrer se a metaforização psíquica se der: do indizível para o pensável, do amorfo para o figurável, do concreto para o simbólico . . ., do corpo para o psíquico . . ., do unívoco e chapado para o polissêmico e ressonante, do petrificado para a circulação, da clausura para a liberdade" (p. 145).

No relato de um caso, damos corpo a uma experiência singular. Nasio (2001a) indica que, por seu estilo narrativo, o texto põe em cena uma situação clínica que ilustra uma elaboração teórica. Por essa razão, considera que podemos conceber o caso como "a passagem de uma demonstração inteligível a uma mostra sensível, a imersão de uma ideia no fluxo móvel de um fragmento de vida, e podemos, finalmente, concebê-lo como a pintura viva de um pensamento abstrato" (p. 11-12). Permito-me acrescentar: o *relato* de um caso é ainda mais que a pintura viva de um pensamento abstrato. O comumente chamado *relato* não se resume a uma descrição do que aconteceu antes e depois no encontro analítico. Mais do que pintar acontecimentos – como um pintor que pinta a partir de um modelo –, criamos outro acontecimento, qual seja, a escrita!

Assim, fica claro que o escrito é mais complexo que um traço ou um registro gráfico a ser lido. Para Kadota (1999), essa seria uma concepção redutora da letra sobre o papel. Então, ela pensa a escrita como criadora de um sentido que é emprestado a uma gravura ou a uma superfície que pretendemos que seja transmissível: "ao 'criar sentido', o salto qualitativo já se marcou como diferença" (p. 45).

Logo, no percurso entre o pensamento e o papel, o que era da ordem do inconsciente, do caos, tomou forma e significado. Dessa maneira, quando escrevemos um texto de qualidade, não estamos tão somente repetindo teorias ou desenvolvendo um tema. Representamos na palavra muito do recalcado, que ganha expressão nesse momento. Algo de nós se revela com a escrita e nos delata naquilo até então mantido oculto. Por isso, uma produção textual não é apenas uma sequência de frases jogadas na folha, mas uma unidade de sentido, pela qual muitos significados se constituem e se expressam.

Muitas vezes, é somente quando escrevemos que um conteúdo psíquico toma forma. É o que Menezes (1994) confirma ao descrever como a ideia pode ser capturada na formulação escrita, de modo que revele uma potencialidade e um vigor inesperados e desco-nhecidos; assim se nos apresenta algo novo, em desdobramentos até então ignorados.

O registro na escrita inscreve-se como um complemento necessário à experiência, como certa necessidade de nos apropriarmos de algo irrepresentável. Costa (1998) adverte que a experiência sem registro escrito se *esfumaça*, destino sofrido pela maioria de nossos sonhos, que vão fugindo, ao longo do dia, de nossa memória consciente. Podemos tomar essa comparação para nos reportarmos ao relato escrito de um sonho: se o relermos daqui a alguns anos, pouco sentido fará. Outrossim, se tomamos nota também das associações que a ele se ligaram na época em que foi sonhado, é possível, na leitura futura, assistir ao seu enredo de novo em cena e saber o que ele significou. No relato de sessões, podemos ter perdas como essa. Se, no relato, houve simplesmente o extravasamento das falas na sessão, isso pouco nos diz da experiência inconsciente. Por isso, fica estranha uma sessão cujo relato foi produto da degravação de um registro em áudio.

Algo interno tratará de buscar representação, mas a necessidade da escrita não se limita a isto. Chnaiderman (2000) amplia essa concepção. Para ela, há momentos nos quais o "real" irrompe, atormentador, buscando ser apreendido simbolicamente por nós. São situações que explicitam o movimento de criação que permeia o processo analítico, mas que podemos – agora nós – ampliar para a escrita da clínica. "Algo que é da ordem da pura expressividade busca forma" (p. 123), algo que é carente de representação encontra no texto um componente que dá forma, *enforma*, como refere a autora.

Moschen (1997) identifica essa tentativa de, pela escrita, dar forma a algo da experiência que nos escapa, e isso é muito mais complexo do que um trabalho no qual pesquisamos o tema e resumimos alguma coisa. Podemos ver que o trabalho *tipo resumo* é como o nome diz: um resumo, uma diminuição, uma versão abstraída de seus excessos. Na coleta do referencial teórico, a transposição não é de algo da ordem do abstrato, mas de algo que já foi objetivado pelo registro nos livros e nas revistas pesquisados e está em nossas mãos. Mas falamos aqui de registros que ainda habitam nosso psiquismo e que ganharão externalidade na escrita. Assim, o recorrido teórico acerca de um tema é *uma* das fases de confecção do texto, mas apenas serve de base para o trabalho posterior de contextualização, questionamentos internos e elaboração pessoal.

Pereira Leite (1995) expõe sua experiência na tradução de textos, relatando um processo de construção e de transformação da imagem em palavra que, a meu ver, serve à escrita original. Ela – tradutora ou escritora – e o texto vão se encontrando como se desconhecidos fossem. O conteúdo vai se construindo, "frase por frase, linha por linha" (p. 26), até que, após construções e desconstruções, se mostra como uma produção:

> Cúmplice, o texto se mostra, desfia-se, desliza. De vez em quando um nó, um embaraço, aqui e ali uma pausa, um esforço a mais antes de prosseguir. No mesmo passo, simultânea e solidária, desliza a escrita. Por sua vez, investiga e interroga a língua em que habito. Escolhe os fios, faz os enlaces e tece laboriosamente, artesanalmente, um texto, o mesmo, ainda que inegavelmente outro. Traduzir é transitar. É ir e vir entre as bordas, lançando e cruzando fios entre uma língua e outra (p. 26).

Com uma multiplicidade de funções –, como o sonho –, a escrita serve a muitos *senhores*. Freud (1900) destaca os textos genuinamente criativos como produtos mentais sobre determinados e como expressão de uma reunião de impulsos do escritor que, no texto, tomam forma.

## 6.2. A criação do novo

*Se soubéssemos algo daquilo que se vai escrever,*
*antes de fazê-lo, antes de escrever,*
*nunca escreveríamos. Não ia valer a pena.*

Marguerite Duras

Pela escrita, intentamos encontrar outros arranjos e diferentes soluções, concedendo um novo formato dantes desconhecido ao material com o qual trabalhamos. Damos voz àquilo que existia unicamente no campo das ideias e das emoções; damos imagem ao que nos habita, mas, mais do que isso, temos uma ação sobre este material e, assim, transformamos o que nos serviu de estímulo, conferindo a este conteúdo já outra forma. Além de transcrever uma realidade, de criar uma nova versão sobre algo já existente, sobre a base do que examinamos, de representar em palavras os desejos, as ambições e as fantasias – nossas e dos analisandos –, ao escrever, uma nova construção se efetua.

Então, se é construção e não só expressão de pensamentos, formalização de ideias, ou reprodução de vivências, a escrita não deveria ser de modo algum *repetição*; ela é *criação*, é a *inauguração* de novos elementos mentais, de algo que ganha sentido exato e somente na escritura. "A reprodução do mesmo é o mortífero da pulsão de morte": com esse princípio, Conte (2003) indica a necessidade de geração de algo inédito para que a compulsão à repetição ceda lugar a Eros.

Na descrição do caso clínico, talvez nos surpreendamos com a descoberta de que, assim como a interpretação refaz o analisando, sua escrita refaz o caso, refaz o conhecimento que temos dele, introduzindo elementos novos, algo não dantes pensado. E assim é a escrita psicanalítica.

O tempo de escrita é um tempo de reflexão. Por isso, para Moschen (1997), a reprodução ocupa cada vez menos espaço no que pretendemos que seja uma escrita criativa, aberta e consistente. Essa reprodução cede espaço para vivas possibilidades de realização, de modo que a escrita modifica o fato, "dá-lhe brilho, beleza, o que anteriormente não tinha" (p. 155). Assim deveria ser, sempre. Não obstante, tal possibilidade se abre apenas se sabemos fazer uso dessa função da escrita. Não acontece se relatamos o caso como aconteceu e, com a ilusão de ter em mãos um relato descritivo *fiel* de como é nosso analisando, não abrimos nenhuma frente diferente.

A impossibilidade de uma reprodução descritiva e fiel é acusada por Costa (1998), quando avalia que nem mesmo a memória é puro relato do acontecido; é, antes e fundamentalmente, *criação*. Por isso, buscaríamos não apenas descrever a clínica, mas construir um metatexto a partir do texto apresentado pelo analisando. Dessa forma, não repetimos uma história, mas descortinamos outro mundo para o qual, pelo pensamento, estávamos cegados.[2] Willemart (2002) define da mesma maneira e explica que a inserção da dinâmica do analisando em um corpo teórico já existente provoca comparações e ilumina o caso, dando outra visão e podendo, inclusive, oferecer uma compreensão original desta teoria.

Como o inconsciente, o texto psicanalítico despertará para novas criações e provocará diferentes associações, fazendo mexer tanto quem o produz como quem o recebe. Birman (1995) explica na citação: "O que o escrito psicanalítico revela seria algo da ordem do insólito e do inesperado que, na contracorrente das formas tradicionais de narrativa, indica as brechas no encadeamento lógico dos acontecimentos e dos argumentos" (p. 13). Freud fez isso há mais de cem anos, e seus textos seguem com essa função junto ao leitor

---

2 Lembremos, aqui, do mito da caverna, de Platão.

até hoje. Abertas, as brechas do texto funcionam como um espaço a partir de onde podemos pensar. E muito se pensou.

Loureiro (1999) utiliza o recurso da metáfora para descrever a função de *inauguração* que podemos derivar para a produção escrita. Para ela, o ato de colocar uma vivência em palavras inaugura, configura e instaura algo. "A metáfora diz o indizível, nomeia e, ao fazê-lo, *funda e dá existência* a algo que, até então, existia apenas como possibilidade" (p. 381, grifo do original), e isso está para além de sugerir que, no texto, o escritor reproduz ou retrata uma realidade já existente.

O trabalho produzido no psiquismo a partir do escrever é descrito detalhadamente por Rosenfeld (1998). Para ela, por esse processo, construímos algo que, pela primeira vez, ganha existência e é dito; é algo que se inscreve e que permite o registro da experiência. Por meio de uma nomeação que não *mate* a experiência vivida com uma chancela opressora ou com um nome carimbado, a escrita dá existência a ela, a faz viver. A indicação da autora faz-nos pensar que, se for um texto com letras carimbadas, escreveremos um caso que caberia a qualquer analista ou analisando, caracterizando-o de uma forma que não o caracteriza de forma alguma, referindo-nos a ele com uma inicial que o transforma quase em um número, longe de mostrá-lo como uma pessoa com nome, identidade e rosto: já nasce morto...

Escrever haverá de ser muito mais que isso! Machado (2002) define a escrita como "uma descoberta, uma investigação, uma pescaria num mar interior". Com essa analogia, ela mostra que ganhamos "a possibilidade mais interessante e revolucionária que o ato de escrever proporciona, que é a de nos surpreendermos com ideias que não sabíamos que tínhamos ou, de fato, não tínhamos, mas passamos a ter quando elas nos são apresentadas pelo texto que escrevemos, que nos faz leitor do novo autor que na folha brota".

Assim, Machado (1989) aquilata o escrever como um ato original e inaugural: não só a transcrição do que já se tem em mente, de ideias já escritas ou ditas por alguém, mas a *inauguração do próprio pensar*. É no que Marques (1998) também se baseia: "Escrever como provocação ao pensar, como o suave deslizar da reflexão, como a busca do aprender, princípio de investigação" (p. 26).

Marques (1998) designa a pesquisa deste modo: "Ir-se à procura de algo diferente, guiado pelo desejo de encontrar o novo, o inusitado, o sequer por nós suspeitado, o original porque descoberta nossa, isso é pesquisar" (p. 92). Direi que isso é escrever, também: poder transitar com liberdade por entre os escritos, as vozes, as falas, as cenas, que surgem dos livros, das bibliotecas, do computador, das conversas, dos grupos, dos colegas; e por nós mesmos, para encontrar exatamente aí *sabe-se lá o quê*.

É nesse sentido que Moschen (1997) propõe que a escrita nos surpreende, muitas vezes, em lugares que não pensávamos habitar. "Não se trata de, através da escrita, revelar algo seu já conhecido, mas de descobrir-se em um lugar que poderia parecer estrangeiro, mas que percebe lhe dizer respeito" (p. 166). Por isso, ela especifica que, além de uma forma de comunicação, a escrita é um instrumento de criação e construção de ligações até então não pensadas, que produzem toda sorte de efeitos até mesmo em nós, como autores. "Trata-se da possibilidade de dar um lugar a uma experiência, ins-crevê-la na ordem das palavras, elaborá-la através do pensamento e, mais do que isso, sofrer os efeitos de tal elaboração" (p. 161). A escrita aparece, para ela, como um recurso de elaboração de algo vivido, que produz efeitos na condução da escuta. Mais que a simples comunicação de algo já bem estabelecido, é um processo que permite ao autor estabelecer novas vias de compreensão acerca do objeto de sua reflexão, que dá lugar, inclusive, a um processo de elaboração conceitual e possibilita a construção do conhecimento.

Essa possibilidade move nossa escrita. Para Lamanno-Adamo (1998), escrevemos, apresentamos e publicamos vivências clínicas com o objetivo de reencontrá-las a partir de uma nova perspectiva, surpreendê-las, descobri-las do outro lado do espelho. A escolha do tema para o trabalho passa por aí e por nenhum outro lugar: há de ser a expressão gráfica de uma vivência emocional intensa. Senão, talvez não seja suficiente para encaminhar uma produção psicanalítica.

Se fosse apenas transcrição, seria mais fácil, mas escrever não corresponde a transcrever, tarefa mais mecânica; tem muito pouco de mecânico. Ela é engendrada por inúmeros processos psíquicos organizados a partir dos matizes da subjetividade. Aqui estamos falando de uma escrita diferente, com a qualidade não de um trabalho anônimo, que tem muito de outros autores e nada de seu próprio autor, mas de uma escrita mais autoral, na qual o principal autor é quem a assina.

Para uma criação genuinamente *autêntica*, Kadota (1999) argumenta que o escrito deve se negar à simples reprodução do já existente e buscar o oposto, o diferente, o estranho, para aí se materializar como representação simbólica e exprimir-se com uma forma única.

A escrita passa por um processo no qual letras formam palavras; palavras soltas são unidas em frases que, então, tomam um sentido; e estas formam o texto, a obra produzida. A escrita assim compreendida é como um trabalho de costura, no qual se entrelaçam diferentes fios, linhas e tecidos, que vão materializando um desenho e um produto à medida que são alinhavados, cerzidos e finalizados.

É nessa ideia de um processo que vai se dando que Berry (1996) descreve extensamente a elaboração de seus sentimentos pela escrita. Seu depoimento faz parte da experiência pessoal como psicanalista, vivenciada em certo momento delicado da análise de uma mulher. Essa perspectiva fica marcada no relato que faz de sua experiência, quando, ao sentir-se envolvida, abafada, sufocada por palavras sem vida, sem sentido, sem ressonância, ela abandonou-se a imagens como as de um sonho, porque elas vinham, segundo sua descrição, povoar um deserto: "Pondo minhas próprias palavras sobre as palavras ouvidas, eu me deixava ir ver: sempre grandes espaços, vazios, desertos, como num filme onde jamais aparece um personagem" (p. 44).

É desse *nada*, do não saber, da desordem e do subjetivo que se abre espaço para o surgimento do novo, de novos elementos. Para Corrêa (1995), é pela múltipla significação dos derivados do inconsciente que podemos constituir a escrita: "É a partir de um ponto de falta, de um vazio, que um saber se articula" (p. 22). Ele pensa o escrever como uma tentativa de cobrir essas lacunas, provocadas pela descoberta de que outro – que imaginamos e desejamos completo, acabado – se revela um dia faltante, e essa sua falta aponta para nossa própria falta. Isso tanto nos angustia como nos impulsiona à escrita.

É justamente pela presença dessa ausência – das lacunas a que Corrêa refere-se – que se abre o espaço necessário para a criação, como acontece na tela branca da transferência. É o que sublinha Moschen (1997): "A escrita não encontra os limites da ação e pode, portanto, ser um lugar de criação do novo, em que o sujeito pode ele próprio experienciar-se em lugares não antes pensados. Pode construir uma narrativa de sua experiência" (p. 162).

No reino do eu ideal, a relação é dual e especular, há um estado de perfeição e completude, e uma imagem segue ocupando o lugar de mil palavras. Logo, só há o que *ver*; não é preciso falar, menos ainda escrever. Esse reino nos oferece o tão esperado retorno ao que um dia – pelo menos, em nossa fantasia – tivemos: um tempo sem tempo de espera, uma situação perfeita de absoluta presença e completa satisfação. Enquanto tudo está perfeitamente ligado, não há problemas, nem questões, nem impasses, nem conflito. O eu ideal repousa e faz repousar, (in)felizmente, até a morte. Será quando o outro se fizer insuficiente para dizer de nós que poderemos, então, começar a escrever em nome próprio, sobre o que nós mesmos sentimos.

Com sorte, para passarmos a existir, apresenta-se o terceiro. Adentramos no ideal do eu, no qual as certezas de Narciso darão, no mito de Édipo, lugar a um enigma. Há algo a ser descoberto, há mobilidade, há um diálogo e, da imagem, passamos às palavras. Em uma tríade, o enigma provoca movimento e nos força a abrir possibilidades, como no aparato psíquico: é quando há falta que o psiquismo se põe a trabalhar e escrevemos, para tentar dar conta daquilo que excedeu o ponto da acomodação. As perguntas sem resposta demandam processo psíquico, geram um pensar, um falar e a necessidade de escrever.

Quando completos, não há perguntas a serem feitas. Quando nos perguntamos sobre algo, a escrita será engendrada como formação sublimatória. De outro modo, escreveremos apenas para cumprir protocolo, mas só posso pensar a escrita em psicanálise como produto refinado de um desenvolvimento mental. A escrita é ligação, já que dá unidade, sentido, lógica e ordenamento; ao mesmo tempo, é desligamento, já que produz novas aberturas. Assim, nesse interjogo entre a pulsão sexual (que liga) e a pulsão de morte (que desliga), esta produção será tanto o resultado do que se mexeu, como acomodará as questões que internamente se abriram ao escrever.

Quando Freud (1930) declara, em *O mal-estar na civilização*, que "a escrita é, na sua origem, a linguagem do ausente" (p. 51), podemos pensar também na brecha, na lacuna, na fenda, que só se fazem se Narciso desvia o olhar do lago e, ao invés de olhar para si mesmo, olha para o mundo. Enquanto ocupados com as questões narcísicas, ou não escrevemos, ou escrevemos um texto defendido, uma cópia, para não arriscarmos sermos vistos pelo outro. Narciso mostra só o que ele mesmo enxerga em seu reflexo; nada além disso.

O igual, a imagem e semelhança dos grandes autores, o *sim*, o conhecido, o sabido, isso tudo fecha. Não somos pegos de surpresa, Laio não atravessa nosso caminho, e não há embate com ninguém. A escrita nos moldes de Édipo suporta a pergunta, vai em busca de descobrir, entra em confronto e é capaz de um parricídio simbólico necessário. Édipo supõe-se incompleto e sabe-se insuficiente. Por isso, precisa falar.

Em um trabalho produto de uma transformação sublimatória, tem lugar a criação. Como a perfeição nunca é alcançada na escrita, somos levados a levantar a cabeça e, com um olhar não tão apaixonado, enxergar aquilo que a realidade nos apresenta. Como Édipo, temos coisas pendentes a resolver. O próprio Freud nos deixou várias indicações de que ainda havia muito a explorar, e diversos pontos ainda obscuros, prontos para serem por nós examinados. Dessa busca e desse encontro, pode nascer o novo, a criação, a produção psicanalítica com um cheiro de arte e, agora, com a marca pessoal do autor.

## 6.3. *Vivenciar, escrever e elaborar a clínica*

> *Escrever. Não posso. Ninguém pode. É preciso dizer: não se pode. E se escreve.*
> *É o desconhecido que trazemos conosco: escrever, é isso o que se alcança. Isso ou nada.*
>
> Marguerite Duras

O escrever pode ser utilizado como forma privilegiada de elaboração de dolorosos conteúdos mentais do analista vivenciados na clínica e até então não processados. Pela escrita, uma angústia solta e inominada pode converter-se em pensamento e, assim, ganhar expressão no papel. Esses elementos são representados e ressignificados, de modo que possamos a eles fazer frente, dominando certo *quantum* de vivência que, talvez, de outra maneira, não alcançaria uma representação mais elaborada.

Na atividade clínica, um conteúdo psíquico é deflagrado pela experiência de sentimentos intensos com determinados analisandos. Com analisandos *difíceis*, é uma vivência normalmente de desorganização, de caos, e sem representação na realidade. Não menos importante, contudo, é a vivência com pessoas que, mesmo com um nível de funcionamento neurótico, como que nos *roubam* a capacidade de dar conta do que sentimos.

Muitas vezes, somos *assaltados* por uma sensação de completa desordem interna, pela qual as ideias soltas não fazem sentido algum. Da mesma forma, os sentimentos sofrem esse movimento. Passamos por vivências das mais penosas, e a desorganização psíquica se instala. É o que acontece na sessão quando a fala do analisando parece-nos, por vezes – muitas vezes –, sem qualquer significado. A desorganização dele nos invade e toma conta temporariamente de nossa capacidade de pensar. Enquanto inundados pela intensidade de alguma emoção ou evento, o pensamento parece não dar conta: pensamos de maneira tão caótica quanto a própria vivência e, incapazes de dar uma ordem, até mesmo o pensamento nos angustia.

Essa confusão tem como palco o campo transferencial, que, segundo Schaffa (2002), nos expõe a tensões nem sempre metabolizáveis e que ameaçam nossa capacidade de reconhecimento e discriminação dos tempos condensados – passado e presente – na situação do tratamento.

Como analistas, aparelhados com uma capacidade de metabolizar a angústia, no mais das vezes, temos êxito em organizar o que se passa internamente; em certos momentos, contudo, nossa tentativa é inútil, e temos de nos distanciar do analisando e do ambiente analítico para readquirirmos a clareza de pensamento e a direção de nossa compreensão e atividade. É nesse lugar de distanciamento que se apresenta a escrita. Quando escrevemos, produzimos um elemento concreto para fora de nós, o próprio texto. Assim, afastamo-nos do caótico, do que não tinha nome e, então, podemos compreender. Tomada essa distância – entre o sentido e o escrito –, um processo já aconteceu: o que era vivência pura, crua, passou para outro registro mental, mais elaborado.

Pereira Leite (1995) identifica neste *distanciar-se* uma das forças motivadoras da escrita. Escrever é "introduzir uma distância que possibilite a apropriação dos efeitos de supervisão, de elaboração conceitual e de análise, que se mobilizaram em sintonia com a tarefa da tradução. É 'refazer-me', . . . convalescer, retomar o fio de minha própria escrita e tecer, ainda que somente alguns fragmentos, ouvindo a mim mesma" (p. 28).

A partir da distância tomada, podemos questionar nossa própria prática. Nesse sentido, Moschen (1997) qualifica o exercício de escrever a clínica como um rico momento de reflexão. Mattos (1999) ainda estende essa atribuição para além do exercício de escrever. Para ela, na apresentação e na publicação de trabalhos que tragam à baila questões em aberto, existe a possibilidade de ampliar a reflexão sobre o trabalho clínico em particular e, de forma mais abrangente, sobre o ofício da psicanálise.

Menezes (1994) confirma essa função, no paralelo entre a escrita e a supervisão, como se a primeira fosse um prolongamento ou um substituto da segunda. O escrever pode ter a mesma função, qual seja, a de nos dar coragem em nossos pensamentos, teorizações e hipóteses, bem como de reforçar e reavivar o funcionamento da escuta. Ele afirma: "Através da escrita, o 'insensato' pode se transformar, na transferência ao 'outro' exigente da 'simbolização' pela escrita, em conceituações partilháveis" (p. 41).

A linguagem é essencial para que as ideias adquiram organização, clareza e precisão dentro de nós e, fora, no papel. É um dos processos pelos quais a experiência emocional é nomeada e ganha um significado para aquele que pode elaborá-la a partir de então. Na linguagem, a escrita ocupa um lugar destacado por diversos autores como recurso à possibilidade de pensar e como um eficiente organizador do aparato psíquico.

Nesse ordenamento, o ato de escrever evidentemente possibilita a criação de um sentido para as experiências emocionais cuja origem está no inconsciente e que estavam dispersas na confusão da mente do analista-autor. O fato de se colocar no papel uma ideia que habitava apenas a esfera psíquica já supõe um trabalho, na medida em que, pela palavra, ganha um formato e uma organização que permitem que seja nomeada e assimilada positivamente.

Berlinck (1994) compara a ação no escrever com aquilo que é posto em ação na análise. Por meio de ambas as atividades, podemos transpor para a palavra – verbal e escrita – o que foi traumático e excedeu a capacidade do eu de dar conta no psiquismo. Na análise, o analisando pode fazer frente às experiências não elaboradas; pela escrita, o analista tem um espaço para elaborar. Esse autor caracteriza o processo psicanalítico como um movimento libertador, no sentido de que visa à rememoração do recalcado e provoca um deslocamento da energia sexual empenhada no recalque para o âmbito da representação e, mais precisamente, para a capacidade criativa. Assim, é possível colocar em palavras, com liberdade, o conteúdo mais próximo do trauma.

A escrita funciona como deflagradora de *insights* e, nesse sentido, cumpre – a partir da organização das ideias – uma função autoanalítica para o analista que escreve, de forma que impasses teóricos ou restos contratransferenciais despertados pelo analisando podem ser examinados, pensados e, quem sabe, elaborados.

Escrever sobre a clínica trata de dar conta de algo que dessa experiência fica ecoando, carente de elaboração. Moschen (1997) explica bem essa função: "O trabalho escrito se constitui em um momento de dar voz a algo que ficou silenciado no âmbito do atendimento, convertendo-se na voz daquele que ouve" (p. 158). Na experiência de escuta, isso resta sem possibilidade de trabalho no tratamento, ou porque os analisandos o interrompem, ou porque ali não é o lugar de este *algo* ser abordado, na medida que se refere a questões próprias de quem trata e não do analisando.

No exercício da clínica, quantos já não passaram pela experiência de, *simplesmente* ao relatar uma sessão difícil, aperceber-se de uma série de aspectos para com o analisando? Sozinhos – nós e o papel – já vai se estabelecendo uma organização psíquica. O que era confuso na sessão ou aquilo que nem desconfiávamos ter se passado, no relato, ganha uma forma. O inconsciente e o pré-consciente têm direito à expressão. Prova de que o escrever cumpre bem a função de organizar os conteúdos mentais caóticos do analista.

Schaffa (2002) descreve como seus *rabiscos* servem à descarga ou ao amortecimento da angústia de fragmentação na atividade de escuta. O papel oferta-se como uma superfície, uma "parede de apoio", de *depositação* daquilo que ultrapassa a capacidade de escuta. "Papel e caneta dispostos como um anteparo a evitar que não escorressem as palavras pelo ralo da incapacidade de encontrar-lhes o lugar, a forma, o nome" (p. 121). A autora equipara suas anotações a um sintoma contratransferencial, mas que é necessário à estabilização de sua escuta, enquanto suporte técnico do silêncio no interior do qual se concebe a interpretação.

Pode parecer que o escrever tem o mesmo efeito de uma catarse, mas sua natureza está para além de nos permitir descarregar emoções; ele tem a função de nos proporcionar uma elaboração das vivências emocionais que nos impactam por meio da criação de uma vasta rede simbólica em torno de tais vivências. Há horas em que escrever é uma necessidade, um organizador de ideias e sentimentos, que transforma-os em pensamentos e em palavras com sentido e clareza, de modo que podem, então, ser pensados e registrados. É o estágio final de um processo de construção que é psíquico. Muitas ideias só tomam corporalidade, são descobertas e analisadas, quando podem se revestir de palavras – faladas ou escritas. Nesse espaço entre o que tais ideias são de fato e o que representam, há a possibilidade de reflexão sobre o conteúdo agora expresso na folha. Não é esta uma das bases do processo psicanalítico, essa reflexão?

A letra escrita é produto de um processo de elaboração psíquica, ao mesmo tempo que é um instrumento de tal percurso. É um recurso, pois normalmente não acontece de termos uma ideia *clara* que transpomos para o papel: é mais comum termos uma ideia, e o *papel* lhe conceder a clareza necessária, dando aos poucos a forma final. Apenas tendo feito isso, podemos olhar, ver, perceber, darmo-nos conta do que se passava, e nesse domínio – da letra – assimilar. Da passividade de sofrermos a confusão mental – o transbordamento de afetos intensos e os fantasmas transferenciais e contratransferenciais que nos atormentam internamente –, na escrita ganhamos atividade. Já desde outro lugar, olhamos a situação de fora, como um terceiro personagem que pode observar com maior sucesso as tramas que se entrelaçam.

Nesse *olhar de fora*, há o que Moschen (1997) denomina o reposicionamento de quem escreve, de modo que sua prática é ressignificada neste ato. Para ela, "escrever sobre a experiência clínica constitui-se em um tempo de reflexão e de elaboração do vivido, em assimilação do novo e, por isso, transformação daquele que nessa tarefa se empenha" (p. 12).

Kehl (2001) contrasta um lugar de passividade ou – como ela designa – de *sujeição* com uma posição de domínio que intentamos readquirir ao escrevermos nós mesmos nossa história ou nossa vivência. É preciso provocar uma reversão do movimento: "De certa forma, é como fazer sua a vida, um pedaço da vida, que de certa maneira foi decidida muito mais pelo outro do que por você. Aí você se faz, de alguma forma, autor disto".

Há uma ordem de vivências com certa facilidade assimilada, mas falo aqui do que toma sentido *especialmente* na escrita, pois o pensar ou o falar não dão conta. Em alguns momentos da prática clínica, mesmo compartilhando com um grupo ou na supervisão, o que se passa entre analista e analisando não deixa de inquietar, e é o que movimenta para a escrita, tempos depois. Isso significa que falar não foi suficiente? Depois de escrever, essa vivência terá sido nomeada? Mecozzi (2003) faz as mesmas perguntas:

> *Se tenho a escuta, para que a escrita? Não me bastaria a solidão de uma escuta silenciosa? Por que necessito desse tempo de escrita em que amarro presente, passado, futuro e busco costurar a sintaxe apreendida e utilizada pela criança na fala de meu analisando? Qual a função da escrita advinda desse discurso que se desenrola na sessão? ... Talvez eu escreva para escutar melhor? Talvez, somente através dessa escritura particular, pessoal e única eu consiga elaborar a pressão exercida pela dúvida.*

Escrever é um ato solitário, e isso nos permite a coragem de nos mostrarmos, já que, em um texto a ser guardado, podemos colocar tudo, sem os pudores que o contato com o outro nos impõe. Entretanto, não tardamos em perceber tal privacidade como absolutamente *relativa*. Na adolescência, em nosso *querido diário*, parecíamos escrever para nós mesmos, em um caderno que cumpria a função de receber simplesmente o desabafo que rogava por uma escuta continente. Profissionais, hoje, temos outras angústias a que dar vazão, mais precisamente as da clínica. Então, reescrevendo uma poesia de Lispector, Lamanno-Adamo (1998) descreve de forma ímpar a função da escrita como meio de elaboração:

> *Escrevemos sobre o que vivemos na intimidade com nossos analisandos, escrevo porque, se dói muito escrever, não escrever dói também mais. Por uma incapacidade de entender a vivência clínica, caso não utilizemos o processo da escrita. Para reproduzir o irreproduzível. Para sentir até o último fim o sentimento que permaneceria apenas vago e sufocador. Porque amamos e odiamos nossos analisandos. Porque amamos e odiamos ser analistas. Pela solidão. Pela dor da perda. Para aliviar o monstro que só nós vemos (p. 134).*

A elaboração é processo silencioso, interno, individual, e, por isso, podemos prescindir da presença do outro. Não obstante, neste ponto, a solidão de nossa prática apresenta-nos a escrita ocupando o lugar de *outro* vivo; logo, escrever *não* é um ato solitário. Ao fazê-lo, já temos a imagem de um objeto que nos recebe, acolhe e escuta, e nos faz mudar.

A escrita oferece-se como um facilitador para a capacidade de estar só, pois, compartilhadas as angústias com o papel, podemos estar de novo conosco – no silêncio, nas palavras de Schaffa (2002). Para essa autora, quando escrevemos, a fala e a escuta estilhaçadas por angústias podem servir à constituição desse silêncio. "A caneta e o papel poderiam, então, ser reconhecidos como um aparelho amortecedor do impacto disruptivo da transferência, ameaçando a consistência identitária da analista e a sua capacidade de silêncio, como um filtro da angústia na transferência" (pp. 121-122).

Se relacionamos o processo de mudança interna à necessidade da relação com um objeto vivo, uma pessoa, vamos indagar: qual precisamente o alcance do ato de escrita? Quanto podemos mudar ao simplesmente escrever? Qual o efeito disso? Ao falar, mesmo colocando palavra no que era uma sensação difusa, ainda nos vemos misturados com o que nos mobiliza. Aqui, a escrita marca sua diferença: ao imprimir no papel a palavra falada, a ideia pensada, o sentimento sofrido, algo fora de nós se criou. A fala é mais rápida; a escrita exige uma introspecção até certo ponto dispensável na fala, no sentido de que, muitas vezes, não pensamos antes de falar; depois sim. Ao escrever, pensamos antes e durante...

Na passagem do oral para o escrito, Willemart (2002) define estes dois códigos com suas regras diferentes: "O discurso oral repete, comete lapsos, parece espontâneo, associa e pode se contradizer. A escrita, pelo contrário, procurando a coerência e o ordenamento do pensamento, evita repetições e lapsos se possível, segue um raciocínio lógico e exige rascunhos" (p. 74). É, pois, mais elaborada, concedendo-nos mais tempo para que, mentalmente, o que vem sendo sintetizado no papel ganhe uma síntese também interna.

Essa diferença fica clara na citação de Mattos (1999), quando afirma que, pelo registro escrito de um caso, observa-se uma nova elaboração na compreensão do caso ao vivo: "A cada retomada da escrita, recortes de observação no trabalho com o analisando foram se fazendo mais nítidos, hipóteses foram sendo mais bem formuladas e tentativas de experimentar formas novas de comunicação com o analisando foram não só se desenvolvendo – pois tudo isso é mesmo próprio do trabalho clínico –, mas ganhando relevo através dessa atenção e desse registro mais acurado" (p. 360).

Em decorrência da sensação de perda do contato afetivo com uma analisanda,[3] Berry (1996) sentiu-se perdendo também a confiança

---

3 Referida na página 223.

em sua capacidade analítica, o que lhe deflagrou tanto a necessidade como o prazer de escrever. Ela relata:

> *Ao mesmo tempo, [escrever] era sair do meu isolamento, da solidão particular a esta análise: recolocar-me em comunicação com a minha paciente. Por isso, nesta situação persecutória, de prejuízo narcísico, eu tinha de reencontrar em mim uma moção positiva, uma confiança no pensamento que me vinha: confiança que eu só podia encontrar pondo em ato pela escrita um diálogo benevolente com colegas. Apenas assim, por sua intermediação, eu podia lutar contra a perseguição interna provocada por minha situação contratransferencial. O escrito tornava-se o símbolo do amigo que lia (p. 45).*

Nesse relato, a possibilidade de a escrita ter uma função elaborativa fica evidente. Para ela, o escrever corresponde à inversão narcísica da impotência contratransferencial. Diferente dos sentimentos que lhe invadem na relação com a analisanda, sua produção é investida positivamente por ela, como material possível de reflexão, descoberta e elaboração. E esse material psíquico, então elaborado, pode *voltar* para a analisanda, no sentido de que a analista se posta de novo na relação. Investindo narcisicamente seu escrito, ela pôde reinvestir a analisanda, de forma que os sentimentos contratransferenciais de rejeição e indiferença deram lugar a um interesse renovado. Segundo as palavras de Berry (1996): "Eu começava a ouvi-la, a esperar dela alguma coisa, eu me sentia alerta, em busca. Sem o trabalho da escrita, eu teria ficado fechada, sufocada, paralisada" (p. 45).

O relato de Berry (1996) nos dá ideia da necessidade de passarmos por isso e do ganho implicado. Para ela, foi somente no momento em que veio a ideia de escrever sobre o caso dessa analisanda que tomou consciência de seus sentimentos na análise, de como se encontrava mortificada por ela. A escrita abriu-lhe uma nova via de acesso, um espaço de reencontro consigo mesma, e lhe permitiu o desprendimento em relação à situação transferencial de uma proximidade por demais intensa. No relato escrito do caso, a emoção sentida ao escutar a analisanda encontrava, além de uma via de descarga, a possibilidade de reviver as imagens que, então, se ligaram em palavras e em frases. Ao colocar suas próprias palavras onde estavam as de sua analisanda, seu relato articulou-se de outro jeito e surgiram outros sentidos, outros modos de expressão.

Os silêncios da clínica, aquilo que se misturou a recantos já de antes isolados e solitários, vão para o papel. É ali a foz onde poderemos depositar o que foi demais e buscar contenção ao que esteve em excesso. Escreveremos um trabalho não movidos por vontade, que é do consciente, mas movidos por desejo e, talvez ainda anterior ao desejo, por necessidade, por angústia, por desamparo, pelo repuxo da morte, por uma quietude e pela possibilidade de emergir daí.

A escrita vem como recurso sofisticado para nos salvar deste mergulho profundo que é a clínica, que angustia, inquieta, desacomoda, nos provoca, nos desafia, e que faria isso o tempo todo se deixássemos, se fosse plausível tolerarmos estar o tempo todo neste estado de atenção livre e solta, em que nos vemos sem chão, sem paradeiro, sem limites. Com alguns analisandos, é como se estivéssemos quase loucos, a um passo de nos desorganizarmos como eles, e, às vezes, é *por um triz* que não atuamos. Então, a escrita vem nesse momento prévio, no exato ponto a partir do qual nos perderíamos, caso não tivéssemos a escrita como a chance de resgatar a capacidade de dar palavra, contornos, bordas ao que quase foi esparramado.

É isto que fazemos: mergulhamos nisso tudo, até a hora em que, emergindo desta experiência e deixando a poltrona atrás do divã, nos dirigimos à cadeira em frente ao papel, para não transbordar, não atuar, não adoecer, não morrer como analista. Colocamos na escrita – em seu misto de atividade e ato, processo mental e manual, psíquico e motor – a possibilidade de fazer algo ativamente, algo que nos garante mais autoria, protagonismo e domínio sobre o que, na sessão do outro, sofremos passivamente. Na sessão, somos objeto de transferência; na escrita, nossa posição muda e, já distantes da hora analítica, podemos dar voz a tudo aquilo que antes tivemos de silenciar em nós. Enquanto analistas, vamos – como o *fort-da* de Freud – *sofrer*, no sentido de viver com o menor número de defesas possível aquilo que o analisando demanda que vivamos com ele; às vezes, que vivamos *por* ele. Na análise, não há como ficarmos de fora, impassíveis ou intocados. A psicanálise é coisa que queima.

Acompanhamos o analisando, mas, para nós, a clínica é lugar de profunda solidão. Por mais povoados internamente de objetos, imagos, representações, modelos, introjeções, identificações... que estejamos, de fato, estamos sós. E além dessa condição de solidão, em alguns momentos, estamos desamparados, pois não temos a quem recorrer em nosso estado de não saber ou não compreender. Ali, vamos estar abertos, desprotegidos, despreparados, desarmados, assustadoramente soltos e firmemente perdidos. Naquele instante, só contamos conosco, e é necessário que seja assim. Temos de esperar; esperar que o analisando levante e saia, para que aquilo de que não demos conta, que devastou nossa capacidade de processar psiquicamente, recupere espaço em nós; para que aquilo que nos arrancou de nosso lugar nos permita retornar a ele.

Usaremos a escrita em um tempo e um espaço diferentes da sessão, justamente para nos fazer acompanhados por este *outro*, que é a própria escrita. É nesse encontro com a folha e nessa ação de registrar no papel que poderemos readquirir a qualidade necessária para seguir processando o que, em algum momento, foi pura quantidade e foi sofrido. Aquilo que resta da clínica, o que sobra, o que excede, é não apenas o que não compreendemos do analisando, aquilo que não alcançamos, que não sabemos, mas, em especial, aquilo a que não pudemos dar voz, que teve de esperar no silêncio, até encontrar um lugar onde pudesse ser *desaguado*, a folha e nossa atividade frente a ela, então, sujeitos de nossa escrita.

Assim, neste trânsito entre passividade e atividade, entre ser objeto e ser sujeito, entre a poltrona e a cadeira, entre analisar e escrever, tendo feito silêncio em nós e tendo dado voz e inscrição, registro e materialidade, podemos voltar a estar com nosso analisando, não mais sobrecarregados daquilo que não podemos derramar sobre ele. Retornamos ao consultório e, de novo abastecidos, retomamos a escuta analítica, porque a folha fez-nos escuta, e a escrita foi interlocutora de nós.

## 6.4. A gratificação narcísica da escrita

> *Assim, continuo acreditando que a aptidão para*
> *receber golpes é o que faz de mim uma escritora.*
> *À guisa de explicação, adiantarei que um golpe, no meu caso,*
> *é logo seguido do desejo de explicar.*
>
> Virginia Woolf

Duas necessidades relacionadas à gratificação narcísica parecem atravessar a escrita: o sentimento de si, de orgulho narcísico, e a busca de reconhecimento desde fora. Essas duas conquistas se fazem ver em diversos momentos do processo: na decisão de escrever, naquilo que nos motiva para esta atividade, na escolha do tema, no texto que cresce em tamanho e qualidade, e na apresentação do trabalho pronto.

O conceito de narcisismo foi estudado por Freud (1914) já no início do século XX, mas continua nos dando suporte para o exame de atividades das quais podemos usufruir; a escrita é uma delas:

presenteia-nos com um ganho narcísico e com a possibilidade de driblarmos as inúmeras quebras em nossa onipotência infantil. O narcisismo expressa o *tamanho* do eu e, por isso, tudo o que possuímos ou realizamos, todo remanescente do sentimento primitivo de onipotência confirmado por nossa experiência, ajuda-nos a aumentar a autoestima. Seu reforço se dá em via dupla: em primeiro lugar, pela construção de um sentimento básico de segurança, de crença em nossa capacidade; assim, o processo de criação, o escrever em si, assegura-nos um fornecimento narcísico a partir do reconhecimento pessoal de nossa capacidade de criar, dar forma, elaborar as ideias, de *pensar no papel*. Em segundo lugar, pelo texto pronto que – se de qualidade – nos garante o reconhecimento vindo desde fora, dos objetos aos quais outorgamos o poder de aprovação ou desaprovação de nossa produção. Se reconhecemos o trabalho como bom, ele ser valorizado pelos demais ratifica nosso orgulho narcísico.

Há uma gratificação narcísica em nos vermos capazes de, em primeiro lugar, escrever; depois, de escrever com uma qualidade que traduz o que antes era um conteúdo mental, teoria e experiência – habitantes da mente de uma forma e que, agora, têm um registro superior. Ver o trabalho tomar corpo é a experiência do criador: que se faça o verbo! A partir daí, é possível reconhecermo-nos como autores, com capacidade para a criação.

Sob a ótica do narcisismo, desejamos por toda a vida recuperar um primitivo e idealizado estado de perfeição e, para isso, concorrem nossas conquistas, realizações e o sucesso, nos diversos campos da vida. Fixamos um ideal, sublinha Freud (1914), pelo qual medimos a realidade de nossas capacidades e possibilidades. Incapazes de abrir mão de uma satisfação da qual outrora desfrutamos, seguimos buscando uma perfeição a que não podemos renunciar, tentando avidamente recuperá-la. No presente, esse ideal é o alvo do amor de si mesmo, desfrutado na infância pelo eu real; e o narcisismo surge deslocado em direção a um ideal que, como o infantil, possui toda perfeição e valor. Portanto, o que projetamos como o ideal é o substituto do narcisismo perdido da infância.

Hausen (2003) descreve esta função narcisizante da escrita que é reforçadora da autoestima e vem alimentar o narcisismo. Nesse sentido, a produção teórica é comparável ao momento em que temos um filho e, por meio dele, nos reestimamos como capazes de produzir alguma coisa valorosa.

Para compreender o orgulho da produção escrita, busquemos as ideias de Freud (1914) também sobre a constituição do narcisismo: a atitude dos pais para com os filhos delata uma revivência de seu próprio narcisismo, há muito abandonado. Seu amor é, na verdade, uma continuação do narcisismo paterno e materno renascido e transformado em amor objetal. O indicador digno de confiança é a supervalorização das qualidades do filho, que domina, muitas vezes, sua atitude emocional, pois, na mesma medida em que seus atributos são engrandecidos, suas deficiências são negadas. Figuras parentais de nosso texto, é com este mesmo olhar que o qualificamos.

O texto escrito, apresentado e publicado, cumpre a função de suplemento narcísico e, por isso, o tratamos conforme os mesmos padrões de nosso ideal de eu que vão avaliar nossa prole. O escrito, como o filho, é investido de todo o narcisismo, para garantir que este herdeiro nos represente dignamente aos olhos da comunidade. Com o texto sentido como uma extensão, só podemos querer que seja perfeito, porquanto seja o que determina o ideal de eu.

No ponto mais sensível do sistema narcísico, a mortalidade do eu dribla a realidade, buscando a esperança de permanência por meio dos descendentes. O escrito é mais uma vez equivalente ao filho, que fazemos nascer para levar o nome da família adiante e para nos perpetuar. O velho dito popular sobre "ter um filho, plantar uma árvore e escrever um livro" fala desse desejo narcísico de permanência. Por meio de elementos que ficam, podemos ter pelo menos a ilusão de mantermos nossa existência material, de nos mantermos vivos na humanidade e no mundo. Dificilmente podemos aceitar a morte e a finitude; então, com que resistência deparamo-nos com a fragilidade do ser humano, com a fugacidade da vida, com a imposição do fim pela morte?

A permanência na memória por entre os tempos é o que nos motiva também a escrever, a deixar para o outro nosso legado, saber, ideias e reflexões. Nisso se diferencia da fala, que se perde, sem registro, na memória de quem apenas escutou. Essa possibilidade de transcendência do material divulgado é um dos motivos pelos quais escolhemos a escrita como meio privilegiado de expressão. É o anseio pela condição de imortalidade: desejamos que nossas realizações encontrem permanência e escapem dos poderes de destruição da natureza e do ser humano.

Por certo foi assim com Freud, que se imortalizou por seu legado teórico. Por intermédio de suas obras, temos acesso ao que há mais de um século foi vivido, pensado e teorizado. Assim, foi também pelo registro escrito que pude elaborar este trabalho: busquei no papel as ideias de outros autores que já haviam se ocupado do tema da escrita e, felizmente, as deixaram publicadas; e é no papel que transmito minhas próprias elaborações a respeito, que ficam, então, registradas.

Assis Brasil (2003) deduz que Freud não seria o que é hoje se não fosse um escritor, *um bom escritor*, ele acrescenta. Apesar de ele ter feito um vasto trabalho de investigação e ter deixado um corpo doutrinal importantíssimo, se ele não soubesse escrever, isso não seria nada; teria sido perdido.

A escrita possibilita que as reflexões, os conflitos e as narrativas expostos no texto sejam difundidos e compartilhados, deixando suas marcas por sucessivas gerações. Deixamos um produto que nos expande, que é duradouro e deixa registros, e, assim, nos havemos com a angústia da finitude. Os livros duram para além de seu tempo, ofertando a cobiçada imortalidade. Se bem escrito, será amplamente divulgado e lido. Mas também não importa: mesmo que não seja um *best-seller*, temos a sensação de nosso nome impresso em páginas, em papel, material de permanência. Respondem – o escritor e a escrita – ao anseio humano de imortalidade, que protege da angústia de nos sabermos limitados.

As fontes de prazer com que a escrita presenteia-nos incluem testemunhar o processo de construção do texto e dar-lhe um formato de qualidade. As páginas vão se completando, as frases vão alcançando maior qualidade e os parágrafos vão se encadeando; vemos o trabalho nascer, crescer e adquirir a forma almejada. Feito isso, vê-lo pronto resulta em especial gratificação. Contemplar o material impresso e encadernado concede ao escrito um *status* de obra de arte, quando conseguimos olhar para o produto como uma obra que – ainda que seja psicanalítica e não *arte* – guarda com a produção artística suas semelhanças.

Bem, o desejo narcísico de perfeição na escrita é, em primeiro lugar, para nossa própria satisfação. Já no segundo tempo, desejamos parecer perfeitos para o outro – nossos leitores, colegas e superiores – que, por isso, nos faria objeto de seu desejo. Assim, passamos da satisfação narcísica pelo próprio reconhecimento para a satisfação narcísica pelo reconhecimento vindo desde fora. Na linha do narcisismo – para além da satisfação pessoal, do testemunho individual, ou do compartilhar as experiências na psicanálise –, ao escrevermos e nos expormos na divulgação de nosso texto, desejamos ser amados, admirados e reconhecidos.

Britton (1994) pontua o que ele denomina *exibição narcísica* como um dos motivadores para a publicação. Para ele, desejamos o reconhecimento de que nossa versão de determinado objeto é única, porque isso nos garante a posse dele – apenas *nós* conheceríamos a verdade do objeto. Assim, damos forma à fantasia inconsciente de sermos representantes especiais de um poder superior.

Mas a prova de nossa capacidade nos confere maior orgulho quando firmemente calçada em bases reais. É o orgulho sentido quando um trabalho apresentado ou um texto publicado é lido e bem recebido, e temos um retorno positivo do reconhecimento alheio, daqueles de quem esperamos um olhar, nossos espectadores, anônimos ou não. A satisfação, contudo, pode não passar somente pela aceitação e pelo elogio, mas também pela contestação e pelo questionamento sobre o que apresentamos. Também isso evidencia que fomos ouvidos, considerados e que merecemos o mal-estar do público que rebateu ou criticou. A capacidade de gratificar-se com esse debate, porém, é alcançada apenas se temos certa segurança da consistência deste. Não significa que ele tenha a verdade, mas saber que a sua verdade está, no mínimo, muito bem fundamentada.

Quando tratamos as questões da exposição com mais naturalidade, escrevemos mais, publicamos e apresentamos sem grandes conflitos com esta atividade. Quando nos mostramos e o fazemos com consistência e qualidade, a função de satisfação narcísica da escrita cumpre-se muito bem. Quando nos apresentamos oralmente, temos satisfeitas as necessidades exibicionistas, de exposição narcísica, ponto importante na economia psíquica. Mas, quando escrevemos, ainda temos um produto concreto, que alcançará as mãos de um sem-número de colegas que possivelmente vão ler. Em especial na clínica psicanalítica, tão solitária – na qual, fechados no consultório, o único que nos *assiste* é o analisando –, escrever e ser lido, ou ser escutado, é uma das melhores estratégias para *aparecer* e ser visto.

Nesse espaço de encontro, precisamos de reconhecimento, e a escrita oferece um diferencial: queremos expor nossa clínica, compartilhando com os demais o que está confinado ao sigilo do *setting* analítico. Da mesma forma que a psicanálise ganha um formato na divulgação dos textos, também nos mostramos em busca do olhar do outro. Um trabalho a ser comunicado para uma audiência *psi* é uma forma, segundo Rocha Barros (1992), de submetermos aos demais o que somos como analistas e tornar patrimônio comum nossa experiência. Para ela, expomos nossa leitura sobre o discurso do analisando – uma série de reflexões para serem compartilhadas, debatidas e criticadas – para enriquecer a própria reflexão. Pela escrita, damos um testemunho aos outros de como somos no trabalho clínico, especialmente quando a necessidade de mostrar nosso sucesso anseia por ultrapassar as paredes do *setting*.

O pedido de reconhecimento ao leitor (ou ao público ouvinte), examinado por Moschen (1997) em seu trabalho, é feito a todo e qualquer leitor: àquele que sequer conhecemos, ao grupo de iguais ou àquele que servirá de plateia viva de nosso escrito. Buscamos ser reconhecidos por esses *leitores*, como destaca a autora, no trabalho clínico, como autores de uma experiência de escuta clínica.

A isso, Costa (1998) denomina *uma necessidade de nos contarmos*, e o fazemos por duas vias: por entre os semelhantes, o que implica tanto elementos de identidade quanto de diferença, ou seja, tanto aquilo que me faz parecer quanto o que me diferencia; e por entre uma ordem geracional, em referência à filiação. O *contar-se* de Costa tem essa dupla conotação: é de ordem narcísica, de forma a querermos dividir, nos mostrar, nos exibir para o outro nos ver; e é da ordem do encontro com este outro, pois, quando passamos pela delicada experiência da clínica, na qual temos de tolerar tudo sozinhos, vamos em busca da escrita do outro que nos serve de amparo.

Para Birman (1995), a produção particular é a prova da existência do analista; é uma artimanha para conhecê-lo e reconhecê-lo pelo que escreve e por como escreve sobre a psicanálise, que passa a ser conhecida e reconhecida também. "Uma maneira de se pensar a transmissão da psicanálise e o reconhecimento de um analista são os escritos deste último, no que estes podem nos dizer sobre a singularidade de sua descoberta do inconsciente e como isso marca a sua leitura do discurso psicanalítico" (p. 19).

Como uma maneira de *fazer parte*, o escrever mostra que fazemos parte de uma comunidade com certos princípios de base respeitados por todos. É para assegurar tal pertencimento que Cramer (1995) destaca: o que nos leva a escrever é a necessidade de tornar nossas ideias conhecidas. Publicizamos reflexões, pontos de vista e os conceitos defendidos por nós como uma possibilidade de comunicação com nossos pares. "Espera-se que essas ideias sejam transmitidas aos colegas que, por sua vez, vão dar respostas a elas, nos seus escritos, que vão nos dizer se o que você diz ou pensa é válido ou não" (p. 169).

A escrita tem essa função comunicacional, porque podemos transmitir aquilo que sabemos ou aquilo que vivemos. Kehl (2001) assim o descreve: "Temos a experiência, temos um pensamento, temos um registro do vivido, e aí escrevemos porque queremos transmitir isso ao outro". Assim, vemos que escrever é dar o testemunho de uma experiência. É como uma forma de dizer: "Eu vivi isso e eu refleti isso". Queremos mostrar.

Os ganhos dessa comunicação não se fecham na exposição individual do analista – se é somente individual, é uma produção que se esvazia –, senão por serem extensivos para a psicanálise de forma geral. "A palavra em psicanálise é fundamental, tanto no processo terapêutico – via oral – como na passagem desta para a escritura" (Francischelli, 1995, p. 37).

Sem o registro, a transmissão freudiana não teria chegado até nossos dias. Não é difícil imaginar o grau de distorção de que seriam vítimas os relatos e as construções teóricas repassados verbalmente. Ademais, a comunicação oral alcança um número menor de pessoas. As revistas levam os textos para além-mares, atravessam gerações e territórios. A obra de Freud já comemorou um século, e as publicações mais recentes atualizam a transmissão e o alcance de inúmeros alunos, colegas em formação e analistas. É esta mais uma das funções da escrita: tornar público o que fazemos e como pensamos o ofício da psicanálise, contribuindo para a construção de um patrimônio psicanalítico.

"Tornar público o que é privado privatiza o que tornamos público", afirma Hausen (2003). Esse paradoxo comporta seus dois lados: de um, temos de nos responsabilizar pelo que dissemos, pensamos e escrevemos na privacidade das salas de análise; de outro, temos a satisfação narcísica de ter *patenteado* uma ideia, de nos vermos impressos na folha, nossa ou do outro. O que é pensamento não é de ninguém, e é de todos ao mesmo tempo; pertence ao senso comum. Um tema ou um assunto passam a fazer parte de um domínio particular quando podemos assumi-los como nossos, perante uma comunidade ou um grupo.

Esse mesmo paradoxo é abordado por F. Rocha (1995). No processo de transformar ideias ou imagens em alguma forma de linguagem – em nosso caso, na escrita –, abrimos a possibilidade de que sejam mostradas a outrem. Para isso, no entanto, elas devem separar-se de nós, condição que, às vezes, não aceitamos facilmente. Aqui ele apresenta o aspecto paradoxal:

> *Por um lado, o criador visa, através da obra, a pereni-*
> *zar-se; por outro, para que a obra se perenize, ela terá*
> *que se desvincular do autor para tornar-se disponível ao*
> *mundo e assim viver através de outrem. É no interior*
> *desse paradoxo que o ato de criar é poder separar-se da*
> *obra criada, não tendo mais sobre ela qualquer controle,*
> *vendo-se exposto a todas as críticas, agrados e desagra-*

*dos. Através desse paradoxo, poderíamos compreender*
*e justificar a angústia frente à produção teórica (p. 28).*

Freud é dos maiores modelos no sentido de utilizar-se da escrita como ferramenta para pensar, teorizar, formular e, nessa linha, expor-se à apresentação teórica de seu estudo, pesquisa e trabalho, enfrentando e dando conta de toda crítica e destruição que daí poderia surgir. E surgiu. Não que tenha feito isso de modo ingênuo: ele armava-se de diversas formas para proteger-se do ataque dos colegas da época; então, mais assegurado, seguia na exposição dos pontos mais delicados de sua teorização. A necessidade de firmar a psicanálise em uma sociedade fechada e em uma comunidade científica *tradicional*, de serem aceitos – criador e criação –, deve ter motivado o conflito vivido primeiramente por Freud entre uma teorização científica e um estilo artístico de escrever. Todavia, o orgulho narcísico de aparecer, ser visto por toda uma sociedade científica e ainda a comunidade da época, possivelmente sobrepujou anos de controvérsias, ataques e defesas.

É o mesmo orgulho com o qual podemos comunicar ao outro acerca de nosso fazer particular. O que pensamos, experienciamos, questionamos sobre os postulados teóricos e sobre a vivência da clínica será exposto como parte de uma produção pessoal e buscará uma satisfação sobre isso e, ao mesmo tempo, a validação pelo olhar externo. Talvez não seja possível compreender essas duas vias separadamente, se pensarmos que, para confirmar o valor do texto, precisamos do outro para outorgá-lo. Não obstante, quer ela seja aceita ou combatida, se temos confiança na qualidade do trabalho – e se esta confiança é fruto de uma avaliação realística –, haveremos de assumir nossa produção.

# 7. A escrita de casos clínicos em psicanálise: estudo de caso, descrição, história ou narrativa?[1]

*Escrever é procurar entender,*
*é procurar reproduzir o irreproduzível, é sentir até o último fim*
*o sentimento que permaneceria apenas vago e sufocador.*

Clarice Lispector

Qual a especificidade do relato clínico psicanalítico? Que características um relato clínico deve ter para ser considerado psicanalítico? Comecemos com uma afirmação óbvia: a especificidade do relato clínico psicanalítico é que ele constitui-se em uma produção escrita a partir de um tratamento psicanalítico, processo no qual estiveram presentes analista e analisando, com suas transferências e contratransferências e todos os demais fenômenos que se põem em marcha no encontro entre duas pessoas em um *setting* propício.

Pontalis (2002) descreve que Freud escreveu "as cinco psicanálises" a partir de seus grandes relatos clínicos – "se é que se pode

---

1 Artigo originalmente publicado no primeiro volume da revista *Intercambio Psicoanalítico*, n. 1, 2013.

chamar isso de relatos clínicos" (p. 30), ironiza Pontalis. Para esse autor, o caso Schreber não é uma análise. O Pequeno Hans é, em grande parte, o resumo dos encontros com o pai do menino, e não uma análise no sentido estrito. As análises que Freud efetivamente conduziu foram as de Dora, do Homem dos Ratos e do Homem dos Lobos. Para ele, todas essas histórias estavam ligadas a avanços teóricos ou a impasses que Freud encontrou no tratamento. Isso fica evidente no caso Dora, no qual, *a posteriori*, ele percebeu que havia um sentido perdido do lado da transferência e da contratransferência. Também o Homem dos Lobos e o Homem dos Ratos permitiram-lhe avançar, ou mesmo se deter, em sua elaboração teórica.

Guimarães e Bento (2008) também identificam esta coincidência entre a construção da teoria psicanalítica e os atendimentos clínicos do criador da psicanálise. Após atender a seus pacientes no divã, Freud passava para outro estágio: o do relato do caso, porém não se tratava apenas de mera descrição do caso. Para os autores, "Freud ia além do descritivo, construindo sua teoria a partir da análise e da interpretação de sua clínica. Ou seja, a partir dos fragmentos de lembranças e associações aparentemente sem sentido trazidos pelos pacientes em análise, Freud ia formulando inferências sobre os não ditos nesta clínica" (p. 92).

Com essa observação, Guimarães e Bento já apontam para uma característica que julgo fundamental no relato clínico: ir além de uma descrição. Parece-me natural pensar que, estando a exposição clínica adstrita a uma relação analítica, este relato não pode caracterizar-se de outra forma que não com as mesmas qualidades necessárias a um processo, de fato, psicanalítico: algo que provoque mudanças no analista que trata e que depois escreve, e no leitor da narrativa sobre o analisando cujo caso está sendo relatado.

Mudanças no analista... É certo que, durante o trabalho com o analisando, somos constantemente afetados e, por isso, chamados a nos movimentar psiquicamente por esta relação que ali se inaugura. Logo, só pode ser certo que, quando elaboramos o relato clínico desse analisando, também algo deve estar sendo em nós mobilizado. Tanto a escolha do caso a ser relatado como a forma que daremos a este material são influenciadas pelo que está sendo acionado ou desacomodado em nós.

Se a escrita desse relato flui naturalmente, sem qualquer grau de inquietação ou angústia, devemos pensar se escrevemos aí um texto psicanalítico ou simplesmente uma descrição. Descrições – estas sim – são escritas sem a mobilização de grandes quantidades de energia pulsional. Porém, nesse caso, cabe-nos indagar: é disso que se trata? Se a psicanálise é *expert* em fazer mexer aquilo que permaneceria quieto ou inerte, é possível imaginar que a escrita dessa psicanálise seja diferente?

Por mais que emprestemos um ordenamento ou uma lógica secundária a essa escrita, não podemos compreender a escrita psicanalítica como relato do manifesto, ou um texto sem a intensidade que caracteriza o profundo trabalho analítico. Temos de manter muito vivo o trânsito entre os inconscientes dessa dupla.

O analista que elabora o que penso ser genuinamente um relato clínico psicanalítico se vê convocado a abandonar o confortável lugar de domínio que tem aquele que pretende simplesmente descrever fatos e dados. Ora, a psicanálise não lida nem com fatos, nem com dados. Antes, ela ocupa-se daquilo que está além – ou aquém – da descrição de acontecimentos e da cronologia do que sucedeu na vida deste que nos busca. A tridimensionalidade que caracteriza o encontro de inconscientes não pode perder força quando é impressa sobre um papel. Senão, o que veremos ali será um *amontoado* de informações, e nada que se pareça com a experiência que vivemos na privacidade de nossa clínica.

Ao posicionar-se nesse outro lugar, qual seja, o da construção de um relato clínico vivo, o analista embarca em uma aventura que não é *a priori* conhecida. O que já foi conhecido, o que já foi vivido, é a experiência na sessão. Contudo, a escrita disso é em si outro acontecimento psíquico. Assim, em vez de pensarmos o relato clínico como transcrição de uma realidade vivida, passaremos a pensar na experiência da escrita como um momento outro, de viver com tanta intensidade tudo aquilo a que nos dispomos viver com o paciente.

Se precisarmos de um modelo, teria sentido pensar no modelo de sessão que Freud nos propõe, que corre livre e flutuante, atento às palavras e às entrelinhas, ao som e ao silêncio, ao que aparece e ao que se esconde, ao que se mostra e ao que está latente, às vivências de quem está no divã e às de quem está na poltrona. Ao abordar o início da fala de uma analisanda em seu tratamento, Freud (1905) compara: "esse primeiro relato pode ser comparado a um rio não navegável, cujo leito é, num momento, obstruído por rochedos e, em outros, dividido e tornado raso por bancos de areia" (p. 185).

Com efeito, a forma desse relato só se dará a conhecer à medida que ele for se delineando, e o texto, avançando. Se já soubermos, de antemão, o que iremos escrever, onde iremos terminar, estaremos expondo qualquer outra coisa, menos um relato psicanalítico. Estaremos aí no campo da transcrição, e não da criação, como penso que deve ser. Seria como efetuar a degravação de um áudio: está tudo registrado no aparelho, vai tudo igual para o papel; nada foi criado. O inconsciente, todavia, não é uma gravação, e só podemos escutá-lo genuinamente pelo que é criado a partir dele, pelo analisando e por nós.

Mas não é só o analista que é afetado pelo processo de relatar um caso. Podemos pensar que, se a escritura do caso foi levada a cabo pelo analista de forma tão dinâmica como as tramas do inconsciente, haverá de promover também no leitor um movimento.

Então, nesse segundo tempo da atividade do analista – o tempo da escrita de sua clínica – a dupla analista-analisando cede lugar à dupla analista-leitor. Ao escrevermos, estendemos a nossa compreensão – seja da dinâmica do analisando, do tratamento, dos fenômenos da relação analítica, de nosso lugar enquanto analistas – ao leitor, este personagem que passa a ser remetente de nossos registros. Dessa feita, também ele precisará ser afetado por aquilo que se configurou como um relato clínico psicanalítico que abrirá brechas, lançará dúvidas, levantará questões, cogitará outras possibilidades; enfim, porá esse leitor a refletir, como faz o analista no processo analítico com seu analisando: convida-o a pensar.

Para lograr esse efeito, precisamos pensar sobre o padrão ou formato do relato clínico psicanalítico, e aí já se impõe um problema: a psicanálise não é condizente com padrões e formatos. Pontalis (2002) alerta:

> A palavra "relato", se a tomamos literalmente, é uma narração que é frequentemente linear em sua forma mais clássica. Um relato retraça etapas até sua conclusão, enquanto a clínica – e nós experimentamos isso a cada dia – não se desenrola sob a forma do relato. Quando um paciente permanece na narração, pode-se dizer que ainda não está em análise, pois ele se contenta apenas em contar sua vida ou os acontecimentos da semana, em fazer uma espécie de crônica dos acontecimentos que se teriam passado na realidade. Portanto, narração e análise são termos que poderíamos quase qualificar de antagônicos (p. 30).

Um equívoco é supor que o paciente de quem falamos no escrito é o mesmo a quem dirigimos as nossas intervenções, como se o primeiro não fosse um produto misto: misto do analisando real e de nós mesmos, naquilo que conhecemos dele, e também naquilo que ele se tornou ao ser integrado à nossa vida psíquica. O relato clínico psicanalítico só pode, a meu ver, ser tomado como uma construção nossa, pois já passou por nossa memória, registros e vivências. Por mais que no *setting* a nossa atenção esteja dirigida a este que nos fala, ela se dá com a *nossa* escuta; e a escrita, ainda mais, se faz com os ouvidos, olhos e mãos deste que, agora, vira autor do que viveu.

Willemart (2002) localiza na audição do discurso do analisando a origem da escrita do analista:

> *A escrita do caso se baseia em dados orais filtrados. . . . Sabemos que o analisando, contando sua história, vira narrador, enquadra os fatos e seus familiares num código-padrão que exige normas determinadas: os parentes tornam-se personagens, o contexto espaciotemporal é recriado e, se não for interrompido, a cronologia é respeitada. O psicanalista, por sua vez, retoma suas anotações, cria uma narrativa, rascunha, se posiciona atrás do narrador inicial e o insere na narrativa como personagem. Há, portanto, uma dupla ficcionalização dos dois atores que ameaça a verdade do relato, se é que essa verdade existe, e que, ao mesmo tempo, recua a instância narradora de um furo (p. 74).*

Toda escritura de caso é construção, e não relato. Para Willemart (2002), isso se dá, porque, por mais que a história do analisando ou as condições iniciais se mantenham, elas sofrem um desgaste por terem sido contadas duas vezes pelo menos, uma por ele e outra pelo analista, o que supõe perda de informações. Além disso, porque a inserção da neurose do analisando na teoria já existente permite comparações e ilumina o caso, dando-lhe outra visão. Por fim, porque essa mesma inserção pode oferecer uma compreensão original da teoria e elevar o caso à dimensão de um modelo.

Ao falar sobre uma das funções da escrita do caso, Delorenzo (2001) pontua:

> Escrever, para um psicanalista é tentar dominar uma experiência difícil de dizer, seja por seu efeito de excesso ou pela impressão de um vazio. É tentar apoderar-se de algo, cercar, imprimir, inscrever, tanto o que obceca, como o que lhe escapa. Aquilo que desejamos submeter à lei da linguagem habita o registro das paixões dilacerantes, do horror e do prazer ignorados, dos homens mais loucos e mais secretos.

Parente (2007) está de acordo. Para ela, nos tratamentos que estão evoluindo bem, que favorecem boas associações e elaborações, e que confirmam nossas teorias, a escrita é desnecessária. Se, contudo, "um vácuo ocupa o lugar do sentido que poderia ser encontrado, ou se um excesso de conteúdos transborda para além de nossa possibilidade de pensamento, é necessário encontrar um 'outro recipiente'" (p. 360), qual seja, a escrita, na qual muita coisa vai se passar.

Em nossa tentativa de, pela escrita, ganhar domínio, não podemos *matar* uma experiência intensamente vivida, escrevendo de forma *morta* aquilo que estava absolutamente vivo no trânsito entre inconscientes – o do analista e o do analisando. Não podemos submeter o conhecimento que temos de quem nos busca a um processo de *pasteurização* que rouba da vivência toda a riqueza que ela tem.

Como lograva Freud, o leitor tem de poder – lendo – viver como se conosco tivesse estado, no *calor* da hora analítica; tem de poder – por nossa narrativa – sentir-se participando, sofrer conosco nossas angústias, dividir conosco nossas dúvidas, compartilhar nossas inquietações, sentindo-se também ele acompanhado naquilo que, um dia, sozinho, se perguntou. Não é algo disso que se passa na transferência? Um transporte que ignora tempo, espaço e realidade?

Logo, haveremos de perseguir este estado tal que a escrita psicanalítica faça dragar o leitor ou ouvinte para a cena narrada por nós: que dela saiba o que se passou para além daquilo que poderia ser observado. Que nossa escrita não seja somente descrição dos dramas que passamos, especialmente quando eles ainda não passaram em nós. Que uma escrita viva permita que o outro escute nossa respiração apertada, nossos dentes rangendo, que sinta nosso coração taquicardíaco, que leia nestas linhas nossos pensamentos, e nas entrelinhas o que vivemos, quando lá estivemos. Que toque naquilo que é tocado na análise: as mais profundas dores, os maiores sofrimentos, a mal fechada ferida que não cicatriza, o passado ainda atual.

Será a partir dela e através dela que transitaremos pela solidão da sala de análise e pela companhia de quem, depois, nos escuta; pelas linhas do inconsciente do analisando e, então, pelo nosso; para um mergulho nas raízes do inconsciente e, logo, para fora de onde estivemos submersos. Talvez nunca sem medo, mas sem – em função do medo – evitar, fugir ou nos escondermos. Carlos Nejar (2021) afirma que escrever é uma espécie de respiração do pensamento, que precisa de ar, que vem do espírito; penso que, ainda mais, escrever é um espaço de respiração da própria psicanálise e de nós.

# De volta ao café com algumas descobertas

*É sempre necessária uma separação da pessoa que escreve livros em relação às pessoas que a rodeiam.*
*É uma solidão. É a solidão do autor, a solidão da escrita.*
*Para começar, o autor se pergunta que silêncio é esse ao redor de si.*
*E praticamente em cada passo que ele dá no interior de uma casa, e em todas as horas do dia,*
*em todas as luzes, tanto as do lado de fora, como as lâmpadas acesas do lado de dentro.*
*Essa real solidão do corpo transforma-se na outra, inviolável, a solidão da escrita.*
*Eu não falava sobre isso com ninguém. Nesse período da minha primeira solidão,*
*eu já havia descoberto que escrever era o que eu precisava fazer.*

Marguerite Duras

De volta ao cenário do Café da Usina do Gasômetro, desde onde muitas descobertas se processaram... Volto ao ponto inicial, àquele texto no qual relato a descoberta de que escrever não é propriamente um ato solitário, e que muitas vozes e muitos escritos constituíram minha própria escrita.

A solidão da escrita é relativa e depende do ângulo pelo qual se olha: se desde fora, sim, escrevemos sozinhos; se desde dentro, de forma alguma. A escrita leva-nos para fora de nós mesmos. Aquilo que era patrimônio exclusivo ganha as ruas e pode se mostrar. Sai do território interno e está a postos para ser divulgado. Virou produto, produção, criação.

Transforma o que era da ordem do subjetivo em elementos objetivos, dando lugar ao que de novo pode esquadrinhar-se como criação. Esse processo caminha e encaminha para fora. Embora guarde um compromisso com aspirações individuais e narcísicas, ainda que tenha funções de extrema complexidade em nosso mundo interno, ainda que se encarregue de elaborar angústias que nos são particulares, existe algo da escrita que não nos deixa ficar sós. Ela é propulsora de encontros e clama pelo outro, que desejamos que nos veja, nos leia; ou, ao contrário, a quem não queremos nos revelar. Mas está sempre em relação. Algumas conquistas só se fazem *em* companhia, na voz muda, em tom baixo, em altos brados, a voz que pergunta, que desafia, que questiona e duvida. A escrita responde, e responde para alguém.

São presenças que nos marcam em três tempos: antes, durante e depois. Antes do início do processo, estamos carregados dos objetos que nos acompanharam na trajetória até aqui. Já vimos os inúmeros objetos e elementos – nossos colegas, alunos e *mestres*, nossos objetivos e expectativas – que ganham um rosto. Durante o processo, a folha branca que sorri graciosamente a nos seduzir, se assim a enxergarmos; pela escrita, ganha uma vida, e será o objeto de nossa externalização, no primeiro encontro com um pedaço de papel convertido em objeto de diálogo. Diferente do pensar, do sentir ou do fantasiar, o escrever recebe-nos, aberto às projeções que inevitavelmente faremos. A partir daí, estabelece-se uma relação com algo que já não somos nós, mas alguma coisa criada para fora de nós mesmos.

A descrição de Parente (2007) remete-me a esta *vida* que a folha parece ter:

> *O discurso tem sua autonomia e impõe-se ao escritor, interpela-o, e suas ressonâncias o envolvem por completo, tomam-no, habitam-no e proliferam-se numa ação que se chama escrever. Então, ele já não sabe o que é seu e o que pertence à própria autonomia e vivacidade daquela textura discursiva. Quando alguém escreve é um outro que nele se manifesta e o metamorfoseia, concentrando-o simultaneamente numa unidade não estática. Tal unidade revela-se em movimento, em ação, sendo (p. 361).*

Todavia, é necessário partirmos desse ponto para uma relação que incluirá outro que se faz presente e nos responde em voz alta. E mais companheiros, dos imaginários aos *de carne e osso*, que leram, pensaram, opinaram, contribuíram para a composição do trabalho. Então, depois da escrita, o leitor, até então presente com sua sombra – tomara uma sombra tranquilizadora, que nos indicava sua presença, mas ainda não nos interrompia – e que agora nos interpela.

Cada um de nós tem uma história a ser contada sobre a infância de sua escrita: os modelos que recebemos, o incentivo, o investimento feito, o valor que foi dado, as experiências escolares, as redações sobre as férias... Logo, cada um terá para com ela um investimento diferenciado e singular. O *quantum* de investimento – mais ou menos libidinal – certamente tem uma variação que denota uma vivência diversa. Essa história foi inscrita pelos objetos de nossa infância e adolescência e encontra nossas próprias impressões, marcas e registros, que foram se instalando em uma conjugação de fatores externos e internos e que, hoje, dão o colorido dos sentimentos para com o escrever.

É um processo que, como o psicanalítico, nos faz primeiro circular por entre as fendas de nossas vivências e tirar do que nos movimenta a energia necessária, que será matéria-prima do trabalho a ser realizado. Os mecanismos psíquicos e as configurações internas que se põem em cena são tão diferentes como intensos, porque a escrita psicanalítica não se limita a descrever, transcrever, copiar ou relatar. Ela é em si mesma uma vivência e, como tal, não poderia deixar de pôr em movimento intensos mecanismos para fazer frente a tudo o que será remexido em nossa estável estruturação psíquica.

Se a escrita é executada sem um investimento libidinal, ela carrega um sofrimento desnecessário, e o produto final terá a marca de seu processo: será um texto quadrado, duro, seco, com adjetivos que traduzem o desconforto com que a escrita foi minada. E não será psicanalítica. Diferente disso, um texto redondo, fluido e vivo dá notícia de uma intimidade com o ato de escrever. Não significa que tenha sido produzido sem sofrimento, angústias, bloqueios ou inseguranças, pois parece não haver produção sem esforço, paciência, dedicação e empenho.

A escrita psicanalítica configura-se como uma forma singular de transitarmos com mais leveza, com mais desprendimento e tolerância, por esse difícil processo, pois nos instrumentaliza, como em nossa prática clínica, a fazer cargo de tudo o que há de desconstrução na construção de um trabalho. Ela oferece-nos a possibilidade – mais, a necessidade – de forjar um texto que traga impresso, no papel entregue, nossa presença como autores, a vivência de que, passando por uma condição de desconhecimento, de dúvida, de quebra em nosso saber, de rompimento em nossa estabilidade tão segura, de ignorância sobre algum fenômeno, nos colocamos a escrever.

Ansiamos por recuperar, pela escrita, um estado que nos restitua a capacidade de trabalhar na clínica. Pontalis (2002) escreve sobre isso:

> Acho que um analista que jamais teria experimentado a necessidade de escrever, mesmo que para si próprio . . ., de transcrever em palavras, numa folha de papel, num caderno íntimo ou em folhas soltas, alguma coisa, estaria completa e problematicamente satisfeito. Um analista que poderia dizer que, nas suas sessões, não há resíduos, insuficiências, que suscitem a vontade de tentar resgatá-los sob outra forma, seria um analista, a meu ver, demasiado contente consigo mesmo (p. 39).

Essa escrita denominada *psicanalítica* – mais rica, mais viva, mais criativa – cumpre muitas funções em nosso psiquismo e deve ser aproveitada. É um recurso, ainda que não seja um recurso investido por todos. Tampouco precisa ser. O que é, no entanto, urgente e necessário saber – para quem abre a possibilidade de ter com a escrita uma relação de proximidade – é que ela *pode* acontecer, à medida que formos descobrindo e trabalhando os mecanismos intrapsíquicos que se impõem como impeditivos ou complicadores do *ato* de escrever.

Bem, escrever é um *ato* somente quando nos referimos ao escrever de forma mecânica e automática. Quando pensamos em escrita psicanalítica, o que era um ato, uma tarefa ou uma ação vira um *processo*, o que é bem mais amplo, complexo e rico. Não obstante, desconhecemos muito do que por nós pode fazer, todos os recursos que nos oferece. Por isso, assim como a escrita deverá ser, este livro foi, em especial, um trabalho de descobertas para mim, como pretendo que seja para quem o tem, a partir daqui, em mãos.

Tal processo, todavia, é uma conquista a ser feita, e não é fácil, pois nos imporá alguns estados que queremos evitar. Em geral, escrever não é uma tarefa simples, mas, quando falamos em escrever em nossa área, vemos que é ainda mais difícil. Escrever a psicanálise e escrever sobre o subjetivo desafia-nos em nossa capacidade de transformar conteúdos desordenados. O trânsito até a fala apresenta-se sem tantos obstáculos, mas até a escrita são inúmeras as barreiras a serem vencidas. Como em uma batalha, travamos com o processo de elaboração de uma vivência subjetiva uma luta atroz, em busca da segurança que a objetividade nos garante. Garantias na escrita, não temos nenhuma. Menos ainda na psicanálise. Nunca ouvimos a promessa de que transcorreriam sem qualquer angústia, a escrita e a psicanálise. Pelo contrário, escrever a psicanálise é dos mais intensos exercícios de tolerância à frustração, à desorganização, à ansiedade, à exposição, à transparência. Até podermos ingressar em uma qualidade diferente de escrita, uma escrita mais viva do que normalmente fazíamos, haveremos de elaborar uma série de mudanças.

Escrevi sobre a escrita, e isso foi duplamente difícil, pois escrevia sobre um fenômeno que era exatamente o que eu experienciava. *Senti na pele!* Estive acompanhada desde o início de boas figuras que asseguraram a qualidade de meu texto, mas altas exigências se fizeram representar o tempo todo. À medida que se desenrolava a redação da primeira, da segunda e, agora, da terceira edição deste livro, vivenciava cada um dos fenômenos desenvolvidos aqui, com muita intensidade: a elaboração emocional de uma série de angústias, a descoberta de muitas coisas novas, o desejo de perfeição, a resistência em cortar algumas partes necessárias, a dificuldade de pôr o ponto final e enviar à editora, o desespero por considerar um texto insuficiente, momentos de dispersão, a vontade de sequer abrir o arquivo no computador, o orgulho narcísico pelo texto.

A boa notícia é a possibilidade de resgatar o que pode vir a ser um encontro amoroso com o ofício da escrita; ou construí-lo, se nos dermos conta de que ele nunca existiu. Na descoberta do trabalho como um processo criativo, que carrega as propriedades que o caracterizam como uma escrita genuinamente psicanalítica, haveremos de processar uma *reconstrução*. Deparamo-nos com a necessidade de rever e refazer uma série de normas, parâmetros e moldes até então muito bem sossegados em nós, conquanto concordantes com as regras impostas. Na medida desse questionamento, podemos descobrir as diferenças, as peculiaridades, os atributos de cada forma de escrever e apresentar a psicanálise e a clínica.

Escrever é tão assustador como necessário, mas gratificante no final! Para nos construirmos como autores, passamos por esse processo no qual vemos desmanteladas nossas rígidas edificações e nos deixamos ser invadidos por vivências longe de mecanismos egoicos de tratar os assuntos. A escrita nos posiciona exatamente em frente ao funcionamento inconsciente que prescinde de certezas, de definições, de pontos finais. Na construção do texto, nos colocamos na posição do analisando, que vivencia, escuta, pensa, revisa, muda; toleramos como ele termos desconstruídos nossos antigos padrões de escrever, sermos desconstruídos por um texto que ainda não existe em sua forma final.

Assim, podemos aguardar que, página por página – entre o labor da escrita e a tolerância à não escrita –, o trabalho se crie e seja criado, num estado de atenção livre e flutuante, e de construção ou reconstrução. Esse é o processo psicanalítico de tratar, e o processo psicanalítico de escrever.

Escrever é percorrer um longo caminho por entre dúvidas, questões abertas, vagas ideias. Curiosidade, interesse e desejo, até algo que se chama um trabalho. A partir da descoberta de que não repete, não imita, não copia, uma escrita que se constrói internamente ganha liberdade de circular dentro de nós e audácia para apresentar-se fora de nós. No texto psicanalítico mostraremos – mais do que aquilo que pensamos – aquilo que sentimos, vivenciamos e percebemos. Nele, não perdemos a riqueza do encontro com o analisando, não diminuímos a intensidade do que passamos no contato íntimo da sessão, não desperdiçamos as impressões sobre o que os autores enunciaram a respeito de um tema que nos mobiliza, não escondemos aquilo que elaboramos na privacidade da mente. Esta haverá de ser a melhor escolha. Difícil, mas melhor. Mais rica e mais viva.

Aproveitar o modelo que Freud nos deixou seria proveitoso; mais valioso que isso, no entanto, seria descobrir, a partir dele e de todos os outros modelos que se nos oferecem, a forma como a escrita pode circular com mais liberdade por dentro de nosso psiquismo e com mais ousadia por entre os lugares que percorremos. Descobrir que não é preciso repetir, imitar, aceitar, acatar, submeter-se, para ter a escrita reconhecida. Abandonar a velha e cansada imagem da escrita como um fardo, pois ela só o é para quem acha não ter costas para carregar. Descobrir a escrita psicanalítica, acima de tudo, como criação, invenção, descoberta e realização. Descobrirmo-nos como autores capazes de pensar, escrever o que pensamos e assumir esta escrita. E aí deixá-la ganhar o mundo.

# Referências

Ahumada, J. L. (1996). A função da escritura e os escritos psicanalíticos. *Revista de Psiquiatria do RS, 18*(1), 23-33.

Albuquerque, A. (2001). A experiência psicanalítica entre ciência e literatura. In A. C. Lo Bianco (Org.), *Formações teóricas da clínica* (pp. 29-56). Rio de Janeiro: Contracapa.

Assis Brasil, L. A. de. (2003, jul.). *Participação na Banca de Qualificação do Projeto de Tese do Doutorado de Ana Cláudia Santos Meira.*

Barone, L. M. C. (1997). Psicanálise sem divã: desejo e aprendizagem da leitura e da escrita. *Jornal de Psicanálise, 30*(55/56), 109-123.

Berlinck, M. T. (1994). Carta a um jovem psicanalista. *Pulsional,* (64), 7-16.

Berlinck, M. T. (2001, 14 out.). *Em nome próprio.* Trabalho apresentado no I Encontro Latino-americano dos Estados Gerais da Psicanálise, em São Paulo. Recuperado de: https://www.psicomundo.com/brasil/egp/cronica7.htm.

Berlinck, M. T. (2000). Considerações sobre a elaboração de um projeto de pesquisa em Psicopatologia Fundamental. In M. T. Berlinck. Psicopatologia Fundamental (pp. 313-320). São Paulo: Escuta.

Berlinck, M. T. (2006). *Por que escrevem os psicanalistas? Trieb*, 5(1), 33-38.

Berry, N. (1996). A experiência de escrever. *Pulsional*, (88), 40-51.

Birman, J. (1995). A escritura nos destinos da Psicanálise. *Pulsional*, (76), 7-19.

Britton, R. (1994). Ansiedade de publicar: conflito entre comunicação e afiliação. *Jornal de Psicanálise*, 27(52), 45-64.

Chnaiderman, M. (2000). Cintilações múltiplas: fendas para mundos possíveis. *Revista da APPOA*, (18), 117-125.

Conte, B. (2003). *Participação na Banca de Qualificação do Projeto de Tese do Doutorado de Ana Cláudia Santos Meira.*

Corrêa, I. (1995). O sonhar e o escrever. *Pulsional*, (76), 20-25.

Costa, A. M. M. (1998). A ficção do si mesmo. *Revista da APPOA*, (15), 7-14.

Coutinho, F. (1998). Escrever (n)a Psicanálise: um impasse? *Trieb*, (6), 29-37.

Cramer, B. (1995, ago.). O escrever em Psicanálise. *Revista do CEPdePA*, (3), 169-172.

Cruz, J. G. (1999, dez.). Psicanálise, sonho e criatividade. *Revista de Psicanálise*, 6(3), 523-533.

Cruz, J. G. (2000). *Comentário sobre o trabalho "O Sexto Sentido: uma visão psicanalítica da morte sob o prisma do espectador"*, realizado na IX Jornada do ESIPP.

Delorenzo, R. M., Mezan, R., & Cesarotto, O. (2001). Narrar a clínica. *Percurso*, 1(25), 105-110.

Dorey, R. (1996). A favor da apresentação clínica. *Pulsional*, (87), 5-18.

Duras, M. (1994). Escrever. Rio de Janeiro: Rocco.

Fédida, P. (2002, dez.). *Morfologia do caso em Psicanálise:* questões abertas. *Jornal de Psicanálise*, *35*(64/65), 49-56.

Francischelli, L. (1995, ago.). Por que escrevem os psicanalistas? *Revista do CEPdePA*, (3), 35-38.

Freud, S. (1895/1950). Projeto para uma psicologia científica: plano geral. In O. F. Gabbi Jr., *Notas a projeto de uma psicologia: as origens utilitaristas da psicanálise* (pp. 171-217). Rio de Janeiro: Imago, 2003.

Freud, S. (1900). La interpretación de los sueños. In S. Freud, *Obras completas de Sigmund Freud* (Vol. I, pp. 343-720). 4a ed. Madrid: Biblioteca Nueva, 1981.

Freud, S. (1901). Psicopatologia de la vida cotidiana. In S. Freud, *Obras completas de Sigmund Freud* (Vol. I, pp. 755-932). 4a ed. Madrid: Biblioteca Nueva, 1981.

Freud, S. (1905). Análise fragmentária de uma histeria. In S. Freud, *Obras Completas* (Vol. VI, pp. 173-320). P. C de Souza, Trad. São Paulo: Companhia das Letras, 2016.

Freud, S. (1908). O escritor e a fantasia. In S. Freud, *Obras Completas* (Vol. VIII, pp. 325-338). P. C de Souza, Trad. São Paulo: Companhia das Letras, 2015.

Freud, S. (1910). Um tipo especial de escolha de objeto feita pelo homem. In S. Freud, *Obras Completas* (Vol. IX, pp. 334-346). P. C de Souza, Trad. São Paulo: Companhia das Letras, 2013.

Freud, S. (1912). Recomendações ao médico que pratica a psicanálise. In S. Freud, *Obras Completas* (Vol. X, pp. 147-162). P. C de Souza, Trad. São Paulo: Companhia das Letras, 2010.

Freud, S. (1914). Introdução ao narcisismo. In S. Freud, *Obras Completas* (Vol. XII, pp. 13-50). P. C de Souza, Trad. São Paulo: Companhia das Letras, 2010.

Freud, S. (1915). O inconsciente. In S. Freud, *Obras Completas* (Vol. XII, pp. 99-150). P. C de Souza, Trad. São Paulo: Companhia das Letras, 2010.

Freud, S. (1916a). Conferências introdutórias à psicanálise. Conferência 4: Os atos falhos. In S. Freud, *Obras Completas* (Vol. XIII, pp. 79-108). P. C de Souza, Trad. São Paulo: Companhia das Letras, 2014.

Freud, S. (1916b). Conferências introdutórias à psicanálise. Conferência 11: O trabalho do sonho. In S. Freud, *Obras Completas* (Vol. XIII, pp. 229-246). P. C de Souza, Trad. São Paulo: Companhia das Letras, 2014.

Freud, S. (1916c). Conferências introdutórias à psicanálise. Conferência 24: O estado neurótico comum. In S. Freud, *Obras Completas* (Vol. XIII, pp. 500-518). P. C de Souza, Trad. São Paulo: Companhia das Letras, 2014.

Freud, S. (1919). O inquietante. In S. Freud, *Obras Completas* (Vol. XIV, pp. 328-376). P. C de Souza, Trad. São Paulo: Companhia das Letras, 2010.

Freud, S. (1920). Contribuição à pré-história da técnica psicanalítica. In S. Freud, *Obras Completas* (Vol. XV, pp. 310-314). P. C de Souza, Trad. São Paulo: Companhia das Letras, 2011.

Freud, S. (1925). Autobiografia. In S. Freud, *Obras Completas* (Vol. XVI, pp. 75-167). P. C de Souza, Trad. São Paulo: Companhia das Letras, 2011.

Freud, S. (1926). Inibição, sintoma e angústia. In S. Freud, *Obras Completas* (Vol. XVII, pp. 13-123). P. C de Souza, Trad. São Paulo: Companhia das Letras, 2014.

Freud, S. (1930). O mal-estar na civilização. In S. Freud, *Obras Completas* (Vol. XVIII, pp. 13-122). P. C de Souza, Trad. São Paulo: Companhia das Letras, 2010.

Freud, S. (1933a). Novas conferências introdutórias à psicanálise. Prefácio. In S. Freud, *Obras Completas* (Vol. XVIII, pp. 124-126). P. C de Souza, Trad. São Paulo: Companhia das Letras, 2010.

Freud, S. (1933b). Novas conferências introdutórias à psicanálise. Conferência 35: Acerca de uma visão de mundo. In S. Freud, *Obras Completas* (Vol. XVIII, pp. 321-354). P. C de Souza, Trad. São Paulo: Companhia das Letras, 2010.

Freud, S. (1937). Análise terminável e interminável. In S. Freud, *Obras Completas* (Vol. XIX, pp. 274-326). P. C de Souza, Trad. São Paulo: Companhia das Letras, 2018.

Freud, S. (1940). Algumas lições elementares de psicanálise. In S. Freud, *Obras Completas* (Vol. XIX, pp. 351-360). P. C de Souza, Trad. São Paulo: Companhia das Letras, 2018.

Gerber, I. (2002). Concisão empática: escrever para que, para quem, quanto? *Jornal de Psicanálise*, *35*(64/65), 209-216.

Gerber, I. (2003). A segunda inocência: psicanálise e artes. *Revista Brasileira de Psicanálise*, *37*(2-3), 777-784.

Giovannetti, M. de F. (1994). A voz do ausente. *Jornal de Psicanálise*, *27*(52), 21-28.

Green, A. (1994). O desligamento. In A. Green, *O desligamento* (pp. 11-35). Rio de Janeiro: Imago.

Guimarães, R. M., & Bento, V. E. S. (2008). O método do "estudo de caso" em psicanálise. *Psico*, *39*(1), 91-99.

Gutfreind, C. (2009). Seis propostas soltas para uma escrita psicanalítica. *Publicação CEAPIA*, (18), 30-35.

Hausen, D. (2003, mar.). *Entrevista concedida a Ana Cláudia S. Meira.*

Horenstein, M. (2014). ¿De qué hablamos cuando hablamos de analizar? Psicoanálisis y escritura. *Psicanálise, 16*(1), 141-162.

Kadota, N. P. (1999). *A escritura inquieta: linguagem, criação, intertextualidade*. São Paulo: Estação Liberdade.

Kehl, M. R. (2001, 24 ago.). *Escrevendo um autor: a produção escrita em psicologia*. Conferência realizada em Porto Alegre, promovida pelo CRP-07.

Lamanno-Adamo, V. L. C. (1998). O material clínico e o ato criador: à guisa da compreensão de um pintor. *Jornal de Psicanálise, 31*(57), 129-136.

Lispector, C. (1998a). *Água viva*. Rio de Janeiro: Rocco.

Lispector, C. (1998b). *A hora da estrela*. Rio de Janeiro: Rocco.

Lispector, C. (1999). *A descoberta do mundo*. Rio de Janeiro: Rocco.

Lispector, C. (2010). *Crônica para jovens: de escrita e vida*. Rio de Janeiro: Rocco.

Loureiro, I. (1999). Resenha do livro "Palavra pescando não palavra. A metáfora na interpretação psicanalítica", de Helena Kon Rosenfeld. *Revista Brasileira de Psicanálise, 33*(1), 380-385.

Machado, A. M. N. (1989). *Os efeitos do exercício do ato de escrever*. Dissertação (Mestrado em Educação) – Curso de Pós-graduação em Educação da Universidade Federal do Rio Grande do Sul.

Machado, A. M. N. (2002). *Um olhar sobre três anos de escrita na ANPED*. Recuperado de: http://www.educacaoonline.pro.br/ olhar_sobre_tres_anos.asp?f_id_artigo=230.

Mahony, P. J. (1990). *Sobre a definição do discurso de Freud*. Rio de Janeiro: Imago.

Mannoni, M. (1986). Saber e transmissão na psicanálise. In M. Mannoni, *A teoria como ficção* (pp. 18-33). Rio de Janeiro: Campus.

Marques, M. O. (1998). *Escrever é preciso*. Ijuí: Unijuí.

Mattos, L. T. L. (1999, nov.). Um exercício de escrita psicanalítica. *Jornal de Psicanálise, 32*(58/59), 359-372.

Mecozzi, B. (2001). *O papel da escrita na psicanálise.* Recuperado de: http://egp.dreamhosters.com/arquivo/mecozzi_beatriz-oficina_forum_social.shtml..

Mello, J. B. S. (1994, dez.). A escrita em psicanálise. *Jornal de Psicanálise, 27*(52), 29-36.

Menezes, L. C. (1994, dez.). Da escuta ao trabalho da escrita. *Jornal de Psicanálise, 27*(52), 37-44.

Mezan, R. (1998). *Tempo de muda: ensaios psicanalíticos.* São Paulo: Companhia das Letras.

Mezan, R. (2003). *Debate 13 – Autores-Leitores.* Recuperado de: http://www.uol.com.br/percurso/main/Debate13.htm.

Mezan, R. (1999). Psicanálise e pós-graduação: Notas, exemplos, reflexões. In R. Mezan, *Interfaces da psicanálise* (pp. 395-435). São Paulo: Companhia das Letras.

Mezan, R. (2006). Sete sugestões para quem escreve. *Trieb, 5*(1),41-62.

Minerbo, M. (2002, dez.). A narrativa da clínica. *Jornal de Psicanálise, 35*(64/65), 157-173.

Moschen, S. (1997). *Autoria e produção textual: um estudo sobre a escrita que tematiza a clínica.* Dissertação (Mestrado em Educação) – Curso de Pós-graduação em Educação da Universidade Federal do Rio Grande do Sul.

Moschen, S. (1998, nov.). "Escrever o que não se sabe". *Revista da APPOA,* (15), 36-42.

Nasio, J.-D. (2001a). Que é um caso? In J.-D. Nasio, *Os grandes casos de psicose* (pp. 11-32). Rio de Janeiro: Jorge Zahar.

Nasio, J.-D. (2001b). O valor da transmissão. *Percurso,* (26), 93-101.

Nejar, C. (2021, 6 dez.). *Entrevista concedida ao programa Autores e Livros, da Rádio Senado.*

Neves, R. (1996, dez.). Resenha do livro "Sigmund Freud: o século da Psicanálise", de Emílio Rodrigué. *Olho da História – Revista de História Contemporânea, 3.* Recuperado de: www.ufba. br/~revistao/o3ricar.html.

Oliveira-Cruz, W. F. (2001, maio/jun.). Se uma folha branca sorri para mim... *Entre Linhas,* (8), 12.

Osório, C. (1999). Aprenda a (des)aprender e pesquise (s)em pânico. *Revista Brasileira de Psicoterapia, 1*(2), 61-67.

Paim Filho, I. (2014). O ofício do analista e o exercício da escrita. *Psicanálise, 16*(1), 75-81.

Paim Filho, I., & Leite, L. (2012). *Novos tempos, velhas recomendações: sobre a função analítica.* Porto Alegre: Sulina.

Parente, A. (2007). O gesto da escrita na psicanálise. *Trieb, 6*(2), 355-366.

Pereira Leite, E. B. (1995, ago.). No tear das palavras. *Pulsional,* (76), 26-28.

Pessoa, F. (1999). *Livro do desassossego.* São Paulo: Companhia das Letras.

Pontalis, J.-B. (2002, dez.). Entrevista. *Jornal de Psicanálise, 35*(64/65), 29-47.

Rilke, R. M. (2001). *Cartas a um jovem poeta.* 32. ed. São Paulo: Globo.

Rocha, E. B. (1998). Motivações e ritualizações na apresentação do material clínico. *Psyche, 2*(2), 9-16.

Rocha, F. J. B. (1995, ago.). A angústia do analista frente à produção teórica. *Revista do CEPdePA,* (3), 27-34.

Rocha Barros, E. L. (1992, dez.). Escrita psicanalítica e prática clínica. *Pulsional*, (44), 17-23.

Rocha Barros, E. M. (1997, out.). O processo criativo e seus entraves à elaboração da situação edipiana. *Revista de Psicanálise*, *4*(2), 273-287.

Rosenfeld, H. K. (1990). O estilo do escritor Sigmund Freud: um passeio por Totem e Tabu. *Percurso*, *1*(4), 36-43.

Rosenfeld, H. K. (1998). *Palavra pescando não palavra*. São Paulo: Casa do Psicólogo.

Schaffa, S. L. (2002, dez.). Escrever, escutar. *Jornal de Psicanálise*, *35*(64/65), 117-133.

Sontag, S. (2005). *Questão de ênfase*. São Paulo: Companhia das Letras.

Tuckett, D. (1992). Entrevista com David Tuckett. *Revista Brasileira de Psicanálise*, *26*(1-2), 135-148.

Tuckett, D. (1995, nov.). A conceituação e a comunicação dos fatos clínicos em Psicanálise. *Revista de Psicanálise*, *2*(3), 395-411.

Willemart, P. (2002, dez.). Relato e/ou construção: a escritura de caso. *Jornal de Psicanálise*, *35*(64/65), 73-81.

Woolf, V. (1986). *Momentos de vida*. Rio de Janeiro: Nova Fronteira.